Geschichtswettbewerb des Bundespräsidenten (Hrsg.)

miteinander – gegeneinander?

# Jung und Alt in der Geschichte

**UNTERRICHTSIDEEN IV**

*edition* Körber-STIFTUNG

**Herausgeber**
Geschichtswettbewerb des Bundespräsidenten
Geschäftsführer: Dr. Lothar Dittmer

**Redaktion**
Sven Tetzlaff (verantwortlich)
Anke Bachmann, Katja Fausser, Dr. Karl Christian Führer, Christoph Geibel,
Prof. Dr. Saskia Handro, Gerburg Harenbrock, Prof. Dr. Dirk Lange, Christine
Reese, Regina Richter, Claudia Tatsch, Dr. Dorothea Trittel

**Redaktionelle Mitarbeit**
Christine Fischer, Meike Rademacher

**Koordination**
Katja Fausser

**Wir danken für weitere Materialien / Unterrichtsentwürfe**

Dr. Bettina Alavi (Heidelberg), Signe Barschdorff (Hamburg), Dr. Christina Benninghaus
(Bielefeld), Reinhold Braun (Leverkusen), Martin Buchsteiner (Rostock), Sascha Donat
(Halle / S.), Stefan Frindt (Hamburg), Heike Gleibs (Hamburg), Tina Gotthardt (Hamburg),
Matthias Gröbel / Stephanie Goethals (Bensheim), Dr. Christian Heuer (Freiburg), Ulrich
Hummel (Bad Homburg), Prof. Dr. Alfons Kenkmann (Leipzig), Christian Kiwall (Rostock),
Dr. Uwe Lagatz (Wernigerode), Markus Müller-Henning (Wiesbaden), Jörg Nellen
(Schweinfurt), Dr. Günter Reinhart (Wendelstein), Uta Rüchel (Berlin), Dr. Dirk Schumann
(Washington D. C.), Dr. Horst Steffens (Mannheim), Dr. Renate Weggel (Augsburg),
Oliver von Wrochem (Hamburg).

Bibliografische Information Der Deutschen Bibliothek

Die Deutsche Bibliothek verzeichnet diese Publikation in der Deutschen
Nationalbibliografie; detaillierte bibliografische Daten sind im Internet über
http://dnb.ddb.de abrufbar.

© edition Körber-Stiftung, Hamburg 2006

**Herstellung**
Das Herstellungsbüro, Hamburg
**Umschlag**
Groothuis, Lohfert, Consorten | glcons.de, Hamburg
**Druck und Bindung**
Langebartels & Jürgens, Hamburg

Printed in Germany
ISBN 13: 978-3-89684-333-3
ISBN 10: 3-89684-333-8
Alle Rechte vorbehalten

www.edition-koerber-stiftung.de

**Titelbild**
Drei Generationen einer Hamburger Familie, 1920er Jahre
(Stadtteilarchiv Hamm, Hamburg, Foto: Carl Müller)

## LIEBE LESERINNEN UND LESER,

»Ehre das Alter!«, ließ Adolph Freiherr Knigge 1788 die jungen Leser seiner Schrift »Über den Umgang mit Menschen« wissen. Die Forderung nach Respekt gegenüber den Älteren war damals nicht neu. Und sie ist auch von den nachfolgenden Generationen immer wieder erhoben worden: Die Jungen mögen die Alten achten, lernwillig und fleißig sein und sich als würdige Nachfolger ihrer Eltern zeigen. Andersherum haben die Jüngeren von den Alten immer wieder Freiheit und Unabhängigkeit eingefordert, verbunden mit dem Anspruch auf die eigene Gestaltung ihrer Lebensräume und Lebensformen.

Das Verhältnis zwischen den Generationen lässt sich aber nicht allein als Geschichte wechselseitiger Erwartungen, Konfrontationen und Konflikte schreiben: Es war immer auch geprägt von gegenseitiger Versorgung, Nähe und Unterstützung. Die Beziehungen zwischen Jung und Alt sind vielschichtig, und sie wandeln sich – das wird in der historischen Perspektive besonders deutlich. So haben sich in den letzten 100 Jahren Familiengrößen und -strukturen dramatisch verändert, die Gesellschaft altert gegenwärtig in bislang nicht gekannter Weise, und die Solidarität zwischen Jung und Alt in Form des »Generationenvertrages« ist brüchig geworden. Für die Frage, wie wir künftig das Zusammenleben von Jung und Alt gestalten, ist der Blick in die Geschichte hilfreich: Wo gibt es Beispiele für gelungene Formen des Miteinanders? Wie wurden Konflikte gelöst? Und welche Leitbilder bestimmten die Vorstellung vom Jungsein und vom Alter?

Die UNTERRICHTSIDEEN »miteinander – gegeneinander? Jung und Alt in der Geschichte« geben vielfältige Anregungen, das Generationenthema in Schule und Unterricht zu behandeln. 50 Stundenvorschläge mit aussagefähigen Quellen und didaktischen Hinweisen laden dazu ein, in Geschichte, Politik, Sozialwissenschaften, Religion oder Ethik das Verhältnis zwischen Jung und Alt unter verschiedenen Fragestellungen auszuleuchten. Ergänzende Projektideen geben jeweils Hinweise, wie das Thema zum Ausgangspunkt forschenden Lernens werden kann. Und eine kommentierte Bibliografie mit mehr als 35 Titeln hilft, Orientierung über die weiterführende Literatur zu gewinnen. Die UNTERRICHTSIDEEN können so auch Ausgangspunkt für einen Beitrag zum Geschichtswettbewerb des Bundespräsidenten werden, der am 1. September 2006 startet.

Ohne die Unterstützung zahlreicher Lehrerinnen und Lehrer, Archivare, Historiker und weiterer Fachleute wäre dieser Band der UNTERRICHTSIDEEN nicht zustande gekommen. Sie alle haben uns Anregungen, Dokumente oder fertige Unterrichtsentwürfe geliefert. Ihnen gilt der herzliche Dank der Redaktion. Wir hoffen, dass das didaktisch aufbereitete Material viele fruchtbare Unterrichtsstunden ermöglicht und gelungene Einstiege in spannende Projekte bietet.

*Ihre Redaktion*

## EINSTIEGE

## LEITBILDER UND WERTE

## BILDUNG UND ERZIEHUNG

## GENERATIONSERFAHRUNG UND SOZIALISATION

## JUNG UND ALT IN DER FAMILIE

## Jugendbewegungen / -protest

## Übergänge von Jung zu Alt

## Leben im Alter

## Staatliche Fürsorge und Generationenvertrag

# »Ich mit acht – ich mit achtzig!«

## Ein Blick zurück und nach vorn

### Stundenschwerpunkt

Die Schüler stellen sich vor, wie ihr Leben mit 80 aussieht, und erfahren umgekehrt, wie eine Achtzigjährige sich im Rückblick als Achtjährige beschreibt. Sie gewinnen eine erste Vorstellung vom Kinderalltag in den 1920er Jahren und davon, dass sie wie alle Menschen einem Alterungsprozess unterworfen sind.

### Bearbeitungsvorschläge

- Lest **M1**. Klärt schwierige Begriffe und Fremdwörter. Gebt den Inhalt des Textes in eigenen Worten wieder.

- Besprecht in der Klasse, was euch in der Beschreibung des Alltags als Achtjährige ungewöhnlich erscheint und was ihr die Autorin gerne fragen würdet.

- Betrachtet den Schluss des Textes: Wie bewertet ihr die Sicht der Autorin auf die heute Achtjährigen?

- Lest nun **M2**: Was ist der Schülerin wichtig im Alter von 80 Jahren? Gebt das in eigenen Worten wieder.

- Schreibt nun selbst auf, wie ihr im Alter von achtzig sein möchtet, was eure Wünsche sind und was euch wichtig ist. Vergleicht eure Wünsche.

### Weiterführende Aufgaben/Projektideen

- Die Schüler befragen Erwachsene der Eltern- und Großeltern-Generation, wie sie als Achtjährige gelebt haben, und vergleichen deren Alltag damals mit ihrem Alltag heute.

- Sie fordern andere Kinder auf, sich ihr Leben im Alter von 80 Jahren vorzustellen und dazu Zeichnungen anzufertigen. Aus den Ergebnissen fertigen sie eine Collage an und laden ältere Menschen in die Schule ein, um über deren Erfahrungen mit dem Leben als Achtzigjährige zu sprechen.

### Antworten/Hintergründe

Alt sein und Jung sein lassen sich auch in einer einzelnen Biografie untersuchen. Nach vorne gewandt können Kinder Selbstentwürfe entwickeln, im Rückblick erinnern sich ältere Menschen an ihr Jungsein.

Das Material dieser Unterrichtsstunde entstammt dem Katalog »Alt und Jung. Das Abenteuer der Generationen«, in dem insgesamt acht Menschen ihre Phantasien und ihre Erinnerungen beschrieben haben.

### Literatur

Lepenies, Annette (Hg.): Alt und Jung. Das Abenteuer der Generationen. Katalog einer Ausstellung im Hygiene-Museum Dresden 18.12.1997 bis 12.5.1998, Basel/Frankfurt a. M. 1997 (Stroemfeld).

Ich mit 8
*von Frau Sch.*

Wie bei vielen Achtjährigen nahm bei mir die Schule einen großen Teil des Tages in Anspruch. Wir hatten es damals schwerer beim Schreibenlernen als die heutigen Schüler mit den modernen Schreibgeräten. In jedem Schulpult war
5 ein Tintenfass eingelassen, und bis man raus hatte, wie tief die Feder einzutauchen war, gab es manchen Klecks und manche Träne, noch schlimmer, wenn man am Ende einer schön geschriebenen Seite die letzten Worte mit der Hand verwischte, die Tinte trocknete eben nicht so schnell.
10 Ich ging gerne zur Schule, nur zwei Fächer trübten die Freude: Schönschreiben und Zeichnen. Ich wusste genau, dass die dann doch akzeptablen Noten Mitleidsnoten waren, und das hat geschmerzt. Die Lehrer waren wohl kaum strenger, ihnen war nur anderes wichtig: Pünktlichkeit,
15 Ausdauer, Ordnung und Toleranz. Geschlagen wurde – zumindest in meiner Klasse – nicht, obwohl ich mit Jungen, die bestimmt keine Engel waren, in einer Klasse war.
Wir konnten am Nachmittag noch auf Hof und Straße spielen. Doch die so heiß geliebte Teppichstange, an der man
20 so schön schaukeln und herumturnen konnte, ist heute verschwunden; dafür gibt es jetzt Autostellplätze, und die Verkehrsdichte auf den Straßen verbietet jedes Ballspiel von selbst.
Einen wichtigen Fortschritt zu damals sehe ich allerdings
25 durch die Schutzimpfungen. Ich erinnere mich an so manches Kind, das mit einer Eisenschiene sein von Kin-

derlähmung geschwächtes Bein stützen musste. Auch die Kleidung ist heute einfach praktischer und gibt mehr Bewegungsfreiheit.
30 Wenn ich heute acht wäre? Ich müsste mich wohl an den rüderen Ton und die aggressiveren Umgangsformen gewöhnen, profitierte von der legereren Kleiderordnung, würde über die geschlossenen Freibäder schimpfen und wäre bald genauso »gestresst« wie alle anderen Kinder.
35 Dennoch: Bei allen Unterschieden zwischen gestern und heute bleibt das Wichtigste, dass ein Kind in der Familie Rückhalt findet und sich dort aufgehoben fühlt und dass es von Freunden und Lehrern so akzeptiert wird, wie es ist. Das bleibt die Voraussetzung für eine fröhliche Kindheit.
40 Für alle Achtzigjährigen gilt das übrigens auch!

Zit. nach: Lepenies, Annette (Hg.): Alt und Jung. Das Abenteuer der Generationen. Katalog einer Ausstellung im Hygiene-Museum Dresden 18.12.1997 bis 12.5.1998, Basel/Frankfurt a. M. 1997 (Stroemfeld), S. 179 f.

ICH MIT 80!
13.5.1997
Ich will mit 80 so aussehen, als wäre ich erst 60-65, will aber so aktiv sein wie ich jetzt, mit 10 bin. Mit aktiv meine ich: Sport treiben. Meine Hobbys jetzt sind: Schwimmen, Reiten, Klavier, Geige, Schlittschuh laufen, Lesen, Malen, Basteln, Flechten, u.s.w. Außerdem habe ich drei Meerschweinchen. Ich hoffe, dass ich später immer noch diese Hobbys habe und auch noch so tierfreundlich bin. Mit 80 will ich auch noch gesund und munter sein, so dass in kein Altersheim eingeliefert werden muss. Außerdem will ich noch gesund aussehen und auch so schnell keine grauen Haare bekommen.

Elena Six...

Aus: Ebd., S. 183.

# »Zur Arbeit geschickt«

## Die Entwicklung der Kinderrechte am Beispiel von Kinderarbeit

### Stundenschwerpunkt

Die Schüler erfahren am Beispiel von Kinderarbeit in der Industrialisierung, dass zu ihrem Schutz Kinderrechte entwickelt worden sind, die Erwachsene achten und einhalten müssen.

### Bearbeitungsvorschläge

- Beschreibt die Postkarte **M1**. Achtet dabei insbesondere auf die Kinder. Überlegt, warum sie mitarbeiten.

- Das Foto ist schon ziemlich alt: Sammelt Hinweise aus dem Bild, an denen ihr das erkennen könnt.

- Erklärt, warum die Arbeit von Tobias (**M2**) mit den Kinderrechten vereinbar ist, die von Sita nicht.

- Lest **M3**. Was erfahrt ihr dort über die Geschichte der Kinderrechte?

- Lasst Geschichte »lebendig« werden: Stellt euch vor, die Gruppe in **M1** spricht über ihre Arbeit: Wie urteilen die Einzelnen über ihre Tätigkeiten? Zeichnet Sprechblasen ein, und schreibt hinein, was die abgebildeten Personen sagen könnten.

- Elf Artikel der Kinderrechtskonvention befassen sich mit dem Schutz vor Ausbeutung und Gewalt. Insgesamt umfasst die Kinderrechtskonvention 54 Artikel: Was könnten diese thematisieren? Begründet, warum ihr diese Rechte für wichtig haltet.

### Weiterführende Aufgaben / Projektideen

- Die Schüler informieren sich, z.B. im Internet unter www.kindersache.de, über die Kinderrechtskonvention und vergleichen sie mit ihrer eigenen Sammlung von Kinderrechten.

- Sie erkundigen sich, wie z.B. bei dem lokalen Kinderbüro, dem Kindernottelefon, dem Kinder- und Jugendparlament, beim Kinderschutzbund, bei Wildwasser oder beim örtlichen Jugendamt Rechte von Kindern und Jugendlichen geschützt wurden bzw. werden.

- Die Schüler befragen ihre Eltern oder Großeltern, ob bzw. was diese als Kinder gearbeitet und welche Erfahrungen sie dabei gemacht haben.

### Haken und Ösen

Beim Thema Kinderrechte liegt es nahe, auch auf die aktuelle Situation von Kindern in anderen Teilen der Welt hinzuweisen. Bei Projekten zum Geschichtswettbewerb des Bundespräsidenten ist allerdings ein lokaler bzw. biografischer Bezug notwendig.

### Antworten / Hintergründe

Erst vor etwa 500 Jahren entwickelte sich die gesellschaftliche Kategorie der »Kindheit« und damit ein Bewusstsein für die besondere Schutzbedürftigkeit von Kindern. Im 18. Jahrhundert definierten Pädagogen Kindheit zudem als eigenständige Entwicklungsphase mit eigenen Ansprüchen. Trotzdem kam es insbesondere während der Industrialisierung zur massenhaften Ausbeutung von Kindern aus der Unterschicht, die als billige Arbeitskräfte eingesetzt wurden. 1924 wurde vom Völkerbund die – unverbindliche – »Genfer Erklärung« zum Schutz der Kinder verabschiedet, die erstmals Pflichten der Erwachsenen gegenüber Kindern formulierte. Erst 1959 verfassten die UN die Konvention »Übereinkommen über die Rechte des Kindes«, die 1990 endgültig ratifiziert wurde und Kinderrechte in den Rang von Menschenrechten hob. Den Vertragstext, der in Deutschland seit 1992 gilt, haben alle Länder außer den USA und Somalia unterzeichnet. Trotzdem werden weltweit immer noch vielerorts Kinderrechte missachtet.

### Literatur

Bundesministerium für Familie, Senioren, Frauen und Jugend (Hg.): Die Rechte der Kinder von logo einfach erklärt. Erklärung der UN-Kinderkonvention für Kinder, 5. Aufl., Mainz 2004.

Fountain, Susan: Wir haben Rechte … und nehmen sie auch wahr, Mülheim 1996 (Verlag a.d. Ruhr/UNICEF).

Quandt, Siegfried (Hg.): Kinderarbeit und Kinderschutz in Deutschland 1783–1976. Arbeitsheft, Lehrerheft, Materialheft, Paderborn 1978 (Schoeningh).

**M 1** Heimarbeit für die Erzgebirgische Spielwarenindustrie, 1916

Postkarte aus: Erzgebirgisches Spielzeugmuseum Seiffen, Nr. 2488 522 / 22.

**M 2** Kinderarbeit heute: was erlaubt ist und was nicht

Tobias hat ein teures Hobby: Er surft leidenschaftlich gerne im Internet. Einen Computer hat er von seinen Eltern zu Weihnachten bekommen. Doch die Telefon- und Benutzungsgebühren für das Internet wollen die Eltern alleine
5 nicht bezahlen. Deshalb hat Tobias einen Job angenommen. Zweimal in der Woche trägt er Zeitungen aus. Mit dem Geld, das er verdient, beteiligt er sich an den Telefonkosten.
Tobias ist 13 Jahre alt. Nach deutschem Recht darf er ar-
10 beiten. Allerdings nur zwei Stunden am Tag, und auch nur dann, wenn die Schule nicht darunter leidet. Das »Jugendarbeitsschutzgesetz« regelt genau, ab welchem Alter Kinder wie viele Stunden täglich arbeiten dürfen. Und das Gewerbeaufsichtsamt kontrolliert, dass dieses Gesetz auch
15 wirklich befolgt wird. (…)
Die achtjährige Sita lebt in Indien. Ihre Eltern sind so arm, dass sie Sita und ihre Geschwister nicht alleine ernähren können. Eines Tages kam ein Mann aus einer großen Stadt. Er versprach für Sita zu sorgen. Also haben Sitas Eltern
20 ihre Tochter an den Mann verkauft. (…) Von morgens bis abends sitzt sie auf dem Boden und knüpft Teppiche, (…) Lohn erhält Sita keinen. (…)
Die Kinderrechtskonvention will Kinder wie Sita schützen. Denn Sita wird ausgebeutet. Die Arbeit, die sie verrichtet,
25 schadet ihrer Gesundheit und ihrer Entwicklung. Sita sollte zur Schule gehen und lernen, damit sie später einen ordentlichen Beruf ausüben und ein besseres Leben führen kann als ihre Eltern. In ihrer Freizeit sollte Sita mit anderen Kindern spielen und sich erholen. Auch dazu hat sie
30 das Recht nach Artikel 31 der Kinderrechtskonvention.

Zit. nach: Bundesministerium für Familie, Senioren, Frauen und Jugend (Hg.): Die Rechte der Kinder von logo einfach erklärt, 5. Aufl., Mainz 2004, S. 52.

**M 3** Kinder haben Rechte

Noch vor 100 Jahren sah so der Alltag von über einer halben Million Kindern in Deutschland aus: Kinder mussten ihren Eltern helfen, Geld für die Familie zu verdienen. Sie arbeiteten in der Fabrik und auf dem Feld oder mussten bis
5 spät in die Nacht in Heimarbeit nähen und sticken.
Das änderte sich erst im Januar 1904 – von da an regelte ein Gesetz, wann und wie lange Kinder arbeiten durften. Die Eltern konnten ihre Kinder nicht mehr uneingeschränkt zur Arbeit anhalten. Das Gesetz galt zunächst aber nur für
10 Kinder bis 12 Jahre. Wer älter war, konnte weiterhin zur Arbeit geschickt werden. Trotzdem war dieses Gesetz der erste wichtige Schritt zum Kinderschutz in Deutschland.
Und da der Kinderschutz so wichtig ist, haben sich auch die Vereinten Nationen damit beschäftigt. Die Vereinten
15 Nationen oder auch UN – für englisch »United Nations« – sind ein Zusammenschluss vieler Länder, die gemeinsam versuchen, Frieden in der Welt zu schaffen.
Sie haben alle wichtigen Rechte für Kinder in der so genannten UN-Kinderrechtskonvention aufgeschrieben.

Zit. nach: www.kindernetz.de (Stand: März 2006).

# »Folg Deinem Mütterlein, dann wirst Du glücklich sein«

## Eltern-Kind-Beziehungen in Sinnsprüchen

### Stundenschwerpunkt

Die Schüler lernen verschiedene Sinnsprüche zum Verhältnis von Eltern und Kindern aus alten Poesiealben kennen. Sie vergleichen die darin vermittelten Werte und Leitbilder mit ihrem Verhältnis zu ihren Eltern heute.

### Bearbeitungsvorschläge

- Welche Rolle spielen die Eltern in eurem Leben? Formuliert vollständige Sätze: Meine Eltern sind für mich ... / Ich bin für meine Eltern ...
- Lest die Sprüche aus dem Poesiealbum. Klärt Worte, die ihr nicht kennt.
- Sprecht über die vier Sprüche und nennt die Gemeinsamkeiten und Unterschiede.
- Besprecht, ob euch die Sprüche gefallen und ob ihr sie jemandem ins Poesiealbum schreiben würdet. Begründet eure Meinung.
- Was glaubt ihr, warum sie von Freunden ins Album geschrieben worden sind?

### Weiterführende Aufgaben / Projektideen

- Die Schüler recherchieren in alten Poesiealben oder im Internet nach weiteren Eltern-Kind-Sprüchen und diskutieren Ähnlichkeiten und Veränderungen.
- Die Schüler entwerfen ein Klassenpoesiealbum mit Versen, Sprüchen oder auch kleinen Geschichten und Bildern zum Thema »Eltern und Kind«.
- Die Schüler befragen ihre Eltern und Großeltern nach wichtigen Erlebnissen mit ihren Eltern oder auch Kindern und sammeln die Geschichten in einem »Eltern-Kind-Buch«.

### Haken und Ösen

Die Behandlung der Sprüche sollte an konkrete Erfahrungen der Kinder gekoppelt werden, da die hier vermittelten Werte sehr abstrakt sind. Die Schüler sollten erkennen, dass die Sprüche nicht tatsächliche Eltern-Kind-Beziehungen thematisieren.

### Antworten / Hintergründe

Die Tradition, Freunden und Verwandten kleine Sinnsprüche ins Poesiealbum einzutragen, hat ihre Ursprünge in den Stammbüchern des 16. Jahrhunderts. Die Blütezeit dieser Schriftkultur lag jedoch im 19. Jahrhundert. Heute lösen vielfach Freundebücher die bekannten Poesiealben ab. Doch werden Poesiealben oft lange aufbewahrt und könnten so vielen Kindern durchaus noch bekannt sein. In Poesiealben wird eine Spruchkultur tradiert, die weniger aktuelle Leitbilder, sondern vielmehr übergreifende Werte vermittelt. Die hier formulierten Leitbilder erscheinen den Schülern häufig abstrakt und ohne lebensweltliche Bedeutung. Erst die Verbindung mit ihren eigenen Geschichten und denen ihrer Eltern macht die Texte les- und diskutierbar. Ganz besonders eignet sich dieses Thema für interkulturelles Lernen. Die Aufforderung zur Achtung der Kinder gegenüber den Eltern und zur Verantwortung der Eltern gegenüber den Kindern gehört zu dem Wertekanon aller Weltreligionen. Somit könnten gerade in multikulturell zusammengesetzten Klassen unterschiedlichste Geschichten der Schüler auf einen gemeinsamen Wertehorizont zurückgeführt werden.

Die vorliegenden Auszüge stammen aus dem Poesiealbum einer 1947 geborenen Schülerin aus Halle an der Saale. 1959, zum Zeitpunkt der Eintragungen, war sie Schülerin einer 5. Klasse der Allgemeinbildenden Polytechnischen Oberschule. Schreibfehler wurden bei der Abschrift korrigiert.

### Literatur

Weitere Poesiealbumsprüche finden sich unter: www.meinpoesiealbum.de (Stand: Februar 2006).

**M1**

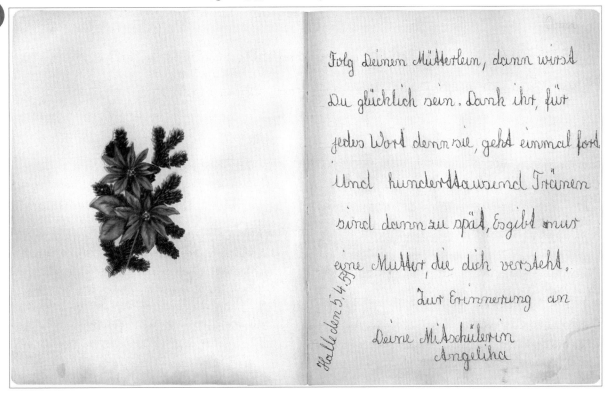

Folg Deinen Mütterlein, dann wirst
Du glücklich sein. Dank ihr, für
jedes Wort denn sie, geht einmal fort
Und hunderttausend Tränen
sind dann zu spät, Es gibt nur
eine Mutter, die dich versteht.
Zur Erinnerung an
Deine Mitschülerin
Angelika

Halle den 5.4.59

**M2**

**M2** Sei Deiner Eltern Freude,
beglücke sie mit Fleiß,
dann erntest Du im Alter
dafür den höchsten Preis.

**M3** Wohin dich führt auch das Geschick.
Denk an das Elternhaus zurück,
Wie Vater–Mutter Tag und Nacht,
Mit treuer Liebe dich bewacht,
Betrachts als deine Kinderpflicht
Vergiß es nicht.

**M4** Liebe das Mutterherz,
so lange es schlägt,
wenn es gebrochen ist,
ist es zu spät.

**M3**

**M4**

Poesiealbum: Privatbesitz, anonymisiert.

# »Wer seine Rute schonet, der hasset seinen Sohn ...«

## Prügelstrafe in Schulen nach 1945

### Stundenschwerpunkt

Im Mittelpunkt der Stunde steht die Diskussion um die Zulässigkeit der körperlichen Züchtigung als Disziplinierungsmittel in der Schule der späten 1940er und 1950er Jahre in Westdeutschland. Anhand des Materials beschäftigen sich die Schüler mit den Befürwortern ebenso wie mit der Gegenposition.

### Bearbeitungsvorschläge

- Lest **M1** und **M2**. Fasst die Argumente der Storndorfer Eltern (**M2**) gegen das Züchtigungsverbot in euren eigenen Worten zusammen.
- Erarbeitet die Argumente in **M3** und **M4** für und gegen den Freispruch des Lehrers. Welche finden eure Zustimmung, welche lehnt ihr ab?
- Wie bewertet ihr den Umgang mit Disziplinproblemen in der Schule in den 1950er Jahren?

### Weiterführende Aufgaben/Projektideen

- Die Schüler befragen ehemalige Schüler und Lehrer zu ihren Erfahrungen mit der Prügelstrafe.
- Sie untersuchen die Entwicklung von verschiedenen Schulstrafen, vom Nachsitzen bis zum Schulverweis, an ihrer Schule.

### Haken und Ösen

Zum Verständnis sind Basisinformationen nötig zur Politik der Besatzungsmächte (Demokratisierung, »Reeducation«) im Nachkriegsdeutschland und zur Amerikanisierung (Rock'n'Roll, James-Dean-Filme) in den 1950er Jahren. Da in den Familien mancher Schüler Prügel möglicherweise noch ein Erziehungsmittel sind, müssen Diskussionen sensibel gesteuert werden.

### Antworten/Hintergründe

Im Nachkriegsdeutschland gab es heftigen Streit um das Recht der (Volksschul-)Lehrer zur körperlichen Züchtigung. Als einziges Bundesland (neben West-Berlin und der Sowjetischen Besatzungszone) verbot Hessen, das von Beginn an eine reformorientierte Schulpolitik vertrat, diese Schulstrafe 1946 (**M1**). In den anderen Ländern war sie nur unter restriktiven Bedingungen (Rohheit, Widersetzlichkeit) erlaubt. Tatsächlich aber war sie in den 1950er Jahren Teil des Schulalltags. Angesichts großer Klassen und schwieriger Unterrichtsbedingungen wollten viele Lehrer nicht auf die Prügelstrafe verzichten. Auch die Mehrheit der Eltern, vor allem auf dem Land (**M2**), wollte den Lehrern dieses Recht einräumen. Ein Urteil des Bundesgerichtshofes (BGH) 1954 gab den Züchtigungsgegnern Recht, doch kam ein anderer Senat des BGH auf dem Höhepunkt der »Halbstarkenkrawalle« 1957 zu dem Ergebnis, Lehrer besäßen seit alters her ein entsprechendes Gewohnheitsrecht (**M3**, **M4**).

Im Gefolge der Schülerbewegung hoben die westdeutschen Länder in der ersten Hälfte der 1970er Jahre das Züchtigungsrecht der Lehrer auf, allerdings zumeist auf dem Erlassweg, was den Gerichten weiterhin einen gewissen Spielraum ließ. Erst in den 1980er Jahren kehrte sich die Rechtsprechung eindeutig von der gewohnheitsrechtlichen Argumentation ab.

### Literatur

Gass-Bolm, Torsten: Das Ende der Schulzucht. In: Herbert, Ulrich (Hg.): Wandlungsprozesse in Westdeutschland. Belastung, Integration, Liberalisierung 1945–1980, Göttingen 2002 (Wallstein), S. 436–466.

Jung, Heike: Das Züchtigungsrecht des Lehrers, Berlin 1977 (Duncker & Humblot).

Rohrbach, Jürgen: Die körperliche Züchtigung in der Volksschule. Eine pädagogische und rechtliche Betrachtung, Essen 1962 (Neue deutsche Schule).

## M1 Runderlass über Schulstrafen in Hessen (1946, erneuert 1949)

HESSISCHES STAATSMINISTERIUM
Der Minister für Kultus und Unterricht
RA. - Züchtigungsrecht - Dr.Wa/Sg -

(1) In allen Schulen Großhessens sind nur Erziehungsmittel zulässig, die auf dem Grundsatz der Menschlichkeit aufbauen! (…)
(8) Alle entehrenden Strafen, insbesondere jede Art körperlicher Züchtigung und Beschimpfung, sind ausdrücklich untersagt.

Zit. nach: Runderlass des Hessischen Kultusministers vom 13. Mai 1946 (erneuert am 10. Oktober 1949). Hessisches Hauptstaatsarchiv (HHSTA) Wiesbaden, Abt. 504 Nr. 4210.

## M3 Aus dem Freispruch eines hessischen Lehrers, der wegen Verstoßes gegen den Runderlass von 1949 angeklagt worden war, durch den Bundesgerichtshof, 1957

(…)
2. Im Lande Hessen ist der Volksschullehrer kraft Gewohnheitsrecht auch heute befugt, die Schüler seiner Schule zu Erziehungszwecken aus hinreichendem Anlass maßvoll körperlich zu züchtigen.
(…)
4. Die Grenzen der Züchtigungsbefugnis nach Anlass, Zweck und Maß werden in Hessen ebenfalls durch das Gewohnheitsrecht bestimmt. Danach ist jede quälerische, gesundheitsschädliche, das Anstands- und Sittlichkeitsgefühl verletzende, nicht dem Erziehungszweck dienende Züchtigung verboten. (…)

Zit. nach: Urteil des II. Senats des BGH vom 23. Oktober 1957 – 2 StR 458/56.

## M2 Elternprotest gegen den Erlass des hessischen Kultusministers (1949)

Mit größtem Befremden haben wir von einem Erlaß des Herrn Kultusministers erfahren, der jede körperliche Züchtigung durch den Lehrer mit (...) Strafe bedroht. Dieser Erlaß macht es
5 uns Eltern unmöglich, einen Teil unserer elterlichen Strafgewalt auf einen Lehrer zu übertragen, der unser Vertrauen genießt und sie in der Zeit ausübt, in der die Kinder in seiner Obhut stehen. (...) Durch den Krieg hat eine allge-
10 meine Verrohung und Verwilderung des Rechtsempfindens um sich gegriffen, die besonders unsere Jugend erfaßt hat. Gerade in dieser Zeit dem Lehrer das stärkste Mittel zur Aufrechterhaltung der Zucht zu nehmen, ist mehr als
15 bedenklich für die Schule und das Wohl unserer Kinder. Dieses Mittel, sehr selten angewandt, wirkt mehr durch die Möglichkeit der Anwendung als durch tatsächlichen Gebrauch. (...)
Schon in der Bibel steht: „Wer seine Rute scho-
20 net, der hasset seinen Sohn, wer ihn aber lieb hat, der züchtiget ihn bald". Und Christus, der Erzieher aller Erzieher, hat dieses Wort nicht widerrufen.
Der erwähnte Erlaß wurde vom Herrn Minister
25 verfügt, ohne daß die verantwortlichen und erfahrenen Erzieher in Elternhaus und Schule befragt wurden. Wären sie gehört worden, wäre er in dem jetzigen Zeitpunkt in dieser Form nicht erschienen.
30 Mit unserer Entschließung soll durchaus keiner Erziehung durch Prügel das Wort geredet werden, doch sollte man den Anfang des erzieherischen Wirkens nicht mit seinem Endzustand verwechseln. (...)

Zit. nach: Entschließung des Elternbeirats Storndorf vom 6. Dezember 1949. HHSTA Wiesbaden, Abt. 504 Nr. 3384a.

## M4 Rundfunkkommentar zum Urteil des BGH, 1957

(…) Unsere gelegentliche, meist dem Zorn entstammende, väterlich-unväterliche Ohrfeige ist kein Ruhmestitel für uns, sondern eher ein Zeichen für die Art und Qualität der elterlichen Erziehung. Wir Eltern sind nämlich Leute, die
5 ins Wasser geworfen werden und schwimmen müssen. Wir haben das Erziehen nicht »gelernt«. (…) Dagegen die studierten Pädagogen, die sollten ohne Ohrfeigen auskommen. Sie gehen erst ins Wasser, wenn sie schwimmen können. Und sie sollen sich ihr Schulgeld wiedergeben lassen,
10 wenn sie's nicht können. (…)
In einem Lande, in dem manche höheren Richter noch immer von einem Prügel-Gewohnheitsrecht reden, ist es ganz selbstverständlich, dass das ministerielle Verbot des Schlagens nur in den Fällen zur Strafe führt, in denen der

15 Lehrer die Strafe verdient hat. In den Übergangsjahren, in denen wir uns befinden, werden kleinere Affekthandlungen sicherlich nicht zu weittragenden Folgen führen. Dennoch (…) muss dieses Verbot aufrechterhalten werden: wegen jener rauen Naturen, die beim Wegfall des Verbots
20 zu rücksichtslosen Schlägern werden könnten. (…)
Denn das eine bleibt natürlich bestehen, solange dieser Erlass besteht: die Überzeugung des Verordnenden von der notwendigen Überwindung jenes Gewohnheitsrechtes, das für unser neueres Empfinden allmählich doch zu einem
25 Unrecht wird. (…)

Zit. nach: Über die körperliche Züchtigung. Kommentar von Rudolf Krämer-Badoni im Hessischen Rundfunk vom 17. November 1957. HHSTA Wiesbaden, Abt. 504 Nr. 3384b.

# »Würde und Anstand verleugnet«

## Knigge über den Umgang zwischen Jung und Alt

### Stundenschwerpunkt

Die Schüler gewinnen am Beispiel von Adolph Freiherr Knigges Schrift »Über den Umgang mit Menschen« Einblicke in die am Ende des 18. Jahrhunderts beobachteten und erwünschten Verhaltensweisen zwischen den Generationen und vergleichen diese mit heutigen Umgangsformen.

### Bearbeitungsvorschläge

- Lest den Text, und erarbeitet die Eigenschaften und Merkmale, die Knigge alten und jungen Menschen typischerweise zuschreibt. Stellt eine Liste von Gegensatzpaaren zusammen.

- Beschreibt mit euren Worten, welches Verhalten gegenüber der jeweils anderen Generation Knigge für wünschenswert hält – bezieht dabei seine »abschreckenden Beispiele« für generationstypisches Fehlverhalten mit ein.

- Erklärt, welchen Nutzen der Umgang miteinander für beide Generationen nach Auffassung des Autors haben kann.

- Vergleicht Knigges Beschreibung von tatsächlichem und erwünschtem Verhalten mit eigenen Erfahrungen im Umgang zwischen den Generationen.

### Weitergehende Aufgaben / Projektideen

- Die Schüler recherchieren in Anstandsbüchern aus verschiedenen Zeiten und vergleichen Verschiebungen und Kontinuitäten im Generationenverhältnis.

- Sie befragen Eltern und Großeltern nach ihrem Verständnis vom wechselseitigen Umgang der Generationen. Sie informieren sich über die Umgangsformen, die das Generationenverhältnis in ihrer Jugend charakterisierten, und fragen nach dem Verhältnis von Normen und alltäglicher Praxis.

- Knigge spricht von der »Absonderung unter Personen von verschiedenem Alter«. Die Schüler informieren sich darüber, ob, wo, seit wann und warum eine solche Absonderung in ihrem Ort nachweisbar ist (Altersheime, Spielplätze, »junge« und »alte« Stadtteile).

### Haken und Ösen

Anstandsbücher sind normative Schriften. Ihre Maßregeln spiegeln in der Regel die moralischen und sozialen Werte ihrer Autoren wider. Aufschluss über das Generationenverhältnis geben sie daher nur im Rückgriff auf die soziokulturelle Position des Autors.

Die Schüler brauchen eventuell Hilfen bei der Identifizierung und Deutung der ironischen Textpassagen.

### Antworten / Hintergründe

Entgegen der sprichwörtlich gewordenen Werkrezeption ist Adolph Freiherr Knigges »Über den Umgang mit Menschen« aus dem Jahr 1788 keine Anstandsfibel. Sie ist vielmehr eine im Geiste der Aufklärung entstandene Orientierungshilfe für die bürgerlichen und unteren Schichten, die vielfältige Lebensregeln enthält. Das Kapitel »Über den Umgang unter Menschen von verschiedenem Alter« leitet den zweiten Teil des Buches über die verwandtschaftlichen Beziehungen und Lebensregeln ein.

### Literatur

Anstandsbücher in der Nachfolge Knigges gibt es reichlich. Sie sind (sofern sie in den 1950er Jahren und später erschienen sind) einfach zu beziehen.

Kerbs, Diethart: Das Ende der Höflichkeit. Für eine Revision der Anstandserziehung, München 1970 (Juventa).

Schall, Sybille / Weber, Annemarie: Hausbuch des guten Tons. Ein Knigge von heute, Berlin 1950 (Falke).

Schönfeld, Sybil: Knigge für die nächste Generation, Reinbek bei Hamburg 2003 (Rowohlt).

**M 1  Adolph Freiherr Knigge über den Umgang unter Menschen von verschiedenem Alter, 1788:**

Es ist nicht gut, wenn eine zu bestimmte Absonderung unter Personen von verschiedenem Alter stattfindet. (…) Der Ton, den die Jugend annimmt, wenn sie immer sich selbst überlassen ist, pflegt nicht der sittlichste zu sein; manche
5 gute Einwirkung wird verhindert, und alte Väter bestärken sich im Egoismus, Mangel an Duldung, an Toleranz und werden mürrische Hausväter, wenn sie keine andern als solche Menschen um sich sehen, die mit ihnen gemeinschaftliche
10 Sache machen, sobald von Lobeserhebungen alter Zeiten und Heruntersetzung der gegenwärtigen, deren Ton sie nie kennenlernen, die Rede
15 ist. (…) Greise verlangen von Jünglingen dieselbe ruhige, nüchterne, kaltblütige Überlegung, Abwägung des Nützlichen
20 und Nötigen gegen das Entbehrliche, dieselbe Gesetztheit, die ihnen Jahre, Erfahrung und physische Herabspan-
25 nung gegeben haben. Die Spiele der Jugend erscheinen ihnen unbedeutend, die Scherze leichtfertig. (…) – O lasset uns doch
30 lieber selbst so lange jung bleiben, als möglich ist, und wenn der Winter unsers Lebens unser Haar mit Schnee deckt, und nun das Blut langsamer durch die Adern
35 rollt, das Herz nicht mehr so warm und laut im Busen pocht, doch mit teilnehmender Wonne auf unsre jüngern Brüder herabsehn, die noch Frühlingsblumen pflücken, wenn wir, dick eingehüllt, am häuslichen, väterlichen Herde Ruhe suchen. Lasset uns nicht durch plattes
40 Räsonnement die süßen Freuden der Phantasie niederpredigen. (…) So schön aber diese gutmütige Herablassung zu der Stimmung der Jugend ist, so lächerlich muß es uns vorkommen, wenn ein Greis so sehr Würde und Anstand verleugnet, daß er in Gesellschaft den Stutzer oder den lus-
45 tigen Studenten spielt; wenn die Dame ihre vier Lustra* vergisst, sich wie ein junges Mädchen kleidet, herausputzt, kokettiert, die alten Gliedmaßen beim englischen Tanze durcheinander wirft oder gar andern Generationen Eroberungen streitig machen will. Solche Szenen wirken Verach-
50 tung; nie müssen Personen von gewissen Jahren Gelegenheit geben, daß die Jugend ihrer spotte, die Ehrerbietung oder irgendeine der Rücksichten vergesse, die man ihnen schuldig ist. Es ist indessen nicht genug, daß der Umgang älter Leute den jüngern nicht lästig und hinderlich werde;
55 er muß ihnen auch Nutzen schaffen. Eine größere Summe von Erfahrungen berechtigt und verpflichtet jene, diese zu unterrichten, zurechtzuweisen, ihnen durch Rat und Beispiel nützlich zu werden.

(…) Soviel über das Betragen bejahrter Personen gegen jüngere Leute. Jetzt noch etwas von der Aufführung der Jüng- 60 linge im Umgang mit Männern und Greisen. In unsern von Vorurteilen so säuberlich gereinigten, aufgeklärten Zeiten werden manche Empfindungen, welche Mutter Natur uns eingeprägt hat, wegräsoniert. Dahin gehört denn auch das Gefühl der Ehrerbietung gegen das hohe 65 Alter. Unsre Jünglinge werden früher reif, früher klug, früher gelehrt; durch fleißige Lektüre, besonders der reichhaltigen Journale, ersetzen sie, was ihnen an Erfahrung 70 und Fleiß mangeln könnte (…). Daher entsteht auch jene edle Selbstigkeit und Zuversicht, die schwächere Köpfe für Unver- 75 schämtheit halten, jene Überzeugung des eignen Werts, mit welcher unbärtige Knaben heutzutage auf alte Männer 80 herabsehen, und alles mündlich und schriftlich überschreien, was ihnen in den Weg kommt. Das Höchste, worauf ein 85 Mann von ältern Jahren Anspruch machen darf, ist gnädige Nachsicht, züchtigende Kritik, Zurechtweisung von seinen unmündigen Kindern 90 und Enkeln (…). Doch zur Sache! Es gibt viele Dinge, in dieser Welt, die sich durchaus nicht anders als durch Erfahrung lernen lassen; es gibt Wissenschaften, die so schlechterdings langwährendes Studium, vielfaches Betrachten von 95 verschiednen Seiten und kältres Blut erfordern, daß ich glaube, auch das feurigste Genie, der feinste Kopf sollte einem bejahrten Mann, der selbst bei schwächern Geistesgaben Alter und Erfahrung auf seiner Seite hat, in den mehrsten Fällen einiges Zutrauen, einige Aufmerksamkeit 100 nicht versagen. (…) Endlich dünkt es mich (…), dem Jünglinge und Knaben zuzurufen: »Vor einem grauen Haupte sollst Du aufstehn! Ehre das Alter! Suche den Umgang älterer kluger Leute! Verachte nicht den Rat der kältern Vernunft, die Warnung des Erfahrnen! Tue dem Greise, was 105 Du willst, daß man Dir tun solle, wenn einst Deiner Scheitel Haar versilbert sein wird! Pflege seiner und verlasse ihn nicht, wenn die wilde, leichtfertige Jugend ihn flieht!«

Zit. nach: Adolph Freiherr Knigge: Über den Umgang mit Menschen (1788), abrufbar auf: Projekt Gutenberg, http://gutenberg.spiegel.de/ knigge/umgang/umgang.htm (Stand: März 2006).

Abbildung: Adolph Freiherr Knigge (Focke-Museum, Inv. 1936.201).

\* Lustrum: eine Zeitspanne von fünf Jahren

# »Ehre Vater und Mutter«

## Leitbilder vom Eltern-Kind-Verhältnis im Kaiserreich

### Stundenschwerpunkt

Die Schüler beschäftigen sich damit, wie Kindern zu Beginn des 20. Jahrhunderts das »rechte Verhalten« gegenüber der Mutter bzw. den Eltern – im Sinne des vierten Gebotes – in der Schule vermittelt wurde.

### Bearbeitungsvorschläge

• Erzählt die Geschichte (**M1**) nach.

• Besprecht: Was gefällt euch gut an ihr, was nicht? Glaubt ihr, dass sie sich so zugetragen hat, wie sie überliefert ist?

• Schaut euch die Postkarte (**M2**) an, und lest das Gedicht darauf: Was ist die Botschaft der Karte?

• Schaut in euren Lesebüchern nach, ob sie auch solche Geschichten und »Lehren« enthalten.

• Überlegt gemeinsam, was Kinder aus Geschichten wie **M1** und Bildern bzw. Versen wie **M2** lernen sollten.

### Weiterführende Aufgaben / Projektideen

• Die Schüler setzen die Geschichte kreativ um: als Bilderfolge oder als szenische Darstellung. Sie machen deutlich, wo die Vorlage Schwächen hat: Ungenauigkeiten, Widersprüche, Lücken bzw. Leerstellen usw. Sie ergänzen diese gegebenenfalls.

• Sie gestalten ausgehend von **M2** eine Muttertags-Karte nach eigenen Ideen.

• Die Schüler erkundigen sich bei Erwachsenen, ob bzw. wie man ihnen in der Schule das »richtige« Verhalten gegenüber ihren Eltern beigebracht hat, und sie fragen sie nach der Wirkung solcher Unterweisungen.

• Die Schüler interviewen Lehrer, Vertreter der Glaubensgemeinschaften u.a., ob das rechte Verhalten von Kindern gegenüber ihren Eltern heute noch in der Schule und anderen Institutionen vermittelt wird – und wenn ja, warum und wie.

### Haken und Ösen

Der Text ist für Grundschüler nicht leicht zu verstehen. Deshalb bietet sich an, dass die Lehrkraft **M1** vorliest. Gegebenenfalls sind Worterklärungen bzw. sprachliche Vereinfachungen notwendig.

Der Titel von **M1** könnte die Schüler irritieren, da in der Geschichte zwar eine Mutter vorkommt, aber von einem Vater keine Rede ist. Hier wäre auf den Wortlaut des vierten Gebots zu verweisen. Oder man lässt die Überschrift weg und fordert die Schüler auf, eigene Titel zu formulieren.

### Antworten / Hintergründe

Die in den Materialien zu erkennenden Leitlinien mögen dem modernen Leser als konservativ und damit »typisch« für die Schule des Kaiserreichs erscheinen. Das Bild der Schule und ihre Erziehungsziele waren im Kaiserreich nicht einheitlich, und gerade um die Jahrhundertwende gab es Reformbestrebungen und Modernisierungsansätze (vgl. z.B. die Koedukationsdebatte). Was allerdings zumindest im Bereich der Volksschule nicht in Frage gestellt wurde, war die Erziehung entlang ethischer Normen, zu denen vor allem die Achtung vor der elterlichen Autorität und die Liebe zu den Eltern zählten. Wie im vorliegenden Beispiel deutlich wird, wurde hier – ohne es explizit zu benennen – die Autorität der Kirche (bzw. ihrer Gebote) genauso eingeschlossen wie die Autorität der »Heimat« und der in dieser waltenden Obrigkeit (so lässt sich zumindest der Hinweis interpretieren, dass die Hauptperson von **M1** badischer Beamter ist).

### Literatur

Petrat, Gerhardt: Schulerziehung. Ihre Sozialgeschichte in Deutschland bis 1945, München 1987 (Ehrenwirth).

**M 1** Aus einem Lesebuch für Volksschulen, 1909

### Ehre Vater und Mutter

Während des Dreißigjährigen Krieges näherte sich einst der Stadt Pforzheim das feindliche Kriegsheer. Von Schrecken betäubt ließen die Bewohner Hab und Gut zurück und eilten hinwegzukommen. Kaspar Maler, badischer
5 Beamter daselbst, wollte sich mit seinen Geschwistern und seiner hochbetagten Mutter über den Rhein* flüchten. Aber wie sollte die alte, schwache Mutter, die nur mit Mühe den Weg zur Kirche gehen konnte, fortgebracht werden, da jeder Gott dankte, der Pferde aufzutreiben wuß-
10 te, um das Beste seiner Habseligkeiten hinwegschaffen zu können? Der Mutter war es jedoch nur um die Sicherheit ihrer Kinder zu tun. Sie begehrte, daß sie fliehen, sie selbst aber zurücklassen sollten. Ihre grauen Haare, meinte sie, würden sie schützen, und wenn nicht, so wäre dies auch
15 nicht so schlimm; sie hätte ja ohnehin nur noch wenige Tage zu leben. Aber die guten Kinder waren nur besorgt um das teure Leben der guten Mutter und wollten ohne dieselbe nimmermehr fortgehen. Während dieses Streites zwischen Mutter- und Kindesliebe fiel der Blick des Sohnes
20 von ungefähr auf ein unbespanntes Wägelchen, das im Hofe stand. »Hier ist ja, was wir brauchen«, rief er freudig aus und eilte hinab, der Mutter einen bequemen Sitz auf demselben zu bereiten. Sogleich begann die Abreise. Einige der Kinder zogen, mit den andern abwechselnd, das
25 leichte Fuhrwerk. Die übrigen trugen unterdessen das wenige Gepäck, das man in der Eile hatte zusammenraffen können. Die Liebe zur teuern Mutter gab Kraft und Vertrauen. Glücklich gelangten sie über den Rhein hinüber. Als sie in der nächsten Stadt ankamen, bewunderte man
30 gerührt die treuen Kinder, denen die Rettung der Mutter das kostbarste Gut war.

Zit. nach: Lesebuch für Volksschulen, Zweiter Teil, bearbeitet unter Leitung des Großherzoglichen badischen Oberschulrats, I. H. Geiger, Lahr 1909, S. 74.

* Anmerkung: Die Stadt Pforzheim liegt etwa 40 km Luftlinie vom Rhein entfernt.

**M 2** Motivpostkarte »Wenn du noch eine Mutter hast«, um 1900

„Wenn du noch eine Mutter haft"

Wenn du noch eine Mutter haft,
So danke Gott und sei zufrieden;
Nicht allen auf dem Erdenrund
Ist dieses hohe Glück beschieden.
Wenn du noch eine Mutter haft,
So sollst du sie mit Liebe pflegen,
Daß sie dereinst ihr müdes Haupt
In Frieden kann zur Ruhe legen.

F. W. Kaulisch

MPK03345, aus: 5000 Motivpostkarten aus der Zeit um 1900, Berlin 2002 (auf 4 CD-ROMs)
(Yorck Project. Gesellschaft für Bildarchivierung); Nachweis: Kempe, Freiberg i. Sa.

# »Das Leben des Menschen«

## Lebens- und Altersstufen im Bilderbogen des 19. Jahrhunderts

### Stundenschwerpunkt

Die Schüler untersuchen, welche Vorstellungen der Lebens- und Altersstufen in einem Bilderbogen des 19. Jahrhunderts verbreitet wurden, und stellen diese ihren heutigen Ideen gegenüber.

### Bearbeitungsvorschläge

- Stellt wichtige Stationen eines Lebenslaufes in unserer Zeit zusammen; vergleicht eure Listen miteinander.

- Beschreibt den Bilderbogen aus dem 19. Jahrhundert, und vergleicht ihn mit euren Entwürfen.

- Stellt die Voraussetzungen zusammen, die für jeden Übergang von einem Bild zum nächsten gegeben sein müssen – sind sie bei jedem Menschen gegeben?

- Überlegt, aus welchen Gründen solche Bilderbogen wohl erstellt wurden und welche Wirkung sie haben sollten.

- Was sagt die Platzierung der Bilder über die Vorstellung eines optimalen Lebenslaufes aus? Ist eine andere Reihenfolge denkbar?

### Weiterführende Aufgaben / Projektideen

- Die Schüler erstellen einen Bilderbogen für eine bürgerliche Frau aus dem 19. Jahrhundert.

- Sie recherchieren Lebensläufe anderer Generationen. Sie stellen wichtige Stationen dar und ermitteln, welche Umstände sich auf den Lebenslauf ihres Zeitzeugen ausgewirkt haben und mit welchen Erwartungen an seinen Lebenslauf er konfrontiert gewesen ist.

- Die Schüler beschäftigen sich mit dem Leben einer Person aus ihrem Umfeld, die in ihrem Leben unkonventionelle Entscheidungen getroffen hat, und erforschen, ausgehend von dieser Biografie, alternative Lebensformen und die Reaktionen darauf.

### Antworten / Hintergründe

Die vor allem in unteren sozialen Schichten sehr weit verbreiteten Bogen popularisierten bürgerliche Werte und Lebensformen. Dabei war das bürgerliche Familienideal bis in die 1870er Jahre hinein ein besonders beliebtes Thema: In Bildern, Versen und kurzen Geschichten präsentierten die Bogen immer wieder die bürgerliche Kernfamilie, die keine Produktionsgemeinschaft, sondern nur mehr eine »Freizeit- und Konsumfamilie« war, als erstrebenswerte Lebensform. Nach Gründung des Kaiserreichs veränderte sich jedoch der Tenor der Darstellungen: Weil die unteren sozialen Schichten in der ersten Phase der Hochindustrialisierung zunehmend jede Hoffnung verloren, das bürgerliche Familienideal selbst realisieren zu können, verlor das zuvor populäre Wunschbild an Attraktivität. Die Produzenten der Bilderbogen reagierten auf diese Resignation mit Darstellungen, die das bürgerliche Familienidyll kritisch hinterfragten.

Der Bilderbogen vermittelt die Vorstellung vom zeitlosen Familienideal mit patriarchalischer Struktur, in der wie selbstverständlich die Altersstufen und Lebensphasen an der Biografie des Mannes festgemacht werden (s.a. die Doppeldeutigkeit von frz.: l'homme: 1. Mensch; 2. Mann). Gesellschaft ist Familiengesellschaft, ist Männergesellschaft. Die Kind-Eltern-Familie hat sich als dominierende Sozialform gegenüber der Großfamilie mit drei Generationen durchgesetzt.

Weitere Merkmale des bürgerlichen Familienmusters werden in der Quelle deutlich: z.B. Trennung von männlicher Erwerbstätigkeit und Familiensphäre im Haus, Arbeitsteilung der Geschlechter sowie Trennung von Männer- und Frauengesellschaft.

### Literatur

Held, Claudia: Familienglück im Bilderbogen. Die bürgerliche Familie des 19. Jahrhunderts im Spiegel der Neuruppiner Druckgrafik, Bonn 1992 (Habelt).

Nipperdey, Thomas: Deutsche Geschichte 1800–1866, Bürgerwelt und starker Staat, 5. Aufl., München 1994 (C. H. Beck).

Nipperdey, Thomas: Deutsche Geschichte 1866–1918. Bd. 1: Arbeitswelt und Bürgergeist, 3., durchges. Aufl., München 1993 (C. H. Beck).

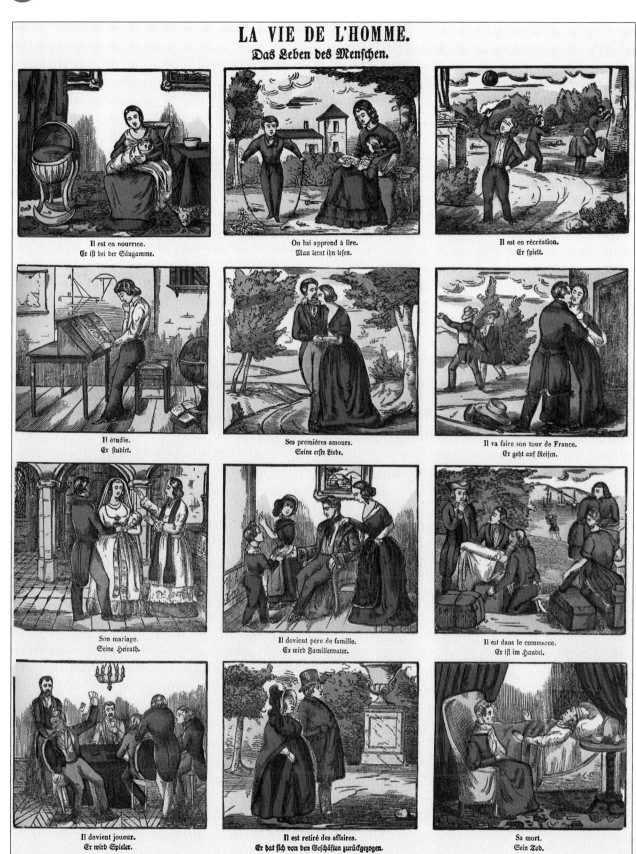

Aus: Weber-Kellermann, Ingeborg: Die Kindheit. Eine Kulturgeschichte, Frankfurt a. M. u. a. 1997 (Insel Taschenbuch), S. 101.

# »Der Jugend unser Vertrauen«

## Generationenkonflikte in der DDR der 1980er Jahre

### Stundenschwerpunkt

Die Schüler beschäftigen sich mit den politischen Jugendleitbildern in der DDR einerseits und realen Konflikten zwischen den Generationen in den 1980er Jahren andererseits.

### Bearbeitungsvorschläge

- Analysieren Sie die Fotos **M1** und **M2** hinsichtlich des Entstehungszusammenhanges, der Bildsprache, der Stimmung etc., und vergleichen Sie sie. Welche Intentionen waren mit der Erstellung bzw. Veröffentlichung verbunden?

- Nennen Sie Anzeichen und Ursachen für Konflikte zwischen den Generationen in der DDR (**M3**).

- Erörtern Sie die Funktion des geheimen Berichts aus dem Jahr 1987 (**M3**).

### Weiterführende Aufgaben / Projektideen

- Die Schüler untersuchen die Darstellungen des Generationenkonflikts in der DDR in neueren Spielfilmen wie »Sonnenallee« oder »Der rote Kakadu«.

- Sie untersuchen, welche Jugendleitbilder Medien heute inszenieren, und vergleichen diese mit ihrem Selbstbild.

- Sie suchen nach den in Foto- und Filmmaterialien ihrer Eltern überlieferten Bildern von »Jugend« und fertigen eine eigene Foto- und/oder Filmdokumentation an.

- Halbstarke, Beatfans, Punks, Heavy-Metal-Fans, Popper, Gruftis: Auch in der DDR gab es eine breite jugendliche Subkultur, die von der Staatssicherheit beobachtet und auch verfolgt wurde. Die Schüler befragen Zeitzeugen und recherchieren in Archiven.

### Antworten / Hintergründe

Es waren Teile der DDR-Jugend, die sich in den 1980er Jahren den staatlichen Erziehungsbemühungen entzogen und damit sichtbar die propagierte Einheit der Generationen aufkündigten. Anders als die Eltern-Generation wollten sie sich immer weniger in den erstarrten Strukturen des Kollektivs einrichten, lehnten sich gegen das Disziplin, politischen Gehorsam und Leistung verlangende System der »alten Männer« auf und suchten nach anderen Werten oder nur nach sich selbst. Dieser latent immer vorhandene Generationenkonflikt wurde seit den 1950er Jahren als ein bürgerliches Relikt aus dem öffentlichen Diskurs verdrängt. Gleichwohl waren die Konfliktlinien unübersehbar, die sich vor allem in der Herausbildung einer vielgestaltigen jugendlichen Subkultur spiegelten. Diesen Widerspruch thematisieren das vom Zentralrat der FDJ in Auftrag gegebene Plakat (**M1**) und die Fotografie (**M2**) des westdeutschen Journalisten Peter Wensierski, der in den 1980er Jahren für eine Dokumentation über die Jugend in der DDR recherchierte.

Dem Zentralinstitut für Jugendforschung unter Leitung von Walter Friedrich kam die Aufgabe zu, diesen Mentalitätswandel forschend zu begleiten. Die vom ZK der SED im Sinne einer Politikberatung geforderten Berichte (z. B. **M3**) dokumentieren in den 1980ern vergleichsweise offen den Verlust großer Teile der Jugend und analysieren dessen Ursachen.

### Literatur

Ahrberg, Edda (Hg.): »Mit gestutzten Flügeln« – Jugend in der DDR, Naumburg 1996 (LSTU Sachsen-Anhalt).

Büscher, Wolfgang / Wensierski, Peter: Null Bock auf DDR. Aussteigerjugend im anderen Deutschland, Reinbek bei Hamburg 1984 (Rowohlt).

Jander, Martin: Jugend in der DDR. Alltag in der Diktatur (Geschichte betrifft uns, Unterrichtsmaterialien, 1/2006) (Bergmoser + Höller).

Rauhut, Michael: Rock in der DDR 1964 bis 1989, Bonn 2002 (Bundeszentrale für politische Bildung).

**M 1** FDJ-Plakat von 1985

**Der Jugend unser Vertrauen**

Aus: Plakatsammlung Deutsches Historisches Museum
Invent.-Nr. P90/2394.

**M 2** Foto eines westdeutschen Journalisten von einer spontanen Demonstration von Punks in Leipzig, 17. Juni 1982

Aus: Neubert, Erhardt: Geschichte der Opposition in der DDR 1949–1989,
2., durchges. u. erweit. Aufl., Berlin 1998 (Links), S. VIII.

**M 3** Bericht von Walter Friedrich, Leiter des Zentralinstituts für Jugendforschung der DDR, an Egon Krenz (bis 1983 Erster Sekretär des Zentralrats der FDJ und seit 1987 als Mitglied des Politbüros und ZK-Sekretär u. a. für Sicherheit und Jugend zuständig) vom 28.07.1987

Zum Entwicklungsstand und zu Entwicklungsproblemen unserer Jugend

(...) Wir brauchen realistische Einschätzungen von der heute lebenden Jugend, von dem Stand ihrer Persönlichkeitsentwicklung, ihres ideologisch-moralischen Bewusstseins, der Beson-
5 derheiten ihres Denkens, Fühlens und Verhaltens. Gegenwärtig sind nach meinen Erfahrungen recht verschiedene Einschätzungen / Einstellungen zur Jugend verbreitet, die es zurückzudrängen gilt. Ich meine:
10 Die Vergleiche der „heutigen Jugend" mit der in früheren Zeiten. Meist wird die eigene Jugendzeit oder die Zeit, in der man als Jugendfunktionär / Erzieher mit der Jugend engen Kontakt hatte, als Vergleich genommen. Diese
15 früheren Zeiten erscheinen oft verklärt. Vor allem aber bringen solche Wert-Vergleiche mit der Jugend der 50er / 60er Jahre nicht voran, sie verstellen uns den Blick für die nüchterne, vorurteilslose Betrachtung und Bewertung des
20 Andersseins der Jugend unserer Zeit.
So hört man nicht selten, die (immer schon traditionelle Meinung), der Jugend gehe es heute zu gut, sie achte nicht genügend die Leistungen der älteren Generationen und un-
25 sere Errungenschaften überhaupt, sie sei zu oberflächlich und respektlos, man müsse sie härter anfassen und mehr Räson beibringen, nicht soviel Vertrauen schenken.
In breiten Teilen der Bevölkerung (auch der
30 mittleren Generation) werden sehr pauschale negative Urteile über unsere Jugend geäußert. Sie sei in der Mehrheit faul, wenig leistungsbereit, unordentlich, liederlich, unpolitisch, verhalte sich zweckbewußt und angepaßt, sehe
35 nur auf materielle Vorteile, sei unhöflich, vorwiegend freizeit- und genußorientiert.
Unsere politischen Einschätzungen der Jugend in Partei- und FDJ-Dokumenten werden von sehr vielen Menschen nicht akzeptiert, auch Presse-
40 artikel werden als schöngefärbt abgetan oder gar nicht erst gelesen. Es wird auf eigene Alltagsbeobachtungen verwiesen, diese werden verallgemeinert und hochstilisiert. Diese Situation ist nicht günstig, sie beeinflußt auch
45 indirekt das Verhalten der Jugendlichen. Ich sehe nur einen Weg: Wir müssen zu wirklichkeitsnäheren Darstellungen kommen. (...)
Andererseits gibt es bei uns auch die Tendenz, die Jugend zu idealisieren, zu heroisieren. Sie
50 wird abstrakt betrachtet, Eigenschaften werden ihr zuerkannt, die sich nur bei einem Teil der Jugend finden und auch hier weiterer Ausprägung und Stabilisierung bedürfen.
Das Bild der Jugend kann nicht vom Auftreten
55 der Funktionäre und Aktivisten, auch nicht vom Verhalten bei großen Demonstrationen her verallgemeinert werden. (...)

Zit. nach: Stiftung Archiv der Parteien und Massenorganisationen in der DDR im Bundesarchiv DY30/IV2/2.039/246, Bl. 70f [Unterstreichungen im Original von Egon Krenz].

# »Sinalco liebt das Love-in«
## Jugend in der Werbung

### Stundenschwerpunkt

Die Schüler beschäftigen sich mit Werbekampagnen der Firma Sinalco und untersuchen, wie sich Werbeagentur und Firmenleitung das Lebensgefühl der potentiellen jugendlichen Kunden vorstellten.

### Bearbeitungsvorschläge

• Untersuchen Sie jeweils **M1**, **M2** und **M3** hinsichtlich der Botschaft, der Adressaten und der visuellen Mittel.

• Stellen Sie Zeitbezüge her, und erörtern Sie die Veränderung in der Ansprache der jugendlichen Konsumenten, auch hinsichtlich eines suggerierten Lebensgefühls.

### Weiterführende Aufgaben / Projektideen

• Die Schüler sammeln Werbeanzeigen aus verschiedenen Zeiten, die ein vermeintlich jugendliches Lebensgefühl für ihre Produktvermarktung nutzen. Sie sichten die Werbung und stellen Gemeinsamkeiten und Unterschiede heraus. Finden sich einzelne Stereotype gehäuft? Trifft dies ihr Lebensgefühl?

• Sie erkunden, seit wann ältere Menschen umworben werden. Sie untersuchen die Produkte und das suggerierte Image. Inwiefern lässt sich hier ein Wandel dokumentieren und begründen?

### Haken und Ösen

Werbung kann Ausgangspunkt sein, um Klischees zu hinterfragen und dem tatsächlichen Lebensgefühl der Jugendlichen nachzuspüren. Innerhalb des Themenkomplexes ist es schwierig, einen lokalen Bezug für einen Wettbewerbsbeitrag herzustellen.

### Antworten / Hintergründe

**M1** und **M2** sind Bildpostkarten, die als Werbeträger eingesetzt wurden. **M2** stellt die Frauengestalt »Annabella« dar, die weltweit vermarktet wurde und vor allem dynamisch wirken sollte.

Ende der 1960er Jahre versuchte die Firma Sinalco, mit einer neuen Werbekampagne einen Imagewandel für ihre Produkte zu erreichen und ihre Marke, die um die Jahrhundertwende eingeführt worden war, zu verjüngen. Mittel zu diesem Zweck war eine aufblasbare Puppe namens »Rita« (vgl. **M3**), die im Sommer 1969 erstmals präsentiert wurde. Sie wurde zur Personalisierung des Produkts eingesetzt – in der Werbung tauchte sie in Szenen auf, die das Lebensgefühl der Jugend Anfang der 1970er Jahre widerspiegeln sollten. So äußert sich Rita beispielsweise stellvertretend für die damalige Jugend, was ihr gefällt (z.B. »Wenn Mädchen Miniröcke unter Maximänteln tragen«) oder was ihr nicht gefällt (z.B. »Wenn ich mit meiner Familie Ferien machen muss«; »Wenn Oma mir Unterwäsche schenkt«).

Betrachtet man die Erfolge dieser Kampagne, dann scheint das Lebensgefühl der Jugend getroffen worden zu sein. Mehrere zehntausend Puppen wurden verkauft. Nach knapp zwei Jahren war sie mehr als der Hälfte aller Bundesbürger und bei den Jugendlichen mehr als zwei Dritteln bekannt. Umsatz und Neugeschäft auf dem Sinalco-Kola-Sektor stiegen. Bis Mitte der 1970er Jahre führte das Unternehmen die erfolgreiche Kampagne fort. Danach setzte die Marketing-Leitung auf eine Amerikanisierung der Produktausstattung und Werbung.

### Literatur

Hars, Wolfgang: Lexikon der Werbesprüche. Nichts ist unmöglich! 500 bekannte deutsche Werbeslogans und ihre Geschichte, Frankfurt a.M. 1999 (Eichborn).

Müller-Brockmann, Josef u.a.: Geschichte des Plakats / Histoire de l'affiche / History of the Poster, Zürich 1971 (ABC-Verlag), Reprint: Berlin 2004 (Phaidon Press).

Schindelbeck, Dirk: Marken, Moden und Kampagnen. Illustrierte deutsche Konsumgeschichte, Darmstadt 2003 (Primus).

**M 1**  Sinalco-Werbepostkarte von 1948

**M 2**  Sinalco-Werbepostkarte von 1952

**M 3**  Werbeanzeige von Sinalco von 1969

Alle Motive aus: Staatliche Archive des Landes
NRW (Hg.): Unsummen für Reklame. Histo-
rische Werbung aus Ostwestfalen und Lippe,
Detmold 1998, Nr. 19 und 23.

# »Für ihr künftiges Leben«
## Rollenvorbilder im Kinderspiel

### Stundenschwerpunkt

In dieser Stunde erfahren die Schüler, wie Kinder im 19. und frühen 20. Jahrhundert durch das Spiel mit Puppen und Soldatenfiguren auf ihr späteres Leben vorbereitet wurden.

### Bearbeitungsvorschläge

- Betrachtet **M1**. Welche Spiele und Spielsachen der Mädchen werden dargestellt?

- Lest **M2**. Welchem Zweck sollen »Belustigungen der Kinder« dienen? Gebt es in eigenen Worten wieder.

- Betrachtet nun **M3**. Was wird dargestellt? Beschreibt das Bild und die Aussage des Textes: Wie werden die Rollen von Jungen und Mädchen verteilt?

- Lest **M4**. Was wünschen sich Kinder laut Hoffmann von Fallersleben? Welchen Zusammenhang seht ihr zu **M3**?

- Besprecht in der Klasse, ob Spielen aus eurer Sicht auf das spätere Leben vorbereiten soll und ob es jeweils für Jungen und Mädchen unterschiedliches Spielzeug geben sollte.

- Was spielt ihr gern? Listet eure fünf Lieblingsspiele auf, und vergleicht sie mit denen eurer Mitschüler.

### Weiterführende Aufgaben/Projektideen

- Die Schüler befragen Erwachsene der Eltern- und Großeltern-Generation, mit welchem Spielzeug sie als Kinder gespielt haben.

- Sie recherchieren, ob es in ihrer Nähe Spielzeugmuseen gibt, in denen sie sich weiter mit dem Thema auseinander setzen können.

### Haken und Ösen

Zwischen der Veröffentlichung der Zeichnung **M3** und der Entstehung des Weihnachtsliedes **M4** liegen ca. 100 Jahre. Für das Thema der Stunde ist dies jedoch sekundär. Die Generationenbeziehung erschließt sich hier indirekt über die Intention der Erwachsenen, die das Spielzeug zur Verfügung stellen.

### Antworten/Hintergründe

Spielzeug ist in der Menschheitsgeschichte bereits sehr früh hergestellt worden. Mit Spielzeugen konnten Alltagsvorgänge nachgeahmt und nachgespielt werden.

Die geschlechtsspezifische Zuordnung von Spielzeug lässt sich in den Veröffentlichungen und bildlichen Darstellungen spätestens seit dem 18. Jahrhundert verfolgen. Trommeln, Schaukelpferde, Säbel und Trompete galten beispielsweise als männliche Attribute, während Puppen, Puppenhäuser und Kaufläden den Mädchen empfohlen wurden. Erzieher und Eltern gaben das Spielzeug dementsprechend nicht zur freien Auswahl, sondern gezielt an Jungen oder Mädchen weiter. Auch in räumlicher Hinsicht wurden den Jungen und Mädchen Plätze zugewiesen: Während der Aktionsradius von Jungen nach draußen ›ins Feld‹ ausgedehnt wurde, blieb der Wirkungsbereich der Mädchen auf das Haus begrenzt.

### Literatur

Kohlmann, Theodor / Müller, Heidi / Wohlfahrt, Roland: Aus der Sammlung: Spielzeug, Berlin 1991 (Verein der Freunde des Museums für Deutsche Volkskunde).

Münchner Stadtmuseum (Hg.): Vater, Mutter Kind. Bilder und Zeugnisse aus zwei Jahrhunderten, München 1987 (Süddeutscher Verlag).

Schäfer, Hermann (Hg.): SpielZeitGeist. Spiel und Spielzeug im Wandel (Katalog zur Ausstellung im Haus der Geschichte, Bonn, Dezember 1994 – März 1995), München u.a. 1994 (Prestel).

Lithografie von J. M. Voltz: Das Spielzimmer, Augsburg bei Herzberg, 1823.

Aus: Kohlmann, Theodor / Müller, Heidi / Wohlfahrt, Roland:
Aus der Sammlung: Spielzeug, Berlin 1991 (Verein der Freunde des
Museums für Deutsche Volkskunde), S. 9.

**M3** Zeichnung aus einem Lesebuch für Kinder, 1938

Aus: Wir Kinder. Erstes Lesebüchlein, München um 1938.
Zit. nach: Münchner Stadtmuseum (Hg.): Vater, Mutter
Kind. Bilder und Zeugnisse aus zwei Jahrhunderten,
München 1987 (Süddeutscher Verlag), S. 285.

**M2** Aus der Hausväterliteratur zu Beginn
des 19. Jahrhunderts

Die Belustigungen der Kinder sollen, wie ich bemerkt
habe, zugleich Unterricht für ihr künftiges Leben seyn.
Das weibliche Geschlecht muß sich hauptsächlich mit den
häuslichen Angelegenheiten beschäftigen, die Sorge für die
Familie tragen, die Kinder aufziehn und pflegen, während
die Männer ihrer Arbeit nachgehn, und für die Ernährung
und den Unterhalt sorgen. Es ist daher sehr zweckmäßig,
daß die Mütter ihre Töchter lehren, wie sie ein Kind an-
ziehn, warten und pflegen müssen. Zu der Absicht hat man
Puppen gemacht, welche kleinen Kindern gleichen, und
die Mädchen werden gelehrt, Kleider für sie zu machen,
sie an- und auszuziehen, sie zu tragen und zu warten.

Zit. nach: Kohlmann, a. a. O., S. 8.

**M4** 1. Strophe eines Weihnachtsliedes (um 1835) von
Heinrich Hoffmann von Fallersleben (1798 – 1874)

Morgen kommt der Weihnachtsmann,
Kommt mit seinen Gaben,
Trommel, Pfeifen und Gewehr,
Fahn' und Säbel, und noch mehr,
Ja, ein ganzes Kriegesheer
Möcht' ich gerne haben.

(…)

# »... streng verboten«

## Eine Schulordnung im Kaiserreich

### Stundenschwerpunkt

Ausgehend von einer Schulordnung aus dem Jahr 1909 erforschen die Schüler Werte und Erwartungen, die Erwachsene – insbesondere in der Schule – an Kinder und Jugendliche zu Beginn des 20. Jahrhunderts herantrugen.

### Bearbeitungsvorschläge

- Betrachtet **M1** und stellt das Foto nach. Bestimmt dafür zwei »Fotografen«, die euch entsprechende Anweisungen geben. Welche Unterschiede zu eurer eigenen Lernsituation fallen euch auf?

- Lest **M2** und gebt mit eigenen Worten die Verhaltensregeln für die Schüler wieder. Gibt es Unterschiede zu den Verhaltensregeln, die für euch gelten?

- Überlegt gemeinsam, welche Erwartungen Erwachsene vor 100 Jahren an Kinder und Jugendliche hatten. Welches Verhalten wird heute von euch erwartet?

### Weiterführende Aufgaben / Projektideen

- Die Schüler recherchieren im Schul- oder Stadtarchiv nach Vorschriften im Bereich Schule, nach Klassen-Tagebüchern usw. und werten diese aus.

- Auf einer Exkursion in das nächste Schulmuseum (Standorte unter: www.schulmuseum.net) informieren sich die Schüler über »Schule früher«.

### Haken und Ösen

Die Erwartungen der älteren Generation an die Schüler lassen sich aus den Quellen z.T. nur implizit erschließen. Hilfestellungen könnten deshalb sinnvoll sein.

### Antworten / Hintergründe

Schule als Ort staatlich organisierter bzw. institutionalisierter Sozialisation ist eng mit der Entwicklung von Staat und Gesellschaft verbunden. Das Schulsystem des Kaiserreichs verlangte von den Kindern vor allem Unterordnung, Gehorsam und diszipliniertes Verhalten. Neben der Vermittlung von Wissen diente der Unterricht dazu, den Schülern eine herrschaftskonforme Gesinnung zu vermitteln. Grundlage dafür war nicht nur das Curriculum, sondern auch eine Vielzahl von Ordnungsvorschriften, die an militärischen Vorbildern orientiert waren. Die Lehrer besaßen ein Züchtigungsrecht, das sie maßvoll einsetzen sollten – viele Zeitgenossen berichteten jedoch von Auswüchsen seitens der Lehrkräfte, die Angst und Schrecken im Klassenzimmer verbreiteten.

Auch heutige Schulordnungen verlangen von den Schülern Sekundärtugenden wie Selbstdisziplin und Höflichkeit; die Methoden, mit denen dieses Verhalten erreicht werden soll, haben sich allerdings wesentlich gewandelt.

### Literatur

Nipperdey, Thomas: Deutsche Geschichte 1866–1918. Bd. 1: Arbeitswelt und Bürgergeist, 3., durchges. Aufl., München 1993 (C. H. Beck), S. 112–124.

Rutschky, Katharina: Deutsche Schul-Chronik. Lernen und Erziehen in vier Jahrhunderten, Köln 1987 (Kiepenheuer und Witsch).

## M 1  Mannheimer Volksschulklasse, 1906

Stadtarchiv Mannheim, Bildsammlung, Album 243.

## M 2  Vorschriften über das Verhalten der Schüler an den Volksschulen in Schweinfurt (1909)

a) Vor Schulbeginn

1. Jeder Schüler hat anständig und reinlich gekleidet und mit allem Nötigen (Büchern, Heften, u.s.w.) versehen zur festgesetzten Zeit in der Schule zu erscheinen.

2. Vor Betreten des Schulhauses hat jeder Schüler seine Schuhe (Stiefel) an dem Fußrost ordentlich zu reinigen. (…)

6. Hat der Schüler das Schulzimmer betreten, begibt er sich sofort auf den ihm angewiesenen Platz, welchen er ohne Erlaubnis des Lehrers nicht verlassen darf. Das Aufsuchen des Abortes vor Beginn des Unterrichts wird nur in Ausnahmefällen gestattet.

b) Im Schulhause

1. Auf Treppe und Gängen ist nur im Schritte und möglichst einzeln zu gehen. Das Ausweichen erfolgt immer rechts.

2. Das Abrutschen auf den Stiegengeländern ist strengstens untersagt.

3. Lärm und »Schleifen« in den Schulzimmern und den Gängen ist streng verboten. (…)

9. Betritt der Klaßlehrer das Schulzimmer, haben sich die Schüler von ihren Plätzen zu erheben; das gleiche hat zu geschehen, wenn sonst ein Erwachsener das Schulzimmer betritt oder verläßt.

10. Der Schüler hat sich gegen jedermann eines anständigen Benehmens zu befleißigen. Alle im Schulhause verkehrenden erwachsenen Personen, insbesondere Geistliche und Lehrer hat er höflich zu grüßen.

b) Nach der Schule

1. Nach Schluß der Schule haben sich die Schüler ohne Aufenthalt auf dem kürzesten Weg, welchen sie auf den Fußsteigen, nicht aber der Fahrbahn der Straße zurückzulegen haben, sittsam nach Hause zu begeben. (…)

3. Belästigung von Vorübergehenden, freches und herausforderndes Wesen, namentlich gegen ältere und gebrechliche Personen, sowie gegen Frauen und Mädchen, ferner Schreien und Lärmen, Raufereien, Schneeballwerfen auf öffentlichen Straßen und Plätzen und Schleifen auf den Gehsteigen und Straßen sind überhaupt und insbesondere auf dem Schulwege verboten. Strengstens untersagt ist das Hinaufspringen auf die Straßenbahnwagen und Fuhrwerke sonstiger Art, und das Mitspringen hinter denselben. Mit besonderer Vorsicht ist auf die verkehrenden Automobile zu achten, das Vorbeilaufen auf die andere Straßenseite vor ihrer Annäherung ist als höchst lebensgefährlich unbedingt verboten. (…)

Schweinfurt, den 3. Februar 1909.
Stadtmagistrat.
Söldner.

Zit. nach: Stadtarchiv Schweinfurt HR, VR III, IV-A-1-2 Volksschulwesen 1902–1918.

# »Damit aber der Knabe nicht unbeschäftigt bleibe ...«
## Die Erziehung des Lippischen Landmanns

### Stundenschwerpunkt

Im Fokus der Stunde stehen idealtypisch formulierte Phasen einer ländlichen Kindheit Ende des 18. Jahrhunderts. Die Schüler setzen sich damit auseinander, welche Aufgaben und Pflichten Jungen übernehmen sollten und welche wirtschaftliche Rolle sie in der Familie spielten.

### Bearbeitungsvorschläge

- Unterstreicht im Text die Passagen, bei denen es um Einschnitte geht, nach denen sich das Leben und die Tätigkeiten des Jungen ändern.
- Legt eine zweispaltige Tabelle an. Listet die Tätigkeiten, die der Text nennt, auf. Ordnet den Tätigkeiten das entsprechende Alter zu.
- Diskutiert, wie sich die Anforderungen an den Jungen bezüglich der Mitarbeit in der Landwirtschaft und des Besuches der Schule vereinbaren lassen.
- Was denkt ihr, welche Einstellung der Autor zur Kinderarbeit hat? Begründet eure Meinung.

### Weiterführende Aufgaben / Projektideen

- Die Schüler entwerfen ein analoges Schema für ihre Kindheit und Jugend.
- Sie befragen ihre Großeltern über deren Lebensläufe und Arbeitsbiografien.
- Sie recherchieren die Aufteilung der Haus- und Erwerbsarbeit zwischen verschiedenen Familienmitgliedern zu früheren Zeiten.
- Die Schüler erforschen, welche Form von Kinderarbeit es in ihrem Ort gegeben hat.

### Haken und Ösen

Wegen der heute nicht mehr gebräuchlichen Maße und Datumsangaben sowie der altertümlichen Sprache ist der Quellentext etwas sperrig. Der Lehrer muss hier gegebenenfalls unterstützen.

### Antworten / Hintergründe

Der vorliegende Artikel erschien Ende des 18. Jahrhunderts in den »Lippischen Intelligenzblättern«, einer offiziellen Regierungszeitung. Er stellt die idealtypische Erziehung eines Bauernkindes aus der Grafschaft Schaumburg-Lippe dar, die durch die zunehmende Übernahme von Arbeitspflichten geprägt ist. Die einleitenden Sätze deuten darauf hin, dass der Artikel weniger eine Beschreibung der tatsächlichen Ausbildung der Bauernkinder darstellt. Vielmehr möchte der Autor, von der Aufklärung beeinflusst, den Artikel als Anleitung zur optimalen Erziehung der männlichen Landbevölkerung verstanden wissen. Dazu gehört auch die Forderung nach regelmäßigem Schulbesuch der Bauernkinder. Erste gesetzliche Bestimmungen zur Schulpflicht wurden in Norddeutschland im 18. Jahrhundert erlassen. Im Rahmen der deutschen Aufklärung entstanden verstärkt Forderungen nach der Einführung einer allgemeinen Schulpflicht, die in Teilen Süddeutschlands jedoch erst zu Beginn des 19. Jahrhunderts umgesetzt wurden. Der Artikel ist getragen von dem Ideal, dass sich Arbeit in der Landwirtschaft und regelmäßiger Schulbesuch nicht ausschließen, sondern dass bei entsprechender Organisation Kinderarbeit und Bildung miteinander in Einklang zu bringen sind.

### Literatur

Herrlitz, Hans-Georg u.a.: Deutsche Schulgeschichte von 1800 bis zur Gegenwart. Eine Einführung, 4. Aufl., Weinheim 2005 (Juventa).

Schlumbohm, Jürgen (Hg.): Kinderstuben. Wie Kinder zu Bauern, Bürgern und Aristokraten wurden, 1700–1850, München 1983 (dtv).

Weber-Kellermann, Ingeborg: Landleben im 19. Jahrhundert, München 1987 (C.H. Beck).

Der Lippischen

# Intelligenzblätter

vom Jahr 1773

1tes                                                           Stück

Auf Gnädigst = Landesherrlichen Befehl.

### Die Erziehung des Lippischen Landmanns

Die hier nachfolgende Beschreibung der Erziehung und Geschäfte des Lippischen Landmanns von der Kindheit an bis ins männliche Alter kann nebenher dazu nützen, Arbeitsamkeit, Fleiß und Industrie bekannter zu machen,
5 damit es den unwissenden nicht an Beyspielen zur Nachahmung fehle:
Gleich nach seiner Geburt hat dieser Zögling der Natur, alle die Vortheile, die zur Entwicklung eines Körpers gehören, der beyzunehmenden Jahren allen Abwechslungen einer
10 feuchten Luft und rauhen Witterungen ausgesetzt seyn, und zu schweren Arbeiten ausgebildet werden soll. An dem Busen seiner Mutter empfängt er die stärkende Milch. (…) Drey Jahre wird das Kind auf diese Art unterhalten. (…) Das Gehen lernt es auf der Stube unter Aufsicht der Mut-
15 ter kann auch ohne Gefahr auf der weitläuftigen von dem Feuerheerd abgekleideteten leimernen Deel (Dreschtenne) sich mit laufen und springen zu der Bewegkeit und Fertigkeit vorbereiten, die zu seiner künftigen Bestimmung gehört. Kaum ist diese erste Uebungszeit der körperlichen
20 Kräfte zurückgelegt, so leistet das Kind vom vierten Jahre an, meistens dem Kuhhirten Gesellschaft, wird also unter dessen Aufsicht schon frühzeitig mit der väterlichen Flur bekannt, worauf es die erste Laufbahn seines arbeitsamen Lebens anfangen soll. Im siebten Jahre seines Alters, wo-
25 rinn die Zeit der moralischen Bildung, nach gesetzlicher Vorschrift, seinen Anfang nimmt, wird die körperliche Uebung mit Schulgehen, nach einer, oft eine halbe Stunde vom elterlichen Hause, entfernten Schule heilsam fortgesetzt (…). Damit aber der Knabe außer den Schulstunden
30 nicht unbeschäftigt bleibe, muß er beym Schulgehen, von Martini [11. November] oder von der Zeit an, wenn das Vieh aufgestallt wird, bis Maytag [1. Mai] täglich 7 Bind Garn, jedes Gebind zu 66 Faden über den langen Haspel von viertehalb Ellen (…) liefern, in der Zeit von Maytag bis
35 14 Tage nach Michaelis [Michaelis = 29. September] aber

die Gänse hüten und dabey der Schulordnung gemäß in der Mittagszeit, einige Stunden nach der Schule gehen. (…) Dieser [der Knabe] wird im 9ten Jahre Kuhhirte. Das Kuhhüten dauert von Maytag an bis Martini, wobey er in der
40 Mittagszeit wenigstens eine Stunde in die Schule gehen, oder wenn dies nicht möglich ist, den Heidelbergischen Catechismus und Psalter nach Verordnung des Schulmeisters lernen, des Winters aber 6 Stunden in die Schule gehen; dabey täglich entweder 9 Binde Garn über der langen oder
45 15 Bind über den kleinen Haspel spinnen muß. Vom 10ten bis zum 12ten Jahre bleibt es beym Kuhhirten, Schulgehen und Zahl Garn spinnen wie in der vorhergehenden Epoche. Vom 12ten bis ins 13te Jahr muß er aber des Sommers alle Sonntag Nachmittag in die Kinderlehre gehen, (nehm-
50 lich in die Kirche, wo der Prediger catechesirt) damit die Begriffe der Religion in den Gemüthern erneuert werden, die sonst bald ausarten würden und damit der Jüngling nicht in Unwissenheit zwischen den Viehheerden aufwachse. (…) In dieser Zeit, vom 13ten bis ins 16te Jahr muß
55 er als Pferdejunge, des Sommers den Pflug treiben auch solchen zuweilen halten, in der Heuerndte heuen helfen, in der Kornerndte abnehmen (gemehet Schwaden Korns in Ordnung legen) und harken. (…) Vom 17ten bis ins 20te Jahr wird er Schulte, Kleinknecht, dieser muß im Sommer
60 alle ungemessene Hofarbeit verrichten, die ihm Herr und Frau befehlen, und wozu der Pferdejunge und Großknecht nicht gebraucht werden können. Er muß im Garten graben, Hecken schlüchtern und Wiepe (zur Bekleidung der Zäune) daraus verfertigen, Holz hauen, den Pflug halten
65 und in der Erndte mehen helfen. (…) Vom 21ten Jahre an kann der nunmehro erstärkte und abgehärtete Jüngling, die Dienste eines Großknechts übernehmen (…).

Zit. nach: Schlumbohm, Jürgen: Kinderstuben. Wie Kinder zu Bauern, Bürgern, Aristokraten wurden, 1700–1850, München 1983 (dtv), S. 81f.

Illustration aus: Huneke, Friedrich: Die »Lippischen Intelligenzblätter« (Lemgo 1767–1799). Lektüre und gesellschaftliche Erfahrung, Bielefeld 1989 (Verlag für Regionalgeschichte), Titelblatt.

---

**Worterklärungen:**

*Heidelberger Katechismus:* Zusammenfassung der Grundwahrheiten der Reformierten Kirche in 129 Lehrsätzen

*Psalter:* das Buch der Psalmen im Alten Testament

*Haspel:* Vorrichtung zum Auf- oder Abwickeln von Draht, Seil- oder Garnsträngen auf rotierenden Rollen oder Rahmen

*Faden:* altes deutsche Maß, 1 Faden = 1,74 m

*Gebinde:* historisches Flüssigkeitsmaß unterschiedlicher Größe zwischen 10 und 1600 l.

*Elle:* früheres Längenmaß, von der Länge des Unterarms abgeleitet, etwa 55–65 cm.

# »... auf sittsames Betragen mit aller Strenge achten«
## Erziehung im Waisenhaus Mitte des 19. Jahrhunderts

### Stundenschwerpunkt

Anhand von Akten des 1848/49 erbauten Karlsruher Waisenhauses versuchen die Schüler, sich ein Bild vom Leben in einer solchen Einrichtung zu verschaffen, indem sie zwei Quellen zueinander in Beziehung setzen und sich kritisch mit dem Gerüst von Vorgaben und bürokratischen Vermerken beschäftigen.

### Bearbeitungsvorschläge

• Gebt die Bestimmungen von **M1** mit eigenen Worten wieder, und schreibt sie einzeln auf Karten.

• Sortiert die Karten nach Themenbereichen. Befestigt diejenigen, die zusammengehören, an der Tafel oder auf einer Pinnwand in Reihen untereinander, und gebt jeder Kartengruppe eine Überschrift. Diskutiert die Vorschriften.

• Vergleicht den Bericht **M2** mit den Statuten des Waisenhauses. Beschreibt, inwieweit das Leben im Waisenhaus unterschiedlich dargestellt wird, und überlegt, woran das liegen könnte.

• Diskutiert auf Grundlage von **M1** und **M2** die Chancen und Beschränkungen für die Waisenkinder.

• Versetzt euch in die Situation eines Insassen, der über einen Tag im August 1850 berichtet. Schreibt seinen Bericht, und vergleicht ihn mit **M1** und **M2**.

### Weiterführende Aufgaben / Projektideen

• Die Schüler informieren sich über Erziehungsziele und -praktiken von Heimen und Schulen in der Mitte des 19. Jahrhunderts. Sie vergleichen diese Befunde mit den innerfamiliären Erziehungszielen und -regeln zur gleichen Zeit.

• Sie suchen nach Informationen und Quellen zu Leben und Erziehung in Waisenheimen aus ihrer Region.

• Sie befragen Experten (z.B. Jugendamt, Sozialarbeiter) über die Modalitäten der Heimunterbringung von Kindern und Jugendlichen.

### Haken und Ösen

Die Statuten des Waisenhauses sind nur aus dem historischen Kontext heraus zu verstehen; auf Jugendliche wirken sie wahrscheinlich abschreckend. Deshalb ist es wichtig, deutlich zu machen, dass das Waisenhaus sich als Wohlfahrtseinrichtung verstand und von den Zeitgenossen auch so gewertet wurde.

### Antworten / Hintergründe

Zwischen 1800 und 1830 stieg die Zahl der Karlsruher Bevölkerung sehr stark an. Mit ihr wuchsen die sozialen Probleme, z.B. die durch hohe Sterblichkeit und vermehrte Armut bedingte große Zahl hilfsbedürftiger Kinder. 1832 richteten deshalb Bürger und Vertreter des Stadtrates einen Fonds ein, um ein Waisenhaus zu errichten. Es dauerte 16 Jahre bis zum Bau. Die Statuten des Hauses waren aufwändig recherchiert und auf Karlsruher Verhältnisse abgestimmt worden. Die Leitung des Heimes wurde im April 1849 dem Ehepaar Schumacher übertragen. Philipp Schumacher (geb. 1798) hatte zwischen 1814 und 1842 als Musiker beim Militär gedient und war anschließend beim Großherzoglichen Hoftheater tätig gewesen. Schumacher und seine 13 Jahre jüngere Frau leiteten das Heim bis 1869.

1849 öffnete das Heim mit 16 Kindern. Mit 33 Kindern war 1852 die Kapazität des Heimes eigentlich erschöpft. Diese Zahl blieb konstant bis Mitte der 1860er Jahre: Dann stieg sie auf 51, 1870 sogar auf 53 Heiminsassen.

### Literatur

Förster, Katja: Heimerziehung in Karlsruhe. Von der Waisenanstalt zum Kinder- und Jugendhilfezentrum, hg. von Stadtarchiv und Heimstiftung Karlsruhe, Karlsruhe 2004 (Info).

Mehringer, Andreas: Heimkinder. Gesammelte Aufsätze zur Geschichte und zur Gegenwart der Heimerziehung, 4. Aufl., München/Basel 1994 (Reinhardt).

**M1** **Aus den Statuten für das Waisenhaus in Karlsruhe, 1848**

## Grundbestimmungen.

### Zweck

§2. Der Zweck der Waisen-Anstalt ist die Sorge für die Erziehung unbemittelter Kinder, ohne Unterschied des Glaubensbekenntnisses und des Standes, welche in der Stadtgemeinde Carlsruhe heimathberechtigt sind (…).

§8. Die Aufnahme in das Waisenhaus beginnt mit dem Alter des Schulbesuchs eines Kindes, also in der Regel nach zurückgelegtem 6ten Jahre.

## Haus- und Tagesordnung,

### welche

### zugleich die Instruction für den Hausverwalter

### bildet.

§1. Die Waisenkinder stehen zunächst unter der Aufsicht und Leitung des Hausverwalters und seiner Frau. Die Kinder sind den an sie ergehenden Weisungen und Ermahnungen unbedingten Gehorsam schuldig. Etwaige Gegenvorstellungen müssen mit aller Bescheidenheit vorgebracht werden. (…)

§3. In den Sommermonaten, nämlich vom Anfange Aprils bis Ende Septembers, stehen die Kinder morgens 5 Uhr auf, versammeln sich, nachdem sie sich angekleidet, gekämmt, sorgfältig gewaschen und den Mund rein gespült haben, halb 6 Uhr in dem Arbeitszimmer zum gemeinschaftlichen Morgengebet in Anwesenheit des Hausverwalters, worauf sie ihr Frühstück erhalten, und sich dann zur Schule vorbereiten. (…)

§5. Bis 2 Uhr oder bis zur Zeit des Schulbesuchs ist die Zeit zur Erholung der Kinder bestimmt. Sie ist, soweit es die Witterung nur immer erlaubt, zur Bewegung der Kinder im Freien an den bezeichneten Spielplätzen zu verwenden; es sind dabei anständige und unschädliche Leibesübungen zu

gestatten. Bei solchen Spielen ist jedoch alles zu untersagen, was der Gesundheit schadet, Anlass zu Streit gibt, oder durch Lärmen und Schreien die Ruhe der Umgebung stört. (…) Die Zeit von 4 Uhr bis zum Nachtessen ist für Garten- oder sonstige Beschäftigung bestimmt. (…)

§14. Bei Tische, in der Schule und bei der Arbeit ist auf stilles, sittsames Betragen, Höflichkeit der Kinder gegen Erwachsene und ehrerbietige Aufmerksamkeit und Andacht in der Kirche mit aller Strenge zu achten. Mit guter Sitte ist unverträglich:

1) Unreinlichkeit und aller Schmutz an Kleidern und am Körper;
2) Alles rohe Betragen, und
3) Unhöflichkeit und Ungefälligkeit gegen Hausgenossen und Fremde (…)

§18. Kein Kind darf ohne Vorwissen des Hausverwalters und vorher eingeholter Erlaubnis sich vom Hause entfernen. (…)

§19. Sollte ein Zögling, ungeachtet vorangegangener gütlicher und wiederholter ernstlicher Ermahnungen, in Ungehorsam, Unfleiß, unartigem Betragen oder gar in einem für die übrigen Zöglinge gefährlichen Fehler beharren, so sind gegen denselben folgende Strafgrade in Anwendung zu bringen:

a. mäßige Züchtigung mit der Ruthe auf die Hand;
b. Entziehung des Fleisches auf mehrere Male;
c. Verbot des Ausgehens aus dem Hause, wenn die übrigen Zöglinge Erlaubniß dazu erhalten;
d. Speisung mit Wasser und Brod, aber niemals länger als zwei Tage; Einsperrung, jedoch nicht länger als einen Tag;
e. Öffentliche Bestrafung vor den übrigen Zöglingen seines Geschlechts; endlich
f. Entfernung aus der Anstalt.

Die ersten drei Strafarten stehen dem Waisenhaus-Verwalter, die Verhängung der übrigen Gattungen nur dem Ermessen des Verwaltungsraths zu. (…)

Zit. nach: Statuten für das Waisenhaus in Karlsruhe, Chr. Fr. Müllersche Hofdruckerei, Karlsruhe 1849, S. 5–7 und 15–22; Stadtarchiv Karlsruhe 4 / WHR 220.

**M2** **Aus dem Monatsbericht des Heimleiters Philipp Schumacher (1798–1869) an den Verwaltungsrat der Waisenhausstiftung (August 1850)**

5. August: besuchte Herr Tapetenfabrikant Baier in Mannheim die Anstalt und beschenkte die drei Geschwister Lena, Maria und Joseph Baier als deren Onkel mit 8 fl. für ihre Sparbüchsen, händigte mir sodann weitere 10 fl. für
5 sämtliche Kinder zu gleichem Zwecke ein. (…) – 10. August: machte ich auf die Einladung des Herrn Bäckermeisters Vorholz mit sämtlichen Zöglingen des Waisenhauses einen Spaziergang nach Wolfartsweier, wo sie von demselben mit Butterbrot, Süß- und Sauermilch regaliert
10 wurden. (…) 12. August: wurden die Zöglinge von Herrn Oberrechnungsrat Kerler mit Obst, Kuchen und Wein beschenkt. – 13. August: erhielt ich von Herrn Chirurg Heinrich 8 fl. 5 kr. (…) 18. August: als am Erinnerungstage der glücklichen Wiederkunft seiner Königlichen Hoheit! Un-

15 seres vielgeliebten Großherzogs in sein Land und seine Residenz, erhielten die Zöglinge von Herrn Hofsattler Lautermilch zum Frühstück Kaffee nebst einem mürben (…) Brot; zum Mittagessen den von Herrn Oberrechnungsrat Kerler erhaltenen Wein, zum 4 Uhr Brot von einem längst
20 bewährten Wohltäter der Waisen jedes eine Brezel und Birnen. Später erschien ein Diener Ihrer Großherzoglichen Hoheit der Frau Markgräfin Wilhelm von Baden!, überbrachte 6 verschiedene Gugelhupf, welche Ihre Hoheit den Kindern zum Goute und zur Erinnerung dieses Tages zu
25 verabreichen befahlen. (…)

Zit. nach: Förster, Katja: Heimerziehung in Karlsruhe. Karlsruhe 2004 (Info), S. 43–45; Nachweis: Stadtarchiv Karlsruhe 4/WHR A 223.

# »Schüler mit Werktätigen zusammenbringen«

## Patenbrigaden in der DDR

### Stundenschwerpunkt

Im Mittelpunkt stehen Patenbrigaden als Element der staatlichen Erziehung der DDR. Die Schüler beschäftigen sich mit den politischen Zielen und der praktischen Ausgestaltung dieses Kooperationsmodells zwischen Schulen und Betrieben.

### Bearbeitungsvorschläge

- Ermittelt aus **M1** die staatlichen Ziele der Patenschaft. Welche Aufgaben erwachsen daraus für die Jugendlichen, welche für die Erwachsenen?

- Untersucht anhand von **M2**, **M3** und **M4**, wie die Patenschaftsverhältnisse dort beschrieben werden. Wie lässt sich die unterschiedliche Darstellungsweise erklären?

- In welchem Maße wurde die angestrebte Partnerschaft von Jung und Alt erreicht? Diskutiert die Chancen und Schwierigkeiten des Modells der Patenbrigaden.

### Weiterführende Aufgaben / Projektideen

- Die Schüler erörtern die Bedeutung des Lernortes »Betrieb«.

- Sie erkundigen sich, ob es in der Umgebung ähnliche Patenschaften gab, und suchen nach Ergebnissen von Patenschaftsverträgen (z.B. Berufswahl der Patenkinder).

### Haken und Ösen

Das Thema der Patenschaftsbrigaden gehört zu einem der noch wenig erforschten Gebiete der DDR-Geschichte. Bei **M2** muss der satirische Hintergrund beachtet werden.

### Antworten / Hintergründe

Mitte der 1950er Jahre wurden in der DDR die Klassenleiter aufgefordert, Patenschaften zwischen ihren Klassen und einzelnen Brigaden der umliegenden Betriebe zu organisieren. Auf diesem Wege sollte eine direkte Beziehung der Jugendlichen zur Arbeiterklasse hergestellt werden.

Das »Gesetz über die sozialistische Entwicklung des Schulwesens in der DDR« von 1959 erhob die Patenschaftsverträge, in denen sich die Brigade und die Schulklasse zu besseren Leistungen verpflichteten, zur Grundlage der Umsetzung des auf dem V. Parteitag erhobenen Postulates »Arbeit ist das Kernstück der sozialistischen Moral«. Der ab dem 1. September 1959 für die Klassen 7 bis 12 eingeführte Unterrichtstag in der Produktion wurde über die Patenbrigaden organisiert. Brigademitglieder nahmen an Feiern in der Klasse teil, es wurden gemeinsame Veranstaltungen organisiert. Zusätzlich sollten die schulische Bildung durch Betriebsbesichtigungen bzw. die Arbeitseinsätze im Patenbetrieb praxisnah gestaltet und die Jugendlichen zur Achtung gegenüber den Leistungen der Werktätigen erzogen werden.

Die Figur des 12-jährigen Ottokar (vgl. **M2**), der in vielen Geschichten den Alltag in einem Dorf in Ostdeutschland beschreibt, stammt von Otto Häuser, geb. 1924, Lehrer in Sachsen-Anhalt. Unter dem Pseudonym Ottokar Domma veröffentlichte er ab 1967 satirische Ottokar-Geschichten in Buchform beim Eulenspiegel-Verlag. Inzwischen gibt es zehn Ottokar-Bücher, die neueren reflektieren auch die Zeit nach der Wende.

### Literatur

Herbst, Andreas / Ranke, Winfried / Winkler, Jürgen: So funktionierte die DDR. Lexikon der Organisationen und Institutionen, Bd. 2, Reinbek bei Hamburg 1994 (Rowohlt).

Lind, Maria-Agnes: Wie bei uns die Patenschaftsarbeit zwischen Betrieb und Schule aussieht. In: Arbeit und Arbeitsrecht (1970), Nr. 4, S. 131–135.

## M1 Die Aufgaben einer Patenbrigade

Die Werktätigen der Patenbetriebe helfen

ein kameradschaftliches Verhältnis zwischen den Werktätigen, Schülern, FDJlern und Pionieren zu entwickeln, das von gegenseitiger Achtung getragen ist und dazu bei-
5 trägt, den Schülern die Pflichten und Rechte junger Bürger unseres sozialistischen Staates bewusst zu machen;

den Mädchen und Jungen, die sozialistische Betriebe kennen zu lernen und lassen sie die sozialistische Gemeinschaftsarbeit, den Kampf um den wissenschaftlich-tech-
10 nischen Fortschritt nicht nur miterleben, sondern entsprechend ihrem Leistungsvermögen bewusst mitgestalten;

(…) bei der Erziehung zur sozialistischen Einstellung zum Lernen, zur Liebe zur Arbeit und zu den arbeitenden Menschen, zu Ordnung und Disziplin, durch Aussprachen,
15 gegenseitige Besuche am Arbeitsplatz und in der Schule, durch gegenseitige Rechenschaftslegungen über Arbeits- und Lernergebnisse, vor allem durch ihr persönliches Vorbild bei der Berufsaufklärung, -orientierung und -lenkung. (…)

Zit. nach: Voigtmann, Kurt: Arbeiterklasse und junge Generation. Berlin 1967 (Tribüne), S. 49.

## M2 Auszug aus einem »Ottokar«-Roman

Über die Verengung der Patenschaftsbeziehungen wissen wir Pioniere am besten Bescheid, und das geht so vor sich: Zuerst wird ein Patenschaftsvertrag abgeschlossen. Das ist ein beschriebenes Blatt Papier, auf welchem die Patenbrigade verspricht, wie gut sie sein will. (…) Das traf auch auf unsere Patenbrigade zu. Sie hat in diesem Schuljahr folgendes mit uns veranstaltet: Verlesung des Patenschaftsvertrages nebst Händereichungen. Erscheinung von zwei Brigademitgliedern bei unserer Gruppenratswahl, (…) Einladung der Brigade zwecks Beglückwunschung zum Pioniergeburtstag. (…) Teilnahme eines Brigademitgliedes bei einem Elternabend, wobei wir sangen und spielten und Grüße vom Brigadier bestellt wurden. (…)

Zit. nach: Domma, Ottokar: Ottokar, der Gerechte. Berlin 1978 (Eulenspiegel), S. 107.

## M3 Auszug aus einem Gruppenbuch einer 7. Klasse

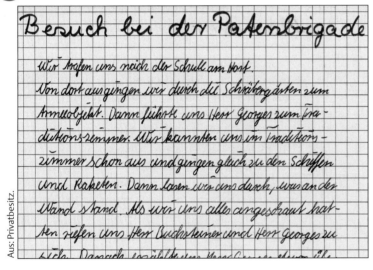

Wir trafen uns nach der Schule am Hort. Von dort aus gingen wir durch die Schräbergärten (sic) zum Armeeobjekt. Dann führte uns Herr Georges zum Traditionszimmer. Wir kannten uns im Traditionszimmer schon aus und gingen gleich zu den Schiffen und Raketen. Dann lasen wir uns durch, was an der Wand stand. Als wir uns alles angeschaut hatten, riefen uns Herr Buchsteiner und Herr Georges zu sich. Danach erzählte uns Herr Georges etwas über die Waffen, Raketen und über den Schutz des Friedens. Es hat uns dort sehr gefallen und wir haben uns auch bedankt für den schönen Nachmittag. Nun verabschiedeten wir uns und gingen nach Hause. Auf dem Heimweg machten wir mit den Mädchen eine kleine Schneeballschlacht. Als wir am Hort angekommen waren, verabschiedeten wir uns gegenseitig.

## M4 Erinnerung des Zeitzeugen Joachim Ballwanz, Jahrgang 1951

Ja, dieses Wort Patenbrigaden war mir wirklich seit Jahren nicht mehr begegnet. Ich habe versucht, mich etwas zu erinnern. Also, es muss so in meiner Schulzeit am Beginn der 60er Jahre gewesen sein, also vielleicht 3. oder 4. Klasse.
5 Da hieß es plötzlich durch die Klassenlehrerin, wir hätten eine Patenbrigade. Und dieses war eine Dreherbrigade im VEB Kraftverkehr Ribnitz-Damgarten. Ich erinnere mich, dass wir dann dort einen Besuch absolviert haben. (…) Mir fiel damals auf, dass sich die Männer in ihrer Arbeit nicht
10 stören ließen und auch nicht mit uns sprachen. Da war ich etwas enttäuscht, dass es so kontaktlos ablief.
Sicherlich hat bestimmt jemand aus der Brigade mal im Unterricht hospitiert. Das gehörte dazu, dass man sich also gegenseitig besuchte. Mit dem Kraftverkehr hatten wir
15 überhaupt gute Beziehungen. Dort hatten wir auch den polytechnischen Unterricht. Unsere Patenbrigade war ei-

gentlich nur eine Überschrift, denn an irgendwelche nutzbaren Ergebnisse kann ich mich nicht erinnern. Wir hatten sie, und sie hatten uns. Die Idee war sicherlich nicht
20 schlecht, uns junge Schüler mit den Werktätigen zusammenzubringen. Aber ein richtiges Konzept hatte weder die Schule noch der Betrieb bzw. die Patenbrigade.
Es ist dann alles stillschweigend im Sande verlaufen. Ich glaube nicht, dass die Beziehung länger als 2–3 Jahre ge-
25 dauert hat, zumindest kann ich mich nicht erinnern.
Wenn ich zurückblicke, wurden meine kindlichen Erwartungen enttäuscht, weil diese Aktion nicht mit Leben erfüllt wurde, sondern irgendwo in der Propaganda steckenblieb. Wenn es richtig funktioniert hätte, wäre ich
30 vielleicht Dreher geworden. (…)

Das Gespräch führte Martin Buchsteiner am 31. Januar 2006.

# »... die Kenntnisse zu erweitern«

## Fortbildungsschulen als Mittel von Bildung und Disziplinierung

### Stundenschwerpunkt

Im Mittelpunkt steht die Gründung von Fortbildungsschulen, den Vorläufern der Berufsschulen, im 19. Jahrhundert. Die Schüler setzen sich mit den Funktionen und Bildungszielen dieser Schulform auseinander.

### Bearbeitungsvorschläge

- Arbeitet heraus, wie die Notwendigkeit einer Fortbildungsschule begründet wird. (**M1**, **M2**)
- Untersucht anhand der Materialien, welche Ansprüche der Erwachsenenwelt an die Jugend zum Ausdruck kommen.
- Überlegt, was zur Auswahl der Lehrplanfächer geführt haben mag. (**M3**, **M4**)
- Was könnten Gründe für den Besuch der Fortbildungsschule gewesen sein, was könnte dagegengesprochen haben? Tauscht die Argumente in einem Streitgespräch aus.

### Weiterführende Aufgaben / Projektideen

- Die Schüler informieren sich im Archiv oder in Festschriften lokaler Berufsschulen über örtliche Fortbildungsschulen.
- Sie vergleichen die schulischen Bildungsmöglichkeiten der Gegenwart und die Ansprüche der Erwachsenenwelt mit denen um 1850.
- Sie beschäftigen sich mit der zunehmenden Verschulung der Kinder- und Jugendzeit.
- Die Schüler befragen ältere Menschen über deren Erfahrungen während Lehrzeit und Berufsschule.

### Antworten / Hintergründe

Überall in Deutschland entstanden im Laufe des 19. Jahrhunderts Handwerker- und Gewerbeschulen, die häufig als Fortbildungsschulen bezeichnet wurden. Aus ihnen gingen die späteren Berufsschulen hervor. Waren sie in vielen deutschen Staaten zunächst das Ergebnis privater Initiativen, so wurden sie in der zweiten Hälfte des 19. Jahrhunderts in das jeweilige staatliche Schulsystem integriert.

Gedacht als zusätzliche Bildungschance für die nicht mehr schulpflichtige Jugend ab dem 15. Lebensjahr, diente die Gründung von Fortbildungsschulen auch der Entschärfung sozialer Konflikte, die durch Bevölkerungsexplosion und Industrialisierung entstanden waren. In der Regel war es örtlichen Initiativen überlassen, ob den männlichen Jugendlichen zwischen 14 und 20 Jahren eine schulische Bildungsmöglichkeit geboten wurde. Anstöße kamen von Gewerbevereinen, Kirchen und Einzelpersonen, wobei der Staat sich in der Regel positiv äußerte, weil die Finanzierung der Schulen damals immer Angelegenheit der häufig klammen Gemeinden war. Schulgeld konnte man nicht verlangen, weil dann die nicht schulpflichtigen Jugendlichen erst recht weggeblieben wären. Der häufig am Abend gehaltene Unterricht erforderte bereits einen erheblichen Bildungswillen, da die Jugendlichen vor Unterrichtsbeginn in der Regel schon einen vollen Arbeitstag hinter sich hatten (**M4**). Das erklärt auch die geringen Schülerzahlen (**M3**). Häufig hing es vom Druck des Handwerksmeisters ab, ob seine Lehrlinge oder Gesellen die Schule besuchten. Erst im letzten Viertel des 19. Jahrhunderts, im Großherzogtum Hessen ab 1874, wurde die Fortbildungsschule zu einer Pflichtschule. Dies markierte den Beginn des beruflichen Schulwesens.

### Literatur

Greinert, Wolf-Dietrich: Schule als Instrument sozialer Kontrolle und Objekt privater Interessen: der Beitrag der Berufsschule zur politischen Erziehung der Unterschichten, Hannover 1975 (Schroedel).

**M 1** **Aus »Entwurf zu einer (in Bensheim) zu errichten-den Abendschule als Fortbildungsanstalt«, 1847**

Wenn Fortbildung überhaupt Lebensaufgabe für den Menschen ist, so ist dieselbe aber nirgend nothwendiger, als in jenem Zeitpunkte, wo der junge Mensch (…) einem Berufe, dem Leben übergeben wird, wo besonders die Entwicke-
5 lung geistiger und körperlicher Kraft mit dem Eintritt in die Mannbarkeit äußerst intensiv auftritt und deßhalb der Befestigung und Vervollkommnung der bereits schon errungenen Jugendbildung vorzüglich günstig ist, wenn man dafür die geeignete Sorge trägt, sie in den Dienst wahrer
10 Bildung nimmt; aber eben so gefährlich ist dieser Moment, wenn die sprudelnde Jugendallkraft, zügellos sich selbst überlassen, sich überstürzt, die sittliche Bildung zernichtet und mit dieser alle bereits errungenen Kenntnisse verkommen und zu Grunde gehen lässt.
15 Jeder wohlgeordnete Staat, alle Bildner der Menschheit haben dies zu allen Zeiten eingesehen und deßhalb Fortbildungsanstalten jeder Art eingerichtet (…). In unserer Stadt fehlte es aber seither daran. Die zunächst nöthigste Fortbildungsanstalt, welche dem dringendsten Bedürfnisse
20 abhelfen muß, ist sicher für unsere Stadt eine sogenannte Abendschule, in welcher junge Leute, namentlich während der Wintermonate, Gelegenheit finden, nicht nur das in der Schule Gelernte zu erhalten und zu befestigen, sondern sich auch weiter fortbilden zu können in solchen
25 Kenntnissen und Fertigkeiten, welche der bürgerliche Beruf in heutiger Zeit unerläßlich fordert.

Katholisches Pfarrarchiv Bensheim IVG / 009, 12. Februar 1847.

 **M 2** **Aus einem Schreiben des Ortsschulvorstandes Bensheim an den Gemeinderat:**

In Anbetracht, daß Bensheim vorzugsweise eine Gewerbsstadt ist, deren Wohlstand von dem Zustand der Gewerbe, diese aber von der Bildung der Gewerbetreibenden abhängt, und dieß künftig um so mehr als allenthalben
5 in den Gewerben Verbesserungen eintreten und nur diejenigen fortkommen können, welche mit der Zeit vorangeschritten sind – aus Mangel an Bildung aber, oder aus Mangel an Gelegenheit, sich dieselbe zu verschaffen, die Gewerbsverhältnisse der ganzen Stadt in Verfall gerathen
10 können, finden wir es, im Hinblick auf den Zustand unsrer Handwerkslehrlinge als dringendstes Bedürfniß im allgemeinen Interesse der Stadt, daß baldmöglichst eine Winterabendschule eingerichtet werde, um den Handwerkslehrlingen Gelegenheit zu geben, sich die nöthigen Kennt-
15 nisse für ihre Verhältnisse zu erwerben und zu erweitern.

Katholisches Pfarrarchiv Bensheim IV / 009, 22. Februar 1847.

**M 3** **Aus dem »Rechenschaftsbericht über das Wirken der Bezirkshandwerkerschule Bensheim«, der Nachfolgeeinrichtung der 1847 gegründeten Fortbildungsschule, für das Schuljahr 1856 / 57:**

Die Handwerkerschule wurde im Laufe des Schuljahres mehr oder weniger regelmäßig von 90 Schülern besucht; darunter waren 33 Gesellen, 52 Lehrlinge, die anderen hatten noch keinen bestimmten Beruf. 30 der Zöglinge waren Schreiner, 11 Maurer, 11 Schlosser, 6 Zimmerleute, 4 Weißbinder, 4 Glaser, 4 Spengler, 3 Steinhauer, 2 Dreher, 2 Schieferdecker, 2 Gärtner, 1 Sattler, 1 Küfer, 1 Uhrmacher, 1 Schmied, 1 Zeugschmied, 1 Wagner. Bei weitem die meisten Schüler gehörten den umliegenden Orten an. Aus Bensheim besuchten durchschnittlich nicht über 6 die Anstalt.

Aus: Bergsträßer Anzeigeblatt vom 16. Mai 1857.

 **M 4** **Unterrichtsstundenplan für die Abendschule im Winterhalbjahr 1847 / 48**

| Zeit | Mo | Di | Mi | Do | Frei |
|---|---|---|---|---|---|
| I v. 7 – 8 Uhr<br>II v. 8 – 9 Uhr | Deutsche Sprache | Formenlehre | Deutsche Sprache | Zahlenlehre | Deutsche Sprache |
| I v. 8 – 9 Uhr<br>II v. 9 – 10 Uhr | Zahlenlehre | Naturhistorisches | Physikalisches | Zeichnen | Geographisches und Geschichtliches |

Während der Monate November, Dezember und Januar in der Zeit unter I und während der Monate Februar, März und April zur Zeit unter II.

Katholisches Pfarrarchiv Bensheim IVG / 009, 12. Februar 1847.

# »... großen erzieherischen Wert«
## Der Jugendverein der Farbenfabriken Bayer Leverkusen im Kaiserreich

### Stundenschwerpunkt

Am Beispiel eines 1909 gegründeten Fabrik-Jugendvereins erarbeiten die Schüler, welche Ziele Jugendarbeit vor dem Ersten Weltkrieg verfolgte, wie die Umsetzung aussah und welchen Einfluss die ältere Generation darauf hatte.

### Bearbeitungsvorschläge

- Welche Erfahrungen haben Sie mit organisierter Freizeitgestaltung (z.B. in Vereinen) gemacht? Berichten Sie darüber.

- Erarbeiten Sie aus **M1** und **M3** Motive für die Gründung des Jugendvereins der Farbenfabriken.

- Erläutern Sie anhand der Materialien **M1–M3** die Rolle der Erwachsenen in dem Verein.

- Zur körperlichen Ertüchtigung und zur vormilitärischen Erziehung wurde im Kaiserreich die Jugendwehr gegründet. Prüfen Sie anhand der Materialien, ob bzw. wie diese Ziele bei Bayer Leverkusen umgesetzt wurden.

- Nehmen Sie auf der Grundlage Ihrer bisherigen Ergebnisse kritisch Stellung zur Aussage: »Die gute Heranbildung unserer Jugend ist heute das allerwichtigste« (**M3**).

### Weiterführende Aufgaben/Projektideen

- Die Schüler versuchen herauszufinden, ob es auch in ihrer Region Vereine gegeben hat, die vor dem Ersten Weltkrieg in der Jugendpflege tätig waren: Welche Zielsetzungen hatten sie? Gab es Auflehnung gegen die ältere Generation oder gegen die Gesellschaft, die von Erwachsenen bestimmt wurde?

- Sie recherchieren in den vor Ort bestehenden sozialpädagogisch geführten Jugendeinrichtungen, inwieweit hier die ältere Generation Einfluss auf das Programm für die Jugendlichen nimmt und ob bzw. wie sich diese Einflussnahme seit Bestehen der Einrichtung verändert hat.

### Haken und Ösen

Die Schüler müssen Vorkenntnisse über die innen- und außenpolitische Entwicklung zwischen 1871 und 1914 besitzen. Ihnen sollte bekannt sein, dass im Kaiserreich die Gesellschaft kollektiv militarisiert wurde.

### Antworten/Hintergründe

Zu Beginn des 20. Jahrhunderts wurde das Jugendalter als selbstbestimmte Lebensphase stärker akzentuiert. Als Interessengruppen bildeten sich bürgerliche Wandervogelgruppen (seit 1898) und seit 1904 Arbeiterjugendvereine. Bis zum Ausbruch des Ersten Weltkrieges gab es daneben aber auch viele Jugendvereine, die jugendpflegerisch tätig sein wollten. Diese Vereine, von Erwachsenen geleitet, wollten die Jugendlichen u.a. vor den Gefahren der negativen Erscheinungen der Industrialisierung (in den Städten) und dem damit verbundenen Verlust von religiösen, moralischen und gesellschaftlichen Werten bewahren. Der Jugendverein Bayer hatte vor allem das Ziel, die werksgebundene Jugend an Bildung (s. Satzung), geselliges Zusammensein und körperliche Ertüchtigung heranzuführen (z.B. Tanzkurse, Volksmusikabende, Wanderungen, Jugendwehr). Auch sollte dadurch dem sozialdemokratischen Einfluss auf jugendliche Belegschaftsmitglieder entgegengewirkt werden. Die »Macher« im Hintergrund des Jugendvereins waren Erwachsene. Der Einfluss der jugendlichen Mitglieder war relativ gering.

### Literatur

Krafeld, Franz-Josef: Geschichte der Jugendarbeit. Von den Anfängen bis zur Gegenwart, Weinheim 1984 (Beltz).

## M 1 Aus der Satzung des Jugendvereins der Farbenfabriken vorm. Fr. Bayer & Co Leverkusen-Wiesdorf, 1909

§1 Zweck des Jugendvereins der Farbenfabriken ist die Förderung der körperlichen und geistigen Entwicklung in der
Pflege der Geselligkeit der männlichen und weiblichen jugendlichen Werksangehörigen, sowie der über 14 Jahre alten
Söhne und Töchter sämtlicher Werksangehörigen.

§2 Der Verein sucht seinen Zweck zu erreichen: (…)

2. durch Veranstaltung von Vorträgen und Unterhaltungs-
abenden,

3. durch Bildung von einzelnen Gruppen zur Pflege be-
stimmter Gebiete, wie Kunst und Musik, Naturwissen-
schaften, Geschichte, Bürgerkunde u.s.w. (…),

4. durch Pflege von Leibesübungen aller Art und durch gemeinsame Wanderungen,

5. durch Benutzung bereits bestehender, den Zielen des Vereins entsprechender Bildungseinrichtungen (Bücherei,

Lesehalle u.s.w.), der Handarbeitsschule und verwandter
Einrichtungen (…).

§3 Der Verein besteht aus ordentlichen und außerordent-
lichen Mitgliedern. Ordentliche Mitglieder können werden
die Werksangehörigen und die Kinder von Werksangehörigen im Alter von 14–20 Jahren. (…)

§4 Den Verein leitet ein Vorstand, dem ein Beirat von erwachsenen Werksangehörigen zur Seite steht, die im Ver-
kehr mit der Jugend besonders erfahren sind. Der Vorsitzende dieses Beirats ist der Vorstand der Wohlfahrts-Abteilung,
stellvertretender Vorsitzender der Leiter des Bildungswesens.
(…) Der Vorstand wird aus der Mitte der ordentlichen Mitglieder gewählt.

Bayer-Werksarchiv Akte 236/79.

## M2 Jugendwehr des Jugendvereins baut eine Brücke (1912)

Bayer-Werksarchiv, Fotosammlung.

## M3 Jahresbericht Jugendverein Bayer 1913

Die Zahl der Mitglieder hat im Laufe des Jahres erfreulicher
Weise zugenommen, der Verein besitzt jetzt 163 Mitglieder, davon 96 männliche und 67 weibliche. (…)
Im Laufe des Jahres fanden 45 Vereinsabende und Veran-
5 staltungen verschiedener Art statt. Neu gegründet wurde
die Gruppe Jugendwehr, die z.Zt. 63 Mitglieder zählt. Der
Anstands- und Tanzkursus wurde von 48 Mitgliedern besucht und erwies sich als eine ausgezeichnete Einrichtung,
die allen Mitgliedern warm empfohlen werden kann. Er
10 wurde durch ein grosses Tanzkränzchen geschlossen. (…)
Der Verein veranstaltete mehrere Vortragsabende, darunter einen Schillerabend, ausserdem erhielt er Einladungen
und Freikarten zu mehreren anderen Vorträgen (…). Von
den anderen Veranstaltungen sei vor allem die prächtige
15 Vierländer-Fahrt nach Aachen und Umgebung erwähnt.
(…) Die Mädchengesangsgruppe, die gemeinsam mit dem
Männergesangverein Herrn und Frau Geheimrat Duisberg
ein Ständchen zur Einweihung der Direktionsvilla gebracht

hatte, machte aus den Mitteln einer hierbei gewährten
20 Spende einen wohlgelungenen Ausflug nach Grosse-Led-
der. Die Jugendwehr hatte im Laufe des Jahres nicht weniger als 72 Übungen. Als grössere Pionierarbeit wurde eine
Brücke über die Dhün gebaut. (…)
Der Verein hat, wie aus allem hervorgeht, eine erfreuliche
25 Entwicklung genommen, an der einige Entgleisungen, die
bei jungen Leuten schon einmal vorkommen, nichts ändern können. Anstatt aber derartige Einzelheiten, die so-
wieso selten sind, masslos aufzubauschen und als billige
Agitationsmittel gegen den Verein zu missbrauchen, täte
30 man besser, den grossen erzieherischen Wert des Jugendvereins im Auge zu behalten. Die gute Heranbildung unserer Jugend ist heute das allerwichtigste, und kleinliche
Nörgeleien nützen wirklich gar nichts.

Aus: »Die Erholung«. Zeitschrift für die Mitglieder des Erholungshauses
und der Fabrikvereine der Farbenfabriken Bayer (1913), H. 2, S. 21f.

# »Am gefährlichsten sind die Tanzlustbarkeiten ...«
## Kirchliche Jugendpflege im Kaiserreich

### Stundenschwerpunkt

In der Stunde werden am Beispiel der Mädchenerziehung Ziele, Wertmaßstäbe und Rollenerwartungen der kirchlichen Jugendpflege im Kaiserreich analysiert und erörtert.

### Bearbeitungsvorschläge

• Erarbeiten Sie, mit welchen Argumenten in **M1** und **M2** die Notwendigkeit einer kirchlichen Jugendpflege auf dem Lande begründet wurde.

• Analysieren Sie die zugrunde liegenden Ziele, Wertmaßstäbe und Rollenerwartungen der kirchlichen Vertreter, und bewerten Sie sie.

• Erörtern Sie, welche Stellung hier der Jugend im Verhältnis zwischen Jung und Alt zugewiesen wird.

### Weiterführende Aufgaben / Projektideen

• Die Schüler erforschen an ihrem Ort Geschichte und Wandel der jugendlichen Freizeitgestaltung und Konflikte mit Erwachsenen, die möglicherweise daraus entstanden sind.

• Sie recherchieren in ihrer Region die Geschichte der Jugendpflege und des Jugendschutzes.

• Sie beschäftigen sich mit Zielen und Aktivitäten der kirchlichen Jugendarbeit an ihrem Ort in der Vergangenheit.

### Haken und Ösen

Die Materialien fordern vor allem eine ideologiekritische Analyse der Texte. Dafür ist ausreichendes Hintergrundwissen erforderlich.

### Antworten / Hintergründe

Nachdem nach jahrelangen Debatten »über die Nöte der Arbeiterjugend« die Jugendpflege für die erwerbstätige männliche Jugend in einem Erlass von 1911 geregelt worden war, folgte 1913 eine entsprechende Regelung für die erwerbstätige weibliche Jugend. Mit dem Konzept der Jugendpflege beabsichtigte man, die Lücke zwischen (Volks-)Schulentlassung und Militärdienst bzw. Familiengründung zu schließen. Aus staatlicher Sicht schien das dringend notwendig – entgegengewirkt werden sollte den als bedrohlich wahrgenommenen Folgen der Urbanisierung, den zunehmenden Autonomieansprüchen der Jugendlichen und dem wachsenden Einfluss der sozialistischen Jugendbewegung. Deshalb wurden in das Konzept der Jugendpflege vor allem nationalistische und kirchliche Organisationen eingebunden. 1914 besaßen allein die evangelischen Jünglingsvereine ca. 147 000, die evangelischen Mädchen-/Jungfrauenvereine fast 250 000 Mitglieder.

Die Ziele der staatlich geförderten Jugendpflege orientierten sich an traditionellen Wertmustern: Unterordnung und Gehorsam in Familie, Schule und am Arbeitsplatz, strikte Ablehnung vorehelicher Sexualität, hierarchisierte bzw. polarisierte Geschlechterbeziehungen. In den kirchlichen Jugendvereinen versuchte man, Jugendliche mit Freizeitangeboten von »verderblichen Einflüssen« fern zu halten. Dazu dienten vor allem Singen, Bibellesen und Spiele. Daneben wurden auch Vortragsabende oder Museumsbesuche organisiert.

### Literatur

Berg, Christa (Hg.): Handbuch der deutschen Bildungsgeschichte. Band IV: 1870–1918. Von der Reichsgründung bis zum Ende des Ersten Weltkriegs, München 1991 (C.H. Beck).

Heidrich, Hermann (Hg.): Frauenwelten. Arbeit, Leben, Politik und Perspektiven auf dem Land, Bad Windsheim 1999 (Fränkisches Freilichtmuseum).

Mitterauer, Michael: Sozialgeschichte der Jugend, 3. Aufl., Frankfurt a.M. 1992 (Suhrkamp).

Wir wissen es Herrn Pastor Burkhardt besonders Dank (…), daß er in der gegenwärtigen Zeit, deren Ernst wohl jeder von uns empfindet, und der die Lösung vieler schwerwiegender Fragen erfordert –, daß er auch die Frauen heran-

5 gezogen wissen will, damit dieselben an der Lösung einer großen nationalen Aufgabe mitwirken sollen, nämlich an der Pflege unserer heranwachsenden Jugend auf dem Lande.

Bildet doch den eigentlichen Kern der ganzen heutigen

10 Frauenbewegung das begreifliche Verlangen der Frauen nach einer allgemeineren – auch dem Gemeinwohl dienenden Betätigung. Und findet doch dieses Verlangen sein natürlichstes und nützlichstes Tätigkeitsfeld in der Pflege unserer heranwachsenden Jugend – und zwar für uns Land-

15 frauen doch wieder das Nächstliegende – der weiblichen Jugend auf dem Lande. –

Gehört doch die Erhaltung einer in sittlich-religiösen Anschauungen aufgewachsenen Jugend – wohl in erster Linie – zu den Grundbedingungen einer Gesunderhaltung

20 unseres Volkstums und damit der Zukunft unseres Vaterlandes.

Daß dieses Fundament nicht nur durch v e r ä n d e r t e Anschauungen, sondern auch durch numerische Verschiebungen in der ländlichen und städtischen Bevölkerung ins

25 Schwanken gekommen ist, läßt sich leider nicht leugnen. Ich brauche nur daran zu erinnern, daß, während vor 50 Jahren die ländliche Bevölkerung zur städtischen im Verhältnis von 4/5 zu 1/5 stand, jetzt das Umgekehrte der Fall ist und wir vor der Tatsache stehen, daß Deutschland

30 aus einem Agrarstaat zu einem Industriestaat zu werden droht.

Hessisches Hauptstaatsarchiv (HHSTA) Wiesbaden, Abt. 405 Nr. 3814.

(…) Aber hat nicht das Haus, die Familie diese bewahrende und erzieherische Aufgabe zu erfüllen? Ganz gewiß; und der Segen eines Familienlebens, welches von religiös-sittlichem Geiste durchweht ist und bei dem heranwachsen-

5 den Geschlecht Tüchtigkeit, aber auch jugendliche Frohnatur zur Entfaltung bringt, kann durch nichts ersetzt werden. Alle Jugendpflege ist aus der Notlage geboren, daß in so vielen Fällen das Haus hinsichtlich seiner Bestimmung versagt. (…) Aber abgesehen von solchen schreienden Miß-

10 ständen bringt das moderne Erwerbsleben unseren heranwachsenden Mädchen mancherlei Gefahr. Es löst sich von der Familie, bringt sie täglich in Berührung mit verrohten Arbeitsgenossen, und setzt sie der Verführung aus, weil jeder Lüstling sie als Beute betrachtet. Auf alle dringt das

15 tägliche Beispiel skrupelloser Genußsucht in allen Ständen, der Reiz der Ungebundenheit, der Tanzvergnügungen und Kinos ein, und auf sich angewiesen, entbehren sie für ihr Innenleben der edlen Anregung, für ihre Charakterbildung der helfenden Hand. Und nur Weltfremdheit kann

20 die Verhältnisse auf dem Lande durch eine rosafarbene Brille sehen. Auch hier zeigt sich schon ein Sinken des Familienlebens und ein Schwinden der Autorität der Eltern durch deren eigene Schuld. Sie dulden stillschweigend den übertriebenen Kleiderputz der Töchter; die Teilnahme an

25 allen Tanzveranstaltungen, ohne auch nur die Heimkehr von denselben zu kontrollieren. Am gefährlichsten sind die improvisierten sonntäglichen Tanzlustbarkeiten, wo Burschen und Mädchen in engen überfüllten und überhitzten Räumen zusammengepfercht sind und sich gegenseitig er-

30 hitzen. Diese sollten durch eine strenge Kontrolle überall unmöglich gemacht werden. Ja, mir sind Fälle bekannt, wo Eltern ihre Tochter mit dem sie besuchenden Burschen bis über Mitternacht alleine sitzen lassen, während sie ruhig zu Bette gehen. Und wenn dann das Blut heiß ist und Ver-

35 nunft und Gewissen zum Schweigen bringt, ist das Unglück da. Man ist zufrieden, wenn der Fehltritt – wie bei uns fast immer – mit der Hochzeit endet. So erzieht eine gewissenlose und törichte Mutter in ihrem Kinde eine Mutter von gleicher sittlicher und erzieherischer Qualität. Aber selbst

40 da, wo die häuslichen Verhältnisse befriedigend und unsere Mädchen innerlich gesund sind, bleiben noch genug Gründe für die Arbeit übrig, welche wir Jugendpflege nennen. Denn ihr Ziel ist doch nicht nur dieses, die Jugend vor sittlichen Fehltritten zu bewahren, sondern sie vor allem

45 auf ein höheres Niveau der Lebensanschauung, des Pflichtbewußtseins und der geistigen Interessen zu heben und für die Aufgaben des Erwerbslebens, wie des häuslichen Berufs tüchtiger zu machen.

HHSTA Wiesbaden, Abt. 405 Nr. 3814, S. 1–3.

# »Aus einem Kinde zum reifen Menschen«
## Sexualaufklärung in den 1920er Jahren

### Stundenschwerpunkt

Im Mittelpunkt der Stunde stehen Methoden der Sexualaufklärung in den 1920er Jahren. Die Schüler beschäftigen sich mit den Zielen und der gesellschaftlichen Intention der Maßnahmen ebenso wie mit Bedürfnissen und Widerständen auf Seiten von Jugendlichen und Erwachsenen.

### Bearbeitungsvorschläge

• Erläutern Sie, was die Jugendliche in **M1** im Hinblick auf Sexualaufklärung beklagt, was sie fordert und wie sie diese Forderungen begründet.

• Vergleichen Sie anhand von **M2** und **M3** Methoden und Ziele der damaligen Sexualaufklärung.

• Überprüfen Sie, ob die in **M2** und **M3** dargestellten Methoden der Sexualaufklärung die Forderungen der Autorin von **M1** erfüllen.

• Welche Ziele hatte die Sexualaufklärung in den 1920er Jahren? Vergleichen Sie Ihr Ergebnis mit Ihrer Auffassung darüber, welche Ziele die Sexualaufklärung heute verfolgen sollte.

### Weiterführende Aufgaben / Projektideen

• Die Schüler recherchieren im kommunalen Archiv oder im Schularchiv Informationen über Aufklärungsveranstaltungen in der ersten Hälfte des 20. Jahrhunderts (z. B. Pressemeldungen, Jahresberichte o. Ä.).

• Sie erkundigen sich z. B. über den Schulbuchbestand eines Schulmuseums, wie in den 1920er Jahren Sexualaufklärung und Geschlechtserziehung vermittelt wurden.

• Sie befragen Biologie-Lehrkräfte, seit wann im Lehrplan Sexualkunde verankert ist, was der Lehrplan dazu vorschreibt und welche Lernziele diesem Unterrichtsthema zugewiesen werden.

### Haken und Ösen

Das tabubelastete Thema lässt sich von Schülern über Zeitzeugeninterviews nur sensibel und nach besonderer Vorbereitung bearbeiten; eine Archivrecherche kann unergiebig sein. Es bietet allerdings Impulse für viele Themen, in deren Mittelpunkt Generationenkonflikte stehen.

### Hintergrundinformationen / Antworten

In der unterrichtlichen Behandlung der 1920er Jahre wird diese Zeit oft als eine Phase des Umbruchs gekennzeichnet und als Beispiel der Typus der jungen, modernen, emanzipierten Frau angeführt. Doch die gesellschaftlichen Veränderungen gerade im Bereich der Sexualität wurden keineswegs durchgängig begrüßt. Vorehelicher Geschlechtsverkehr und gleichgeschlechtliche Beziehungen wurden weiterhin als Abweichung von der Norm wahrgenommen. Sexualaufklärung, wie sie in Schulen, durch Gesundheitsausstellungen und durch Sozialhygienefilme unternommen wurde, diente nicht dazu, Jugendlichen dabei zu helfen, ihre sexuellen Bedürfnisse wahrzunehmen und ihre Beziehungen verantwortungsbewusst gestalten zu können. Sexualerziehung hatte hingegen zur Aufgabe, junge Menschen auf ihre Rolle als Ehepartner, als Mütter und Väter vorzubereiten. Im Interesse der Gesellschaft sollten Geschlechtskrankheiten verhütet, sollten Prostitution und Homosexualität verhindert werden. Auch die sinkende Geburtenrate wurde als Problem wahrgenommen.

### Literatur

Antoni, Christine: Sozialhygiene und public health. Franz Goldmann (1895–1970), Husum 1997 (Matthiesen).

Jazbinsek, Dietmar (Hg.): Gesundheitskommunikation, Wiesbaden 2000 (Westdeutscher Verlag).

## »Wie ich mir ein glückliches Leben denke«
### Aus dem Aufsatz einer 17-jährigen Schülerin, 1923

Ich bin aus einem Kinde zum reifen Menschen geworden.
Das ist ein tiefgreifender Umschwung und ich fühle selbst,
daß ich wesentlich anders bin als vor einem Jahre. Aber die
Leute sind verblendet, sie sehen nicht, was für Fragen in
5 mir aufsteigen. (…) Was mich stutzig macht, ist, daß (…)
man in mir in mancher Beziehung noch immer ein »Kind«
sieht. Frau H. war krank und ich frage: »Was fehlt ihr denn
eigentlich?« Dann wurde meine Mutter verlegen und half
sich mit der Ausrede: »Ich weiß es nicht.« Nach drei Tagen
10 kam ein kleines Mädelchen bei H. an. Ob Mutter da wohl
richtig gehandelt hat? Daß ich so ungefähr von der Entwicklung des Menschen weiß, ist doch klar. Warum denn
nicht daran rühren? Für mich ist das alles etwas Heiliges
und ich könnte besonders zu einer Mutter darüber spre-
15 chen, wie über alle anderen Dinge auch. Ich sagte vorhin,
ich weiß nur so ungefähr von der Entwicklung des Menschen. Ja, und was ich weiß, sagt mir mein Verstand. Oder
aber ich habe es früher einmal von Freundinnen gehört.
Wäre das nicht eine Aufgabe der Mutter? (…) Auch die Leh-
20 rerinnen finden in dieser Sache nicht den richtigen Ton.
In der Religionsstunde besprachen wir das alte Testament.
Hundert Mal fiel der Ausdruck: Beschneidung. Er wurde
uns sogar diktiert (…). Wir fragten und unsere Religions-
lehrerin wurde rot, verlegen: »Das, … beim besten Willen,
25 ich kann es Ihnen nicht sagen. Sie müssen schon Ihre Mutter oder eine jüdische Klassenkameradin darum fragen.«
– Lächerlich. (…)

Zit. nach: Schilfarth, Else: Die psychologischen Grundlagen der heutigen
Mädchenbildung, Bd. 2: Lebensgestaltung, Leipzig 1927, S. 98.

## »Zur Not der weiblichen Jugend«
### Bericht von Bertha Ramsauer, 1928

**Bertha Ramsauer gründete 1923 eine Heimvolksschule in
Edewecht (Oldenburger Land). Entsprechend der Volkshoch-
schulbewegung lebten dort die jugendlichen Kursteilnehmer
ein halbes Jahr lang zusammen und arbeiteten in ihren Berufen; in abendlichen Arbeitsgemeinschaften wurden Fragen
der persönlichen Lebensführung behandelt.**

Auf die 18- bis 20jährigen stürmen (…) Fragen (…) ein,
verwirrend und beunruhigend. Durch Reklame und Mode
sind sie dauernd sexuell gereizt, immer wieder in neuer Art. Körperlich entwickelt, seelisch noch ganz unreif
5 dazu, hatten sie ihre ersten Erlebnisse auf dem Gebiet des
Geschlechtsverkehrs, ehe die Mütterlichkeit in ihnen er-
wacht war. (…)
Wenn nun bei ihnen mit dem verfrühten Geschlechtsverkehr, mit der ersten Abtreibung die Entwicklung zu frau-
10 enhaftem Empfinden nicht zerstört wurde, (…) so regt sich
jetzt in ihnen die Sehnsucht nach dem Kinde. Aber wohin dann? Wie es ernähren? (…) Diese Unsicherheit (…)
scheint mir (…) begründet zu liegen (…) in der Unsicherheit der Frauen, die sie von Jugend an hätten leiten sollen
15 und sie nach der Schulentlassung mit besonderer Umsicht
und Fürsorge hätten umgeben müssen, es aber nicht konnten. Das sind die Mütter, die selbst keinen Halt haben. Sie

sind nicht mehr gebunden durch Religion, nicht mehr ver-
wurzelt in festen Traditionen. (…)
20 Dem jungen, unruhigen, unbefriedigten Menschenkinde
muß ein festes Ziel gegeben werden. (…) Selbstverständlich
gehört dazu die Erzieherpersönlichkeit. (…) Nicht in ange-
setzter Sprechstunde, aber in einer Stunde nahen Beisam-
menseins beginnt die seelsorgerische Arbeit der Lehrerin.
25 (…) Lehrerin und Jugendliche überlegen in aller Ruhe gemeinsam, ob das moderne Leben der Jugendlichen – etwa
vorehelicher Geschlechtsverkehr – den Menschen befrie-
gen oder gar auf Dauer beglücken kann. Es gilt nüchtern
das Leben zu zeigen (…), es gilt vor allem, das wirkliche
30 Empfinden der werdenden Frau ihr selbst bewußt zu machen und sie von sich aus finden zu lassen, was eigentlich
ihrer Natur – also der Frauennatur angemessen und deshalb für sie, für die Frau, erstrebenswert sei.

Zit. nach: Bertha Ramsauer: Zur Not der weiblichen Jugend. In: Kleinau,
Elke / Mayer, Christine (Hg.): Erziehung und Bildung des weiblichen
Geschlechts, Bd. 2, Weinheim 1996 (Deutscher Studienverlag), S. 98–101.

 ## Ein Historiker schreibt im Jahr 2000 über Sexual-
aufklärungsfilme in der Weimarer Republik

In den 20er Jahren des 20. Jahrhunderts wurden schätzungs-
weise über 500 sozialhygienische, sexualerzieherische (…)
Filme hergestellt und im Rahmen einer breit angelegten
Gesundheitsaufklärung öffentlich vorgeführt. (…)
5 Die Verhütung von venerischen Krankheiten und Sexualaufklärung waren dabei nur zwei von vielen, wenn auch
wesentliche Themen. Daneben wurden Aspekte wie Liebe
und Ehe, Schwangerschaft, Prostitution, Homosexualität,
Geschlechtsunterschiede sowie Vererbung und Eugenik
10 angesprochen. (…) Im Rahmen bevölkerungspolitischer
Maßnahmen sollte Sexualität staatlich kontrolliert werden
und der Zeugung gesunder Nachkommen dienen. (…)
Bereits in (…) frühen Filmen zeigte sich ein wesentliches
Merkmal der gesamten Aufklärungskampagnen jener Zeit:
15 Mit dem Mittel der Abschreckung sollte die Bevölkerung
dazu gebracht werden, ihre bestehenden Lebensgewohn-
heiten zu ändern und die in den Filmen gegebenen Ratschläge zu befolgen. Bei manchen Zuschauern löste diese
Informationsstrategie jedoch lediglich Angst und eine in-
20 nere Abwehrreaktion aus. (…)
In manchen Städten war die Zuschauerresonanz so gering,
dass geplante Vorführungen abgesagt wurden. (…) Der von
den Experten als bedeutend angesehene Zusammenhang
zwischen Moral und Hygiene wurde von der Bevölkerung
25 vielfach nicht verstanden oder einfach ignoriert. Offen-
sichtliche Misserfolge wurden insbesondere in der sexuellen Aufklärungsarbeit konstatiert. An die Stelle der en-
thusiastischen Erwartungen, die man nach dem Ende des
Krieges in den Aufbau einer staatlich gelenkten Gesund-
30 heitsaufklärung gesetzt hatte, trat während der Inflations-
jahre eine zunehmende Ernüchterung.

Zit. nach: Schmidt, Ulf: »Der Blick auf den Körper«: Sozialhygienische
Filme, Sexualaufklärung und Propaganda in der Weimarer Republik.
In: Hagener, Malte (Hg.): Geschlecht in Fesseln. Sexualität zwischen Aufklärung und Ausbeutung im Weimarer Kino 1918–1933, München 2000
(edition text und kritik), S. 23–46.

# »Ein gravierender Einschnitt«

## Söhne ohne Väter im und nach dem Zweiten Weltkrieg

### Stundenschwerpunkt

Anhand der Lebenserinnerungen von Männern der Kriegskindergeneration, deren Väter im Zweiten Weltkrieg umkamen, beschäftigen sich die Schüler mit psychologischen und sozialen Folgen der Vaterlosigkeit für die Kinder.

### Bearbeitungsvorschläge

- Lesen Sie **M1** und anschließend **M2–M6**. Beschreiben Sie, wie die Söhne mit dem Fehlen ihres Vaters umgegangen sind.
- Untersuchen Sie, wie die Söhne die Auswirkungen der Vaterlosigkeit auf ihr weiteres Leben einschätzen (**M5**, **M6**).
- Diskutieren Sie, ob die »Töchter ohne Väter« die gleichen Erfahrungen gemacht haben werden wie ihre Brüder.

### Weiterführende Aufgaben / Projektideen

- Die Schüler fragen in ihrer Familie nach Erfahrungen mit abwesenden Vätern im bzw. nach dem Krieg.
- Sie suchen im örtlichen Archiv nach Quellen über unvollständige Familien nach dem Zweiten Weltkrieg.

### Haken und Ösen

Je nach persönlicher Situation der Schüler kann das Thema heikel sein, da heute ebenfalls viele Kinder ohne Vater aufwachsen, wenn auch aus anderen Gründen. Quellenkritisch sollte beachtet werden, dass die abgedruckten Erinnerungen von etwa 60-Jährigen im Rückblick entstanden sind.

### Antworten / Hintergründe

Nach dem Zweiten Weltkrieg wuchs ungefähr ein Viertel aller Kinder dauerhaft in unvollständigen Familien ohne Vater auf (vgl. auch die Hintergrundinformationen aus **M1**). In den letzten Jahren haben die Erfahrungen dieser Kriegskinder, die etwa zwischen 1930 und 1945 geboren wurden, zunehmend öffentliches Interesse gefunden. Nicht zuletzt die Betroffenen selbst haben sich zu Wort gemeldet. Die Erinnerungen der Quellenseite entstammen dem Band »Söhne ohne Väter. Erfahrungen der Kriegsgeneration«. Die drei Autoren des Bandes – die teilweise auch als Zeitzeugen in eigener Sache im Buch auftreten – haben über ihre professionelle Beschäftigung mit dem Thema als Schriftsteller, Psychoanalytiker und Historiker zusammengefunden und zwischen 2001 und 2003 drei Tagungen zum Thema Kriegskindheit und Vaterlosigkeit durchgeführt. In ihrem Buch vereinen sie etwa 250 Auszüge aus Interviews mit 40 Männern, die zwischen 1930 und 1945 geboren wurden und ihre Väter im Krieg verloren haben. Fast alle Interviewten sind Akademiker.

In den Auskünften der Zeitzeugen werden die lebenslange Bedeutung des Vaters, die möglichen Erinnerungen an den Vater, das Verhältnis zur Mutter und die lebensgeschichtlichen Prägungen thematisiert.

### Literatur

Lange, Herta / Burkard, Benedikt (Hg.): Abends wenn wir essen fehlt uns immer einer. Kinder schreiben an die Väter 1939–1945, Reinbek bei Hamburg 2000 (Rowohlt).

Radebold, Hartmut (Hg.): Schwerpunktthema: Kindheit im II. Weltkrieg und ihre Folgen. psychosozial 92 (2003), H. 2.

Schulz, Hermann / Radebold, Hartmut / Reulecke, Jürgen: Söhne ohne Väter. Erfahrungen der Kriegsgeneration, Lizenzausgabe, Bonn 2005 (Bundeszentrale für politische Bildung).

**Abwesende Väter – Fakten und Forschungsergebnisse**

(...)

- Im Zweiten Weltkrieg kam jeder 8. männliche Deutsche (vom Kind bis zum Greis) ums Leben; es gab vermutlich 4,71 Millionen Todesfälle. In den Ostgebieten kam jede 5. männliche Person ums Leben. Von den eingezogenen Männern fielen

  von den 20- bis 25-Jährigen 45 Prozent,

  von den 25- bis 30-Jährigen 56 Prozent,

  von den 30- bis 35-Jährigen 36 Prozent,

  von den 35- bis 40-Jährigen 29 Prozent.

  Von den Rekruten der nach 1920 geborenen Jahrgänge fielen in der Regel mehr als 30 Prozent.

- Mehr als zwei Millionen Zivilisten kamen auf der Flucht und während der Vertreibung ums Leben (mehr als die Hälfte davon Frauen und Kinder); eine halbe Million wurde Opfer des Bombenkrieges.

- Im Frühjahr 1947 befanden sich noch 2,3 Millionen Kriegsgefangene in den Lagern der Alliierten und 900 000 in sowjetischen Lagern.

- (...) Geschätzt wuchs ungefähr ein Viertel aller Kinder nach dem Zweiten Weltkrieg auf Dauer ohne Vater auf.

Radebold, Hartmut: Abwesende Väter – Fakten und Forschungsergebnisse. In: Schulz, Hermann / Radebold, Hartmut / Reulecke, Jürgen: Söhne ohne Väter. Erfahrungen der Kriegsgeneration, Berlin 2004, S. 115–119, hier S. 115.

**Leben ohne Väter – Erinnerungen**

 **Heinz-Günther Risse, geb. 1936**

(...) Ganz besonders schmerzhaft empfand ich den Verlust des Vaters in der ersten Hälfte der fünfziger Jahre, als viele Gefangene aus Russland zurückkehrten. Ich erinnere mich noch gut, wie angespannt wir damals vor dem Radio saßen und die Namen hörten, und mir dann die Tränen kamen. Ich wollte dann allein sein mit meinem Schmerz. Es erfüllte mich damals eine starke Sehnsucht, diesen vermissten Vater endlich bewusst erleben zu können, endlich eine komplette Familie zu haben, dass meine Mutter auch ihren Mann zurückbekäme und von mir ein Stück Verantwortung genommen würde.

Zit. nach: Schulz, Hermann / Radebold, Hartmut / Reulecke, Jürgen: Söhne ohne Väter. Erfahrungen der Kriegsgeneration, Berlin 2004, S. 42.

 **Jürgen Reulecke, geb. 1940**

(...) Eine eher heroisierende Beschäftigung mit meinem Vater erfolgte, als ich als 16- oder 17-jähriger Führer einer Jungengruppe nachts am Lagerfeuer oder im Zelt Geschichten erzählte: Ich weiß, dass ich mehrfach das mir von meiner Mutter vermittelte Wissen über den Tod meines Vaters heldenhaft ausgeschmückt und als spannendes Kriegsabenteuer, vermischt mit Lesefrüchten über Kriegsereignisse, weitergegeben habe.

Zit. nach: Ebd., S. 43.

 **»Siegfried«, geb. 1942**

Ein Bild von ihm hing schon immer an der Wand des Schlafzimmers, emotional positiv besetzt, aber nicht viel mit Erzählungen verbunden. Meine Mutter hat, zusammengerechnet, nur etwa zwei Jahre mit ihm gelebt. Der Entwicklung positiver Gefühle für meinen Vater wirkten in der Schulzeit zwei wichtige Faktoren entgegen: das Wissen um seine SA-Mitgliedschaft und nationalsozialistische Überzeugung und der Kirchenaustritt meines Vaters. Beides führte zu einer Entschlossenheit, jedenfalls dieses väterliche Erbe nicht anzutreten.

Zit. nach: Ebd., S. 41.

Todesanzeige vom Juli 1944, anonymisierter Ausschnitt.

Aus: Holmsten, Georg: Deutschland Juli 1944. Soldaten, Zivilisten, Widerstandskämpfer, Düsseldorf 1982 (Droste), S. 74.

 **Wolfgang Hempel, geb. 1931**

Der Tod meines Vaters war ein gravierender Einschnitt im Leben meiner Familie. Ich habe dadurch sehr früh gelernt, selbstständig zu sein und Verantwortung zu übernehmen. Ich habe mich immer für meine Mutter, auch in Vertretung des Vaters, verantwortlich gefühlt und sie unterstützt. Ich habe sie kaum an meinem Leben teilnehmen lassen: Anders war es mit meinem sieben Jahre jüngeren Bruder, der bis zuletzt von meiner Mutter als der »Kleine« bevormundet wurde. (...)

Zit. nach: Ebd., S. 88.

 **Heinz-Günther Risse, geb. 1936**

(...) Zu den Stärken, die ich auf den fehlenden Vater zurückführe, gehört die Bereitschaft zur Übernahme von Verantwortung in ehrenamtlichen und beruflichen Aktivitäten. Zu den Stärken zähle ich außerdem mein Bemühen, Sensibilität zu wecken gegen Gewalt in allen ihren Formen. Trotz des fehlenden Vaters bin ich mit meinem Leben zufrieden. Die von Seiten meiner Mutter und von meinen Großeltern erfahrene Geborgenheit und Zuwendung, die sicher das Fehlen des Vaters kompensieren wollten, haben mir geholfen, meine eigene Identität zu finden. (...)

Zit. nach: Ebd., S. 63.

# »Die waren nur fünf Jahre jünger als wir ...«

## Konflikte zwischen Studenten nach 1945

### Stundenschwerpunkt

Anhand der Lebenserinnerungen eines Münsteraner Studenten der Nachkriegszeit erarbeiten sich die Schüler, wie stark kollektive Erfahrungen wie z.B. der Kriegsdienst junger Soldaten im Zweiten Weltkrieg das Selbstverständnis einer Generation prägten.

### Arbeitsaufträge

• Lesen Sie **M1**, und geben Sie mit eigenen Worten wieder, was man unter Generationen und Generationenkonflikt versteht. Nennen Sie Beispiele.

• Lesen Sie **M2**, und erklären Sie die Hintergründe für den geschilderten Konflikt.

• Prüfen Sie: Lassen sich die Definitionen der Begriffe Generation und Generationenkonflikt aus **M1** auf **M2** anwenden? Wie wären die Definitionen eventuell zu differenzieren?

### Weiterführende Aufgaben / Projektideen

• Die Schüler befragen Zeitzeugen, die den Krieg erlebt haben, darüber, wie ihr Verhältnis zu den Jüngeren ohne Kriegserfahrung war und inwiefern sich Konflikte z.B. an Schulen, Universitäten oder in Betrieben ergaben.

### Haken und Ösen

Umbrüche und Generationenkonflikte können auch in anderen Zeiten erforscht werden, der Bruch zwischen annähernd biologisch Gleichaltrigen wird allerdings wohl nicht so deutlich zu Tage treten.

### Antworten / Hintergründe

Zwischen verschiedenen Generationen müssen nicht immer Jahrzehnte liegen. Obschon annähernd gleichaltrig, entstanden in der Nachkriegszeit Generationenkonflikte zwischen den Studierenden, die im Krieg Soldat gewesen waren, und denjenigen, die ohne diese Erfahrung an die Universität kamen.

Mit Erlaubnis der britischen Militärregierung konnte die Westfälische Wilhelms-Universität in Münster zum Wintersemester 1945/46 wieder eröffnet werden. Die Lehrveranstaltungen der ersten Jahre waren durch desolate räumliche Verhältnisse geprägt. Die Zulassung zum Studium war beschränkt und an eine Reihe von Bedingungen geknüpft. Im Wintersemester 1945/46 waren drei Kriterien ausschlaggebend: die politische Unbedenklichkeit der Bewerber, die wissenschaftliche Eignung, dokumentiert durch das Abiturzeugnis, und der Notendurchschnitt. Bei gleich qualifizierten Studienbewerbern gaben in Münster soziale Aspekte den Ausschlag: Bevorzugt behandelt wurden Personen, auf die folgende Kriterien zutrafen: Invalidität, schwierige wirtschaftliche und soziale Verhältnisse, hohes Lebensalter, bereits begonnenes Studium, einwandfrei nachgewiesene politische Schädigung durch das nationalsozialistische Regime, Kriegsdienst oder Gefangenschaft.

In der Regel konnten also politisch unbelastete Studierende, die ihr Studium bereits vor 1945 aufgenommen hatten, dieses nach dem Krieg fortsetzen. Schwieriger war es für diejenigen, die in der unmittelbaren Nachkriegszeit mit dem Studium beginnen wollten.

### Literatur

Jakobi, Franz-Josef / Link, Roswitha (Hg.): Geschichte im Gespräch. Kriegsende 1945 und Nachkriegszeit in Münster. Berichte von Zeitzeuginnen und Zeitzeugen, Münster 1997 (agenda).

Respondek, Peter: Der Wiederaufbau der Universität in Münster in den Jahren 1945–1952 auf dem Hintergrund der britischen Besatzungspolitik, Münster 1992 (agenda).

**M1  Was ist eine Generation? – eine Definition**

**Generation** [lat.], Gesamtheit aller annähernd gleichaltrigen Individuen einer Art; bes. beim Menschen werden in der G.folge unterschieden: Großeltern, Eltern, Kinder, Enkel. – Genealogie.

- *Soziolog.* Die Gesamtheit der Altersgruppe, die ähnl. kulturelle und soziale Orientierungen, Einstellungen und Verhaltensmuster aufweisen und sich dadurch von anderen Altersgruppen abheben. **Generationskonflikte** als zw. Jugendlichen und Erwachsenen bestehende Spannungsprobleme (z.B. im Verhältnis Sohn/Tochter – Eltern, Schüler – Lehrer, Auszubildender – Ausbil-

der) äußern sich in verschiedenen Formen des jugendl. Protests. Sie werden im wesentl. durch Ablösungsprozesse der jeweils jüngeren G. von den Lebensstilen und Werten der älteren bestimmt und können als Autoritätskonflikte interpretiert werden, bei denen eine vom Lebensalter und entsprechenden Erfahrungen hergeleitete Autorität von den nachdrängenden Jugend-G. nicht mehr kritiklos anerkannt wird.

Zit. nach: Meyers Großes Taschenlexikon in 24 Bänden, Bd. 8, 4. Aufl., Mannheim 1992 (Bibliografisches Institut und F. A. Brockhaus), S. 79.

**M2  Der ehemalige Student W. Z. (Jg. 1921) erinnert sich:**

Ich darf vorausschicken, dass wir beide, die wir Ihnen jetzt gegenübersitzen, der Generation angehören, die das Kriegsende eigentlich noch in Verbindung mit unserer elterlichen Familie erlebt haben. Wir haben damals studiert,
5 meine Frau Medizin und ich Jura. Mein Studium wurde in der Zeit von 1941 bis eben '45 unterbrochen durch den Kriegsdienst. Als wir wieder nach Münster kamen, da waren wir noch nicht mit dem Studium fertig.
(…) Ich hatte unmittelbar nach dem Kriege überlegt: Lohnt
10 es sich für dich als Kriegsheimkehrer, 24 Jahre alt, überhaupt noch zu studieren? Das änderte sich aber bald, als die Universität Münster wiedereröffnete oder wiedereröffnet zu haben schien. Da war ich selbstverständlich sofort wieder dabei. Ich habe mich auch sofort, zumal ich 1940
15 zwei Trimester studieren konnte, wieder einschreiben lassen. Das ging auch sehr gut. Erstens war man schon mal Student gewesen, zweitens war man Kriegsteilnehmer, und drittens, das war vielleicht das Wichtigere, war man engagiert beim Wiederaufbau der Universität. Ich mel-
20 dete mich bei den Dekanen der Universität, bei Professor Kratzer, dem damaligen Prorektor, und habe auch sofort mitgearbeitet beim Wiederaufbau der Juristischen Fakultät, dem Juristischen Seminar, der Juristischen Bibliothek. Wir haben Bücher aus einem Bergwerk in Recklinghausen
25 wiedergeholt, die Bibliothek und das Seminar aufgebaut. Dann ging es auch Ende November bereits mit den ersten Vorlesungen los. (…)
Wir hatten gelegentlich unsere Schwierigkeiten innerhalb der Studentenschaft, aber weniger unter den älteren
30 Semestern, zu denen ich bereits aufgrund meines Alters gehörte, als mit den Neuhörern, den jungen Hörern, die nun gar nicht im Krieg gewesen waren. Die kamen nun in die Universität, rückten ein, und hatten, schon aufgrund ihres Alters oder der Tatsache, dass sie dieses Erlebnisbild
35 des verlorenen Krieges nicht mitbrachten, natürlich andere Vorstellungen. Ich kann mich an eine Episode sehr gut erinnern. Ich darf sie vielleicht hier erwähnen. Da wurde ein Student im Dienstwagen seines Vaters, der damals ein namhafter Mann des öffentlichen Lebens war, mit Chauf-
40 feur zur Universität gefahren. Das war schon eine Provokation für all diejenigen, die da zu Fuß und in alten Uniformen ankamen. Dieser Student kam in den Hörsaal, der schon ziemlich voll war, und setzte sich in die erste Bank. Die erste Bank war aber, das zeigten auch Schilder, freige-
45 halten für die Kriegsversehrten unter uns. Das hatten wir auch vom AStA organisiert. Der setzte sich dahin und ließ

Studenten der Universität Münster beim »Wiederaufbaudienst«, ca. 1946. Universitätsarchiv Münster, Fotosammlung Nr. 1, Nr. 984.

sich nicht bewegen, Platz zu machen. Als ihm gesagt wurde, er möchte doch mal aufstehen, das wären Plätze für die schwer Kriegsversehrten, da erdreistete er sich zudem zu
50 der Bemerkung, das wären die letzten Zuckungen des Militarismus, da würde er nicht weichen. Sie können sich vorstellen, was das für einen Aufbruch der Emotionen gegen diesen Studentenlümmel, wie wir ihn nannten, gegeben hat. Der wurde beinahe gelyncht. Das als eine Bemerkung
55 am Rande, die ich machen möchte, um zu sagen, worum es eigentlich beim AStA und bei den Studenten damals ging. Sie haben das vorhin mit dem richtigen Terminus technicus des Generationenkonflikts bezeichnet, obwohl die Generationen ja ganz eng ineinander waren. Das waren nur
60 Jahresringe. Die waren nur fünf Jahre jünger als wir, die da kamen. Aber es waren eben Studenten zur damaligen Zeit in den ersten Semestern, die sich im Wesentlichen aus Altersjahrgängen beziehungsweise Altersgruppen von 22 bis 28 Jahren zusammensetzten. Das ist eine solch große
65 Spanne, dass es zwischen denen und den noch jüngeren, die also gar nicht im Krieg gewesen waren, eben diese Spannungen gab.

Zit. nach: Jakobi, Franz-Josef/Link, Roswitha (Hg.): Geschichte im Gespräch. Kriegsende 1945 und Nachkriegszeit in Münster. Berichte von Zeitzeuginnen und Zeitzeugen, Münster 1997 (agenda), S. 212 ff.

# »Musste regelmäßig in die Kirche«
## Das Generationenverhältnis im Spiegel von Umfragen

### Stundenschwerpunkt

Die Schüler beschäftigen sich anhand von Umfrageergebnissen aus den 1950er und 1980er Jahren mit Konfliktthemen zwischen Eltern und Kindern in Westdeutschland. Neben der inhaltlichen Auseinandersetzung stehen die Methoden der empirischen Sozialforschung im Blickpunkt.

### Bearbeitungsvorschläge

• Lesen Sie M1 und M2. Geben Sie die Inhalte der Statistiken in eigenen Worten wieder.

• Vergleichen Sie die beiden Tabellen. Welche Gemeinsamkeiten, welche Unterschiede bestehen zwischen den befragten Altersgruppen?

• Diskutieren Sie, ob die Liste in M2 vollständig ist. Fehlen Ihnen Nennungen für Ihre Konflikte mit den Eltern heute?

• Interpretieren Sie die Tabelle M3. Was sagen die Ergebnisse über die Erziehungsleitbilder in der BRD zwischen 1951 und 1983 aus?

• Gibt es einen Zusammenhang zwischen den Erziehungsleitbildern und den Konfliktanlässen in den Familien (M1 und M2)?

• Beschreiben Sie, was Sie über die methodische Anlage der drei Umfragen erfahren. Diskutieren Sie die Aussagefähigkeit der drei Statistiken.

### Weiterführende Aufgaben / Projektideen

• Die Schüler erarbeiten Themen, zu denen sie Menschen unterschiedlicher Generationen befragen möchten. Sie entwickeln einen eigenen Fragebogen und führen eine Umfrage durch, die sie nach Altersgruppen auswerten. Ihre Ergebnisse präsentieren sie Menschen aus den befragten Generationen und diskutieren sie zusammen.

### Haken und Ösen

Bei einer eigenständigen Umfrage der Schüler können keine repräsentativen Ergebnisse angestrebt werden, vielmehr sollen erste Erfahrungen mit der empirischen Sozialforschung gemacht werden.

### Antworten / Hintergründe

Repräsentative Umfrageergebnisse über Werte, Verhalten und Einschätzungen von Jugendlichen in Deutschland liefert seit den 1950er Jahren die vom gleichnamigen Konzern gesponserte »Shell-Jugendstudie«. In unregelmäßigen Abständen werden Werte und Einstellungen Jugendlicher zwischen 12 und 25 abgefragt, ausgewertet und als Buch veröffentlicht. Die Shell-Studie aus dem Jahr 1985 stand unter dem Motto »Generationen im Vergleich«.

Die vorgestellten Befragungsergebnisse zeigen, dass die Erziehung in den 1980er Jahren im Vergleich zu den 1950ern freier und demokratischer geworden ist, andererseits z.B. das »Ausgehen« bzw. das Engagement für die Schule durchgängig zu Konflikten zwischen Eltern und Kindern führten. Die methodischen Anlagen für die drei Tabellen sind unterschiedlich, dies schränkt die Interpretationsmöglichkeiten der Ergebnisse leicht ein. M1 präsentiert die Ergebnisse zweier offen gestellter Fragen; die Antworten wurden von den Sozialforschern codiert, d.h. nach inhaltlich ähnlichen Kategorien zusammengefasst und ausgezählt. Der hohe Wert »Durfte mich nicht rechtfertigen« steht in engem Zusammenhang mit der Formulierung einer der Fragen: »An welchem Punkt gerieten Sie am ehesten mit den Eltern aneinander? Konnten Sie dabei auch widersprechen?« Bei M2 und M3 wählten die Befragten (bei M2: nur Mädchen!) aus einer fertigen Liste ihre Antworten aus.

### Literatur

Friebertshäuser, Barbara: Meinungsumfragen. Die Magie der Zahlen. In: Dittmer, Lothar / Siegfried, Detlef (Hg.): Spurensucher. Ein Praxisbuch für historische Projektarbeit. Überarb. und erw. Neuauflage, Hamburg 2005 (edition Körber-Stiftung), S. 91–113.

www.shell-jugendstudie.de (Stand: März 2006).

## M1 Erinnerungen an Verbote und Konflikte im Elternhaus

Jugendliche zwischen 18 und 22 Jahren (1950) –
Mehrfachnennungen (n = 444)

| | % |
|---|---|
| Musste früh und pünktlich nach Hause | 51 |
| Durfte sich nicht rechtfertigen | 46 |
| Musste schon früh im Haushalt mithelfen | 36 |
| Musste regelmäßig zur Kirche gehen | 32 |
| Fühlbare Überwachung | 23 |
| Musste Schularbeiten unter Kontrolle machen | 22 |
| Keine Beschäftigung der Eltern mit den Kindern | 19 |
| Musste Schularbeiten zu bestimmter Zeit machen | 16 |
| Durfte nur wenig spielen | 12 |
| Musste immer auf die Kleidung achten | 11 |
| Musste früh und pünktlich ins Bett | 11 |
| Übertriebene Fürsorge und Ängstlichkeit der Eltern | 10 |
| Musste alles essen | 10 |
| Durfte sich nicht mit Geschwistern streiten | 9 |
| Besonders wenig Freiheiten | 9 |
| Musste auf Ordnung und Sauberkeit in der Wohnung achten | 9 |
| Durfte nur mit ausgesuchten Kindern spielen | 7 |
| Durfte nur im Hof oder in der Stube spielen | 7 |
| Durfte nicht aus Rufweite weglaufen | 6 |
| Durfte nie zu Veranstaltungen gehen | 6 |
| Musste auf die kleinen Geschwister achten | 6 |
| Musste streng auf äußere Formen achten | 5 |
| Durfte nicht lügen | 5 |

Die Aufstellung basiert auf der Vercodung offen gestellter Fragen.
Insbesondere wurden berücksichtigt: »Besondere Freiheiten und Verbote
im Vergleich zu anderen Kindern: Gab es auch besondere Dinge, die Sie
tun durften, aber andere Kinder nicht?« – »Besondere Konfliktpunkte:
An welchem Punkt gerieten Sie am ehesten mit den Eltern aneinander?
Konnten Sie dabei auch widersprechen?«

Aus: Jugendwerk der Deutschen Shell (Hg.): Jugendliche und Erwachsene
'85. Generationen im Vergleich. Band 3: Jugend der fünfziger Jahre –
heute, Frankfurt a. M. 1985 (Leske + Budrich), S. 104.

## M2 Themen der Probleme mit Eltern

Mädchen 1982 (15–19 Jahre)

»Wenn du Probleme mit deinem Vater oder deiner Mutter hast, worum geht es dann?« (Liste)

| | % |
|---|---|
| Ums Weggehen, weil ich zu wenig zu Hause bin | 51 |
| Um mein Verhalten: Weil sie finden, dass ich zu schlampig bin / mein Zimmer zu wenig aufräume | 49 |
| Um mein Verhalten: Dass ich ihnen zu frech bin | 46 |
| Um Hausarbeit oder um das Aufpassen auf kleinere Kinder | 45 |
| Ums Nachhausekommen, weil ich zu spät nach Hause komme | 40 |
| Um Freunde, die meine Eltern nicht mögen | 39 |
| Um meine Zukunft: Dass ich die Schule / Ausbildung angeblich zu wenig ernst nehme | 37 |
| Um Geld: Dass ich zu viel Geld ausgebe | 37 |
| Um Kleidung: Weil sie finden, dass ich zu wenig Wert auf meine Kleidung lege | 34 |
| Ums Zigarettenrauchen | 31 |
| Um Jungens: Meine Eltern haben kein Vertrauen zu mir | 29 |
| Um die Kleidung: Dass ich keine Röcke anziehen will | 24 |
| Um meine Einstellung: Dass ich mich angeblich für nichts interessiere | 22 |
| Um meine Ansichten: Dass ich ihnen zu radikal bin | 20 |
| Ums Fernsehen: Dass ich angeblich zu viel vor der Glotze sitze | 19 |
| Um Geld: Weil ich immer zu wenig Geld bekomme | 18 |
| Um Jungens: Meine Eltern meinen, dass ich zu weit gehe | 18 |
| Um Alkohol | 11 |
| Um Tabletten / Drogen | 9 |

Aus: Ebd., S. 119.

## M3 Entwicklung der Erziehungsleitbilder in der Bevölkerung 1951 bis 1981 (BRD)

Angaben in Prozent

| | Gehorsam und Unterordnung | Ordnungsliebe und Fleiß | Selbstständigkeit und freier Wille | Sonst. Antworten / keine Antworten | |
|---|---|---|---|---|---|
| 1951 | 25 | 41 | 28 | 6 | 100 |
| 1954 | 28 | 43 | 28 | 6 | 105 |
| 1957 | 25 | 48 | 32 | 8 | 113 |
| 1964 | 25 | 45 | 31 | 7 | 108 |
| 1965 | 19 | 53 | 31 | 5 | 108 |
| 1967 | 25 | 48 | 37 | 5 | 115 |
| 1969 | 19 | 45 | 45 | 7 | 116 |
| 1972 | 14 | 37 | 45 | 4 | 100 |
| 1974 | 17 | 44 | 53 | 5 | 119 |
| 1976 | 10 | 41 | 51 | 0 | 102 |
| 1978 | 12 | 46 | 48 | 1 | 107 |
| 1979 | 11 | 43 | 44 | 3 | 101 |
| 1981 | 8 | 38 | 52 | 2 | 100 |
| 1983 | 9 | 38 | 49 | 4 | 100 |

Quelle: Emnid-Informationen

Fragetext: »Auf welche Eigenschaften sollte die Erziehung der Kinder vor allem hinzielen:
Gehorsam und Unterordnung, Ordnungsliebe und Fleiß oder Selbstständigkeit und freien Willen?«
(mit Ausnahme einiger Jahre waren Mehrfachnennungen zugelassen)

Aus: Ebd., S. 208.

# »Generation ist ...«
## Zum Konzept eines Begriffs

### Stundenschwerpunkt

Im Mittelpunkt der Stunde steht der Begriff der »Generation«. Anhand von Textquellen aus Wissenschaft und Literatur erarbeiten sich die Schüler, was unter einer Generation verstanden werden kann, und diskutieren die Bedeutung der Generationenfolge für gesellschaftlichen Wandel.

### Bearbeitungsvorschläge

- Lesen Sie **M1**. Wie definiert Dilthey eine Generation?
- Stellen Sie dar, wie Illies in **M2** die »Generation Golf« charakterisiert. Berücksichtigen Sie auch das Buchcover.
- Beziehen Sie den letzten Satz aus **M1** auf **M2**. Würde Dilthey die von Illies »charakterisierten«, zwischen 1965 und 1975 Geborenen als »Generation« bezeichnen? Würden Sie es tun?
- Untersuchen Sie, welche Kennzeichen der Soziologe Mannheim der Gesellschaft seiner Zeit zuweist (**M3**). Diskutieren Sie, ob diese auch für heute Gültigkeit besitzen.
- Eine Gesellschaft ohne Wandel der Generationen? Übernehmen Sie Mannheims Gedankenexperiment aus **M3**, und erörtern Sie in Gruppen die Auswirkungen einer Generationenfolge auf Individuen und auf die Gesellschaft.

### Weiterführende Aufgaben / Projektideen

- Die Schüler recherchieren in aktuellen Sachbüchern, Zeitungen und politischen Journalen, in welchen Zusammenhängen der Generationenbegriff heute verwendet wird und welche Aussagen ihm zugeordnet werden.
- Die Schüler befragen Angehörige gleicher oder unterschiedlicher Altersgruppen nach dem Verständnis ihrer Generationenzugehörigkeit, nach Gemeinsamkeiten mit und Unterschieden zu Gleichaltrigen oder nach Konflikten zwischen den Generationen.

### Haken und Ösen

Der Text von Illies ist eine ironisierte Darstellung von vermeintlich allgemeinen Alltagserfahrungen und Prägungen in der Kindheit seiner Altersgenossen, mit der er sie charakterisiert und kritisiert. Diesen literarischen »Kunstgriff« sollten die Schüler erkennen.

### Antworten / Hintergründe

Mit dem Begriff »Generation« werden nicht nur im öffentlichen, sondern auch im wissenschaftlichen Diskurs verschiedene Phänomene bezeichnet. Dem vorliegenden Material liegt eine Definition zugrunde, die sich auf gesellschaftliche Gruppen bezieht und von kollektiven Erfahrungen bei Gleichaltrigen ausgeht, welche Gemeinsamkeiten erzeugen. Generationen sind demnach gesellschaftlich-kulturelle Gebilde. Neben der Zugehörigkeit zu einem Geburtsjahrgang stellt sich die Frage nach identitätsprägenden Erlebnissen von altersspezifischen Erfahrungsgemeinschaften und deren Bedeutung. Damit geraten dann Prozesse der Gruppenbildung, die sich in unterschiedlichen (auch zeitgleichen) Generationsstilen spiegeln, in den Blick. Aus unterschiedlichen Erfahrungen und Prägungen speisen sich auch Generationenkonflikte, die der Soziologe Karl Mannheim als Motor gesellschaftlichen und sozialen Wandels betrachtet.

Im Jahr 2000 veröffentlichte der 29-jährige Florian Illies sein Erstlingswerk »Generation Golf«, in dem er ein Porträt der zwischen 1965 und 1975 Geborenen vorlegte. In seinem Text beschreibt er sie als materiell und unpolitisch.

### Literatur

Daniel, Ute: Generationengeschichte. In: Dies.: Kompendium Kulturgeschichte. Theorien, Praxis, Schlüsselwörter, Frankfurt a.M. 2001 (Suhrkamp), S. 330–345.

Jureit, Ulrike / Wildt, Michael (Hg.): Generationen. Zur Relevanz eines wissenschaftlichen Grundbegriffs, Hamburg 2005 (Hamburger Edition).

**M1 Der Philosoph Wilhelm Dilthey (1833–1911) über den Begriff der Generation, 1875**

Generation ist alsdann eine Bezeichnung für ein Verhältnis der Gleichzeitigkeit von Individuen; diejenigen, welche gewissermaßen nebeneinander emporwuchsen, das heißt ein gemeinsames Kindesalter hatten, ein gemeinsames
5 Jünglingsalter, deren Zeitraum männlicher Kraft teilweise zusammenfiel, bezeichnen wir als dieselbe Generation. Hieraus ergibt sich dann die Verknüpfung solcher Personen durch ein tieferes Verständnis. Diejenigen, welche in den Jahren ihrer Empfänglichkeit dieselben leitenden
10 Einwirkungen erfahren, machen zusammen eine Generation aus. So gefasst, bildet eine Generation einen engeren Kreis von Individuen, welche durch Abhängigkeit von denselben großen Tatsachen und Veränderungen, wie sie in dem Zeitalter ihrer Empfänglichkeit auftraten, trotz
15 der Verschiedenheit hinzutretender anderer Faktoren zu einem homogenen Ganzen verbunden sind.

Zit. nach: Dilthey, Wilhelm: Über das Studium der Geschichte der Wissenschaften vom Menschen, der Gesellschaft und dem Staat. Zit. nach: Gesammelte Schriften. Bd. 5., 6. Aufl., Stuttgart 1974 (Teubner), S. 31–73, hier S. 37.

 **M3 Der Soziologe Karl Mannheim (1893–1947) über die gesellschaftliche Bedeutung des Generationswechsels, 1928**

Welche strukturellen Momente gerade durch das Generationsphänomen im Leben und Erleben gestiftet werden, kann man sich am klarsten vergegenwärtigen, wenn man sich gedanklich experimentierend fragt, wie würde
5 menschlich gesellschaftliches Leben aussehen, wenn eine Generation ewig leben und keine weitere Generationsfolge stattfinden würde. Einer solchen utopisch konstruierten menschlichen Gesellschaft gegenüber ist die unsrige charakterisiert:
10 a) durch das stete Neueinsetzen neuer Kulturträger;
  b) durch den Abgang der früheren Kulturträger;
  c) durch die Tatsache, dass die Träger eines jeweiligen Generationszusammenhanges nur an einem zeitlich begrenzten Abschnitt des Geschichtsprozesses partizi-
15  pieren;
  d) durch die Notwendigkeit des steten Tradieren (Übertragens) der akkumulierten Kulturgüter;
  e) durch die Kontinuierlichkeit des Generationswechsels.

Zit. nach: Mannheim, Karl: Das Problem der Generationen. In: Wolff, Kurt H. (Hg.): Karl Mannheim: Wissenssoziologie. Auswahl aus dem Werk, Berlin 1964 (Luchterhand), S. 509–565, hier S. 530.

 **M2 Florian Illies, geb. 1971, über die zwischen 1965 und 1975 geborene »Generation Golf«**

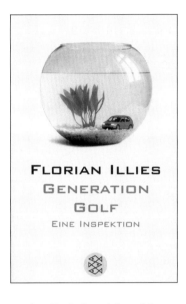

Auch ansonsten war es sehr unpraktisch, in jenen Jahren jung zu sein. Denn die achtziger Jahre waren mit Sicherheit das langweiligste Jahrzehnt des 20. Jahrhunderts. Kein Wunder, dass das Spielen mit dem Jo-Jo in den Pausen so beliebt war. Und dass das Computerspielzeitalter mit einem Spiel anfing, für das man fast schon stoische Qualitäten brauchte:
20 Zwei weiße Stäbe spielten sich unter elektronischem Wimmern ein weißes Klötzchen hin und her, das Ganze hieß Tennis, man konnte es am Fernseher spielen, und wenn man nicht gerade Schwierigkeitsstufe 10 eingestellt hatte, konnte man dabei einschlafen. Aber so war eben jene Zeit.
25 Es ging allen gut, man hatte kaum noch Angst, und wenn man den Fernseher anmachte, sah man immer Helmut Kohl. Nicole sang ein bisschen Frieden, Boris Becker spielte ein bisschen Tennis, Kaffee hieß plötzlich Cappuccino, das war's auch schon. Die achtziger Jahre waren wie eine gi-
30 gantische Endlosschleife. Raider heißt jetzt Twix, sonst änderte sich nix. Wenn man Musik hörte, gab es statt neuer Singles nur Maxisingles der bekannten Lieder. Und wenn man ins Kino ging, gab es statt neuer Filme nur neue Versionen: Rambo I, Die unendliche Geschichte II, Zurück in
35 die Zukunft III, Rückkehr der Jedi-Ritter IV und so weiter. Noch ahnte man nicht, dass man einer Generation angehörte, für die sich leider das ganze Leben, selbst an einem Montag, anfühlte wie die träge Bewegungslosigkeit eines gut gepolsterten Sonntagnachmittags. Ja, noch ahnte man
40 nicht einmal, dass man überhaupt einer Generation angehörte. (…)
Die Vorgängergeneration hat, wenn ich mich recht erinnere, den lieben langen Tag lang demonstriert. Wahrscheinlich fanden wir es deshalb von Anfang an doof. Ich
45 weiß noch, wie albern ich mir vorkam, als ich an einem fürchterlich kalten Februartag durch die Stadt zog, weil die Schülervertretung es irgendwie nicht gut fand, dass die CDU-Landesregierung einen CDU-Mann zu unserem Schulleiter gemacht hatte, obwohl es eigentlich Herr Ließmann
50 werden sollte. Ich fand es einfach keine besonders tolle Kommunikationsform, wenn man mit vielen hundert Leuten auf die Straße geht und mit Kehrreimen beschriebene Leinentücher mit sich herumträgt, nur damit der Fotograf der Heimatzeitung kommt. Wahrscheinlich hat wieder Ha-
55 rald Schmidt Recht, der bemerkte, dass unsere Generation allein deshalb mit dem Demonstrieren aufgehört habe, weil sie es zu kalt dafür findet.

Zit. nach: Illies, Florian: Generation Golf. Eine Inspektion, 10. Aufl., Frankfurt a. M. 2003 (S. Fischer Verlag GmbH), S. 15f, 163.

# »Es war einmal ein steinalter Mann ...«
## Vom Umgang mit Alten in der Familie

### Stundenschwerpunkt

Die Schüler setzen sich anhand einer Geschichte der Brüder Grimm damit auseinander, wie verschiedene Generationen innerhalb einer Familie miteinander umgehen.

### Bearbeitungsvorschläge

- Erzählt die Geschichte nach. Besprecht, wie Junge und Alte in dieser Geschichte miteinander umgehen.

- Was erfahrt ihr über den Großvater? Überlegt, wie er sich in seiner Situation fühlt.

- Lest, warum der Junge ein Holzschälchen für später anfertigt. Wie findet ihr sein Verhalten?

- Könnt ihr verstehen, dass die Eltern nicht mehr mit dem alten Großvater am Tisch sitzen möchten? Diskutiert über ihr Verhalten.

- Die vorliegende Geschichte wurde 1812 aufgeschrieben, sie ist über 200 Jahre alt. Könnt ihr euch vorstellen, dass solche Situationen heute in Familien ähnlich vorkommen? Begründet eure Meinungen.

### Weiterführende Aufgaben / Projektideen

- Die Schüler vergleichen den Umgang mit (Ur-)Großeltern innerhalb der Klasse. Wie häufig sind Kontakte zur älteren Generation? Was passiert mit Verwandten, die Pflegefälle werden?

- Sie sammeln Informationen zum Umgang mit alten Menschen heute, auch über ihre eigenen Familien hinaus.

- Die Schüler informieren sich z.B. in einem Seniorenheim sowohl bei der Heimleitung als auch bei Bewohnern darüber, wie alte Menschen mit fehlender Nähe zu Familie und Verwandten umgehen.

### Haken und Ösen

In den Arbeitsaufträgen wurde statt der Gattungsbezeichnung »Märchen« der Begriff »Geschichte« gewählt, da die Kinder mit einem Märchen vermutlich andere Inhalte verbinden.

Die moralische Bewertung in der Geschichte ist eindeutig. Um eine starke Verurteilung heutiger Verhaltensweisen zu verhindern, sollte der Wandel der sozialen Zusammenhänge in den letzten 200 Jahren sichtbar gemacht und z.B. der Aspekt der reinen Pflege (die wohl kaum noch Familien selbst leisten) von der Frage nach emotionaler Nähe getrennt werden. Um eine vergleichbare (gesundheitliche) Situation des »steinalten« Großvaters anzutreffen, muss eher nach Urgroßeltern als nach Großeltern gefragt werden.

### Antworten / Hintergründe

Der vorliegende Text konfrontiert den Leser mit der bedingungslosen Liebe in der Eltern-Kind-Beziehung. Die immanente Moral lautet, dass für Kinder die Schuldigkeit besteht, sich für ihre Eltern einmal genauso aufopfernd einzusetzen, wie diese es während des Aufwachsens ihrer Kinder gewöhnlich taten. Indem der Sohn sofort das Verhalten seiner Eltern nachahmt, erkennen diese, dass sie in der Tradition einer Generationenfolge stehen, in der ihr eigenes Verhalten später auf sie zurückgeworfen wird.

Anders als früher ist es heute beinahe selbstverständlich geworden, sich mit einem Lebensabend in fremder Pflege abzufinden. Manchmal ist dies auch gekoppelt mit dem Wunsch, den eigenen Kindern nicht zur Last zu fallen. Es wird stärker versucht, emotionale und physische Bedürfnisse zu trennen.

Die Sammlung »Kinder- und Hausmärchen« der Brüder Jacob (1785–1863) und Wilhelm Grimm (1786–1859) erschien erstmals 1812. Jacob und Wilhelm waren die beiden ältesten von insgesamt sechs Geschwistern. Jacob als der Älteste musste bereits mit elf, als der Vater starb, die Rolle des Familienoberhaupts übernehmen – zu einer Zeit, in der Familien weitgehend allein für die soziale Absicherung ihrer Mitglieder zuständig waren.

**M1** **Brüder Grimm**
Der alte Großvater und sein Enkel

Es war einmal ein steinalter Mann, dem waren die Augen trüb geworden, die Ohren taub, und die Knie zitterten ihm. Wenn er nun bei
Tische saß und den Löffel kaum halten konnte, schüttete er Suppe
auf das Tischtuch, und es floss ihm auch etwas wieder aus dem Mund.
5  Sein Sohn und dessen Frau ekelten sich davor, und deswegen musste
sich der Großvater endlich hinter den Ofen in die Ecke setzen, und sie
gaben ihm sein Essen in ein irdenes Schüsselchen und noch dazu nicht
einmal satt; da sah er betrübt nach dem Tisch und die Augen wurden
ihm nass. Einmal auch konnten seine zittrigen Hände das Schüssel-
10  chen nicht fest halten, es fiel zur Erde und zerbrach. Die junge Frau
schalt, er sagte aber nichts und seufzte nur. Da kaufte sie ihm ein höl-
zernes Schüsselchen für ein paar Heller, daraus musste er nun essen.
Wie sie da so sitzen, so trägt der kleine Enkel von vier Jahren auf der
Erde kleine Brettlein zusammen. »Was machst du da?«, fragte der Va-
15  ter. »Ich mache ein Tröglein«, antwortete das Kind, »daraus sollen Vater
und Mutter essen, wenn ich groß bin.« Da sahen sich Mann und Frau
eine Weile an, fingen endlich an zu weinen, holten alsfort den alten
Großvater an den Tisch und ließen ihn von nun an immer mitessen,
sagten auch nichts, wenn er ein wenig verschüttete.

Zit. nach: Kinder- und Hausmärchen, gesammelt durch die Brüder Grimm. München 1949
(Winkler), S. 403 f.

Worterklärungen:

*irdenes Schüsselchen:*
einfaches Tonschüsselchen

*Tröglein:*
Töpfchen, Schüssel

Aus: Kinder- und Hausmärchen,
gesammelt durch die Brüder Grimm.
Mit den Zeichnungen von Otto Ubbelohde,
Lizenzausgabe Marburg 1922 (Elwert),
Reprint Frankfurt a. M. 1980
(insel Taschenbuch), S. 73.

# »Liebe Großmutter!«
## Großeltern und Enkel im 19. Jahrhundert

### Stundenschwerpunkt

Die Schüler versuchen, den Brief eines Achtjährigen von 1830 an seine Großmutter zu erschließen, und vergleichen diese Form der Kommunikation zwischen Enkel und Großeltern mit ihren eigenen Erfahrungen.

### Bearbeitungsvorschläge

• Versucht, die Schrift des Briefes (**M1**) zu entziffern. Die Schrifttafel (**M2**) kann dabei helfen. Sucht dafür zunächst in der Anrede und im ersten Satz nach Buchstaben, die mehrmals vorkommen, und unterstreicht sie mit der gleichen Farbe oder notiert euch den Buchstaben.

• Stellt dann ausgehend von Buchstaben, die ihr entschlüsselt habt, Vermutungen an, wie die einzelnen Wörter heißen können, und schreibt sie auf. Wenn ihr einen Buchstaben nicht herausgefunden habt, lasst an der betreffenden Stelle im Wort einfach eine Lücke.

• Lest anschließend den Satz, den ihr herausgefunden habt, laut vor und überlegt, ob er Sinn macht. Verfahrt mit dem zweiten Satz und dem Briefschluss genauso. Vergleicht in der Klasse eure Ergebnisse.

• Wer von euch hat schon einmal seinen Großeltern einen Brief geschrieben? Wie setzt ihr euch sonst mit euren Großeltern in Verbindung? Besprecht: Gibt es Gemeinsamkeiten mit **M1**? Was ist anders?

### Weiterführende Aufgaben / Projektideen

• Die Schüler befragen Erwachsene der Eltern- und Großeltern-Generation, was sie ihren Großeltern in Briefen geschrieben, erzählt und wie sie diese angeredet haben.

• Die Schüler erkundigen sich nach »Brieftraditionen« in der Familie und suchen nach alten Briefen, die die Beziehung zwischen den Generationen dokumentieren.

• Die Schüler sprechen mit Verwandten und Bekannten der Eltern- und Großeltern-Generation über den Stellenwert des Briefkontakts zwischen Enkeln und Großeltern oder zwischen Kindern und Eltern früher.

### Haken und Ösen

Das Entziffern des Briefes setzt auf die »detektivischen« Fähigkeiten der Kinder. Bei zu großen Schwierigkeiten muss der Lehrer helfen.

### Antworten / Hintergründe

Der Ton des Briefschreibers klingt sehr respektvoll, und er mutet heute eher befremdlich an. Er wird bestimmt durch den zeitgenössischen Kommunikationsstil, der in großbürgerlichen Kreisen gepflegt wurde, und durch deren Erziehungsvorstellungen, Denk- und Werthaltungen.

Adolf Hoffmann wurde 1822 als Sohn der Karoline Hoffmann (Tochter des Botanikers Karl Chr. Gmelin) und des Premier- bzw. Generalleutnants Friedrich Hoffmann in Karlsruhe geboren. Da seine Mutter starb, als er sieben Monate alt war, wurde er überwiegend von seinen Großeltern mütterlicherseits großgezogen. Sein Leben hat er in insgesamt 23 Alben dokumentiert, die sowohl Briefe als auch andere Erinnerungszeugnisse enthalten. Adolf Hoffmann wurde Arzt und lebte bis zu seinem Tod 1899 in Karlsruhe.

### Literatur

Ein kostenloses Lernprogramm für Sütterlin, eine gängige Schreibschrift aus der ersten Hälfte des 20. Jahrhunderts, für den Computer, »SLP 2000« der Universität Saarland, gibt es unter www.uni-saarland.de/~m.hahn/slp2000.htm (Stand: März 2006).

Aus: Hoffmann, Adolf: Erinnerungsblätter II – Aus Kinder- und Schulzeit 1822–1841;
Stadtarchiv Karlsruhe 7/N12/I.

## M2 Buchstabentabelle »Deutsche Kurrentschrift«

| A | B | C | D | E | F | G | H | I | J | K | L | M | N | O | P | Q | R | S | T | U | V | W | X | Y | Z |
|---|---|---|---|---|---|---|---|---|---|---|---|---|---|---|---|---|---|---|---|---|---|---|---|---|---|
|  |  |  |  |  |  |  |  |  |  |  |  |  |  |  |  |  |  |  |  |  |  |  |  |  |  |

| a | b | c | d | e | f | g | h | i | j | k | l | m | n | o | p | q | r | sß | t | u | v | w | x | y | z |
|---|---|---|---|---|---|---|---|---|---|---|---|---|---|---|---|---|---|---|---|---|---|---|---|---|---|
|  |  |  |  |  |  |  |  |  |  |  |  |  |  |  |  |  |  |  |  |  |  |  |  |  |  |  |

# »Mit jedem Kinde vermehrt sich der Verdienst«
## Leben einer Weberfamilie

### Stundenschwerpunkt

Die Schüler untersuchen, welche Rolle die Erwerbs-tätigkeit von Kindern für das Auskommen einer durchschnittlichen Weberfamilie im 19. Jahrhundert spielte, bei der Kinder nicht zur Sicherung der Altersversorgung, sondern zum Bestreiten des Lebensunterhaltes beitrugen.

### Bearbeitungsvorschläge

- Stellt aus den Angaben in **M1** bis **M3** je eine Haushaltabrechnung für eine fünfköpfige Familie auf, in der die Kinder unter 6, zwischen 6 und 14 und zwischen 15 und 18 Jahre alt sind.
- Überlegt, wie mögliche Überschüsse verwendet und Defizite ausgeglichen werden können.
- Diskutiert, welchen Einfluss die Eltern auf das Leben ihrer Kinder (Arbeitsalter, Arbeitstag, Schulbesuch, Freizeit, Heiratsalter etc.) nehmen werden.
- Analysiert auf der Basis eurer Ergebnisse aus **M1** bis **M3** den Realitätsgehalt von **M4**. Wie erklärt ihr euch die Diskrepanz?

### Weiterführende Aufgaben / Projektideen

- Die Schüler recherchieren, welche Form von Kinderheimarbeit es in ihrem Ort gab.
- Sie suchen alte Fotos, Zeichnungen, Stiche und Bilder von Kindern, die mitarbeiten mussten, um den Lebensunterhalt der Familie zu sichern, und erforschen deren Lebensumstände.

### Haken und Ösen

Wahrscheinlich benötigen die Schüler Hilfestellung bei der Einordnung des Brockhaus-Artikels, der sich an Leser aus einem anderen sozialen Milieu als die Weber richtet und dementsprechend ein bürgerliches Familienideal in den Mittelpunkt stellt.

### Antworten / Hintergründe

Mit der einsetzenden Industrialisierung gerieten immer größere Teile der Bevölkerung im 19. Jahrhundert in Abhängigkeit von Unternehmern und Fabrikherren. Weber waren Heimarbeiter, die ihre Webstühle im Handbetrieb bedienten. Sie erhielten Garn und Wolle von einem Großhändler und fertigten zu Hause auf ihrem Handwebstuhl Leinwand oder Wollstoffe. Die Konkurrenz einheimischer und britischer Waren, die bereits industriell produziert wurden, führte dazu, dass über Jahrzehnte hinweg die Arbeitsbedingungen und die Entlohnung der Weber immer schlechter wurden. Auch vermehrte Kinderarbeit und die Ausdehnung der täglichen Arbeitszeit konnten den Lohnverfall nicht ausgleichen. Schlesien und die Oberlausitz waren zum Zeitpunkt der statistischen Erhebung industriell geprägt, stark bevölkert und fast ausschließlich von Baumwoll- und Leinenwebern bewohnt. Vor dem Hintergrund dramatisch sinkender Verdienste entstand die statistische Erhebung von 1832. In den folgenden Jahren verschlechterte sich die wirtschaftliche Situation der Weberfamilien weiter. Am 4. Juni 1844 kam es zu einem Aufstand von 3000 schlesischen Webern gegen ihre Arbeitgeber.

### Literatur

von Hodenberg, Christina: Aufstand der Weber. Die Revolte von 1844 und ihr Aufstieg zum Mythos, Bonn 1997 (Dietz).

Lakemann, Ulrich: Familie und Lebensformen im Wandel, Freiburg 1999 (Lambertus).

Medick, Hans: Weben und Überleben in Laichingen 1650–1900. Lokalgeschichte als allgemeine Geschichte, Göttingen 1996 (Vandenhoeck und Ruprecht).

**M1** Aus einer Erhebung über die Verdienste und Bedürfnisse von Weberfamilien in der südlichen Oberlausitz im Königreich Sachsen, 1832

Der jährliche Verdienst [einer Weberfamilie] betrug daher bei dem Leinweber 60 Thaler und 16 Groschen, bei dem Baumwollenweber 65 Thaler. Wenn ein Kind spu-
5 len kann, welches ungefähr mit dem 6ten oder 7ten Jahre der Fall ist, so kann man seinen wöchentlichen Verdienst neben dem Schulbesuch auf ungefähr 3 Groschen, oder jährlich 6 Thaler und 12 Groschen an-
10 schlagen.

Mit jedem Kinde, welches dieses Alter erreicht hat, vermehrt sich daher der Verdienst der Familie um 6 Thaler und 12 Groschen jährlich, bis das erste Kind aus der
15 Schule kommt, und für dasselbe ein Wirkstuhl gesetzt wird.

Geht es ihm auch am Anfange nicht recht von Statten, so lernt sich doch das mechanische der gewöhnlichen Weberei sehr
20 bald, und man kann annehmen, daß das Kind im ersten Jahre schon halb so viel, im zweiten Jahre aber eben so viel wie der Vater verdient, wobei freilich sein früherer Verdienst als Spuler mit 6 Thaler und
25 12 Groschen in Wegfall kommt, doch kann es, weil die Geschäfte der Hauswirthschaft nicht auf ihm lasten, das Spulen für seinen Stuhl noch nebenbei besorgen. (…)

**M1–M3** zit. nach: Schmidt, Friedrich: Untersuchungen über Bevölkerung, Arbeitslohn und Pauperism in ihrem gegenseitigen Zusammenhange, Leipzig 1836, S. 296–300. Zit. nach: Kuczynski, Jürgen: Geschichte des Alltags des deutschen Volkes. Studien 3: 1810–1870, Köln 1981, S. 233f.

**M2** Repräsentativer Jahresverdienst einer Weberfamilie, 1832

| | |
|---|---|
| 1) Wenn noch kein Kind zum Spulen gebraucht werden kann,<br>• im Leinengeschäft<br>• im Baumwollgeschäft | • 60 Thlr. 16 Gr.<br>• 65 Thlr. |
| 2) Wenn ein Kind spulen kann,<br>• im Leinengeschäft<br>• im Baumwollgeschäft | • 67 Thlr. 4 Gr.<br>• 71 Thlr. 12 Gr |
| 3) Wenn zwei Kinder spulen können,<br>• im Leinengeschäft<br>• im Baumwollgeschäft | • 73 Thlr. 4 Gr.<br>• 78 Thlr. |
| 4) Wenn ein Kind die Schule verlässt und wirkt,<br>• im ersten Jahre,<br>  1. im Leinengeschäft<br>  2. im Baumwollgeschäft<br>• im zweiten Jahre,<br>  1. im Leinengeschäft<br>  2. im Baumwollgeschäft | <br><br>• 91 Thlr.<br>• 97 Thlr. 12 Gr.<br><br>• 121 Thlr. 8 Gr.<br>• 130 Thlr. |

**M3** Repräsentative Ausgaben einer fünfköpfigen Weberfamilie, 1832

| | |
|---|---|
| Getreide, Kartoffeln, Zugemüse, Salz, Butter, Tabak, Fleisch an den hohen Festen | • 31 Thlr. 5 Gr. |
| Wohnung, Holz, Beleuchtung | • 15 Thlr. |
| Kleidung | • 9 Thlr. |
| Unterhaltung des Werkzeuges | • 1 Thlr. 8 Gr. |
| Staats- und Gemeindeabgaben | • 0 Thlr. 21 Gr. |
| Schlichte* | • 3 Thlr. 6 Gr. |
| | Gesamt: 60 Thlr. 16 Gr. |

Zur Umrechnung: 1 Taler = 24 Groschen

\* *Schlichte:* Tinktur zum Glätten und Verfestigen der Kettfäden des Webstuhls

**M4** Artikel »Familie« aus dem Brockhaus von 1838

Familie nennt man im engsten Sinne die Vereinigung, welche zwischen den Ältern und ihren Kindern stattfindet, im weitern Sinne rechnet man auch sämmtliche Blutsverwandte mit zur Familie. Das Band der Liebe, welches diesen Verein umschließt, gehört zu den festesten und innigsten Verhältnissen, welche die Menschen aneinander ketten, es bildet die Grundlage unsers gesellschaftlichen Zustandes, auf welcher das Staatsgebäude mit Sicherheit aufgeführt werden kann. Die Familie ist das beste Beförderungsmittel der Sittlichkeit, nur in ihr ist die wahre Glückseligkeit und der innere Friede zu suchen. Sie ist das Ideal, dessen Verwirklichung, wenn sie möglich wäre, auch für den größern Verein des Staats die vollkommene Form abgeben würde. (…) Ein reines Familienleben kennt nicht den kalten Egoismus, welcher das Gedeihen der besten Einrichtungen so oft hindert, Einer steht für Alle und Alle für Einen, der Vortheil des Ganzen ist auch der des Einzelnen, und der des Einzelnen gereicht auch dem Ganzen zum Nutzen, Kummer und Leiden lindert das herzliche Mitgefühl und die thätige Unterstützung, Glück und Freude wird durch die Theilnahme nahestehender Personen verdoppelt, einzelne Vergehungen werden verziehen und der Fehlende durch Ernst und Milde auf den rechten Pfad zurückgeleitet. Eine christliche Familie bietet das Bild des tugendhaftesten Glückes und der beglückendsten Tugend dar, sie ist die beste Führerin zur Erreichung der menschlichen Bestimmung. Die Natur ist deshalb auch dem Menschen eine tiefe Sehnsucht nach diesem Zustande und ein lebendiges Gefühl für die Freuden desselben eingepflanzt, die Religion hat darüber ihre Weihe ausgegossen und der Staat erkennt darin die mächtigste Stütze seines Bestehens. (…)

Zit. nach: Bilder-Conversationslexikon für das deutsche Volk. Ein Handbuch zur Verbreitung gemeinnütziger Kenntnisse und zur Unterhaltung in 4 Bänden, Leipzig 1837–1841, autorisierter unveränderter Nachdruck 1994 (F. A. Brockhaus).

# »Ohne den strengen Blick des Vaters«
## Der Bund Deutscher Mädel als Gegengewicht zur Familie

### Stundenschwerpunkt

Anhand des Materials erarbeiten die Schüler, warum es für viele Mädchen attraktiv war, dem Bund Deutscher Mädel (BDM) als Teil der Hitler-Jugend (HJ) beizutreten, und wie im Nationalsozialismus die Rolle der Familie bei der Erziehung zurückgedrängt wurde.

### Bearbeitungsvorschläge

• Lest **M1**. Was gefiel den beiden Zeitzeuginnen am BDM?

• Welche Hinweise auf Konflikte zwischen Eltern und Töchtern liefern die Materialien? Nennt Gründe für die Konflikte.

• Ein Leitsatz der Nationalsozialisten lautete: »Wer die Jugend hat, hat die Zukunft.« Aus welchem Grund sollten alle Jungen und Mädchen in der HJ bzw. dem BDM zusammengefasst werden? Bezieht das Foto **M2** in eure Überlegungen ein.

### Weiterführende Aufgaben / Projektideen

• Die Schüler fragen Zeitzeugen nach persönlichen Erfahrungen mit dem BDM.

• Sie erkundigen sich, ob es in deren Umfeld Jugendliche gab, die nicht in der HJ oder dem BDM organisiert waren, und fragen nach den Gründen dafür.

• Sie informieren sich, wie in den 1930er und 1940er Jahren Erwachsene über HJ und BDM urteilten: Veränderten sich die Meinungen in diesem Zeitraum – wenn ja, in welche »Richtung« und warum?

• Die Schüler recherchieren im Archiv Quellenmaterial, das Auskunft gibt über Struktur, Aufgaben und Aktivitäten der lokalen HJ- und BDM-Gruppen.

### Haken und Ösen

Die Schüler müssen Vorwissen haben über den NS-Staat, die politische Instrumentalisierung der Kinder und Jugendlichen, die Ziele und Aufgaben, die sich für die Jugendorganisationen daraus ergaben, und über deren Betätigungsfelder.

### Antworten und Hintergründe

1926 wurde die HJ als NS-Jugendorganisation gegründet, 1930 entstand aus der »Mädchengruppe« der NSDAP der BDM, der 1931 der HJ zugeordnet wurde. Die zunächst noch formell freiwillige Mitgliedschaft wurde am 1. Dezember 1936 durch das »Gesetz über die Hitler-Jugend« und am 25. März 1939 durch die Einführung der »Jugenddienstpflicht« zur Zwangsmitgliedschaft. Die Zahl der HJ-Mitglieder stieg von rund 100 000 im Jahr 1932 auf 8,7 Millionen 1939. Die uniformiert auftretende und militärisch organisierte HJ, in der das Prinzip »Jugend wird von Jugend geführt« weitgehend verwirklicht wurde, gliederte sich nach Altersgruppen und Geschlecht. Die Rolle der Familie und der Schule als Erziehungsinstanzen wurde systematisch zurückgedrängt, um den nationalsozialistischen Erziehungsanspruch zu erfüllen.

Um die Mitgliedschaft gab es teilweise familiäre Auseinandersetzungen; Mädchen stießen bei ihren Eltern auf größeren Widerstand als Jungen. Denn die (traditionelle) Erziehung band die Mädchen stärker an häusliche Aufgaben; Aktivitäten außerhalb des Elternhauses wurden misstrauisch betrachtet, wenn nicht sogar reglementiert.

Viele Mädchen sahen im Beitritt zum BDM die Möglichkeit, sich den starren Konventionen des Elternhauses zu entziehen. Darüber hinaus lockten attraktive Angebote zur Freizeitgestaltung: Wandern, Zelten, Musik machen und Sport treiben.

### Literatur

Gisecke, Hermann: Vom Wandervogel zur Hitlerjugend. Jugendarbeit zwischen Politik und Pädagogik, München 1981 (Juventa).

Klaus, Martin: Mädchen im Dritten Reich. Der Bund Deutscher Mädel, 3., aktual. Aufl., Köln 1998 (PapyRossa).

Wir machten eine Fahrt, wir wanderten, wir machten eine Schnitzeljagd, wir veranstalteten eine Fuchsjagd. Das waren so Wald- und Feldspiele, wie man sie vielleicht heute gar nicht mehr so spielt, aber die massig Spaß machten. Und hinterher wurde dann auch irgendwo ein Lagerfeuer entfacht und ein ordentlicher Kessel Erbsensuppe aufgesetzt. Und dieses alles, dieses Neue, dieses freie In-der-Natur-sich-bewegen-Dürfen, ohne Zwang, ohne den strengen Blick des Vaters oder die Sorge der Mutter hinter sich zu spüren, dieses freie Selbstgestalten, das war es eigentlich, was sehr glücklich machte.

Erika Martin, zit. nach: »Glauben und rein sein ...« – Mädchen im BDM, WDR-Schulfernsehen, Oktober 1994. www.wissen.swr.de (Stand: März 2006).

Ich ging zum BDM. Das war die einzige Möglichkeit, mit Gleichaltrigen zusammen zu kommen, zu Spiel und Wandern. Meine Eltern waren nicht konform, vor allem Vater nicht. (...) Er machte kein großes Geheimnis aus seiner Ablehnung. (...) Ich genoss meine Stellung in der Familie als legitime Opposition und bemerkte, dass mein immer rechthabender Vater mit seinen nazifeindlichen Äußerungen sehr zurückhaltend wurde in meiner Gegenwart. Aber ich war weder fanatisch noch politisch interessiert, ich suchte Kameradschaft und Freiheit.

Zit. nach: Möding, Nori / v. Plato, Alexander: Siegernadeln. Jugendkarrieren in BDM und HJ. In: Bucher, Willi (Hg.): Schock und Schöpfung – Jugendästhetik im 20. Jahrhundert. Darmstadt 1986 (Luchterhand), S. 292–301, hier S. 293 f.

Aus: DHM, Berlin. Schorer 17 / 6.

# »Ein ungezogener Säugling«

## Empfehlungen für den Umgang mit den Kleinsten

### Stundenschwerpunkt

Mit Texten aus Säuglingspflegebüchern soll der empfohlene Umgang mit den Kleinsten in der Familie thematisiert werden. Am Beispiel unterschiedlicher Ratschläge zur Sauberkeitserziehung soll die Perspektive der Autoren auf Babys und Kleinkinder untersucht werden.

### Arbeitsaufträge

- Lest die Materialien, und vergleicht die Ratschläge miteinander. Stellt Gemeinsamkeiten und Unterschiede heraus. Wie beurteilt ihr die einzelnen Vorschläge zur Sauberkeitserziehung?

- Überlegt, was die Erziehungsratgeber über die Veränderungen der Eltern-Kind-Beziehung seit 1934 und über die Zeit ihrer Entstehung verraten können.

### Weiterführende Aufgaben / Projektideen

- Die Schüler befragen Mütter der Eltern- und Großeltern-Generation nach dem Familienalltag mit kleinen Kindern. Sie vergleichen die Ergebnisse untereinander und mit den Berichten von jungen Eltern heute.

- Die Schüler erkundigen sich bei Hebammen oder Elternschulen über aktuelle und historische Vorstellungen und Werte in der Säuglingspflege.

- Sie untersuchen vor Ort die Geschichte von Einrichtungen für Säuglinge und Kleinkinder wie z.B. Kinderhorte, Kinderheime etc. und den Umgang mit den Kleinsten in diesen Institutionen.

### Haken und Ösen

Die Schüler müssen erkennen, dass die Texte wenig über den tatsächlichen Umgang miteinander in den Familien aussagen können. Vielmehr geben sie Aufschluss über Grundannahmen von optimaler Erziehung und gelungenem Familienleben zu verschiedenen Zeiten.

### Antworten / Hintergründe

Die Ausschnitte aus den Säuglingspflegebüchern spiegeln den jeweiligen Zeitgeist in der Kindererziehung. Wurde während des Nationalsozialismus die reibungslose Einordnung in die Gemeinschaft, in diesem Fall in die Familie, als wichtiges Ziel definiert, traten Disziplin und Gehorsam als Erziehungsziele in den 1960er Jahren langsam zurück. Neben der zunehmenden Demokratisierung, die sich auch auf den Umgang innerhalb der Familien auswirkte, beeinflussten demografische und technische Entwicklungen den Familienalltag. Bevor Anfang der 1960er die ersten Papierwindeln auf den Markt kamen, war die hygienische Pflege von Säuglingen und Babys eine zeit- und kraftaufwändige Tätigkeit, die insbesondere bei einer großen Kinderzahl nur unter Mühen zu leisten war. Mit sinkenden Geburtenraten, technischen Hilfsmitteln wie der Waschmaschine und vielen weiteren Erleichterungen bei der täglichen Hausarbeit sank der Druck, jedes Kind möglichst früh »trocken« zu bekommen. Erziehungsmethoden wie Schläge oder auch das Festbinden werden inzwischen von Ratgebern wie von weiten Teilen der Bevölkerung als autoritär und kontraproduktiv für eine Erziehung zu selbstbewussten und angstfreien Menschen abgelehnt.

### Literatur

Ecarius, Jutta: Familienerziehung im historischen Wandel: eine qualitative Studie über Erziehung und Erziehungserfahrungen von drei Generationen, Opladen 2002 (Leske + Budrich).

**M 1** **Tipps zur Erziehung zur Sauberkeit, 1934**

Schon im ersten Lebensjahr muß Gewöhnung an Pünktlichkeit in der Nahrungsaufnahme, an Sauberkeit und bereits eine Art Gehorsam angestrebt werden, auf dem die weitere Erziehung des Kindes organisch weiterwachsen
5 kann. Ein ungezogener Säugling kann bei einer schwachen und launischen Mutter zu einem Tyrannen werden, der das gesamte Hauswesen schwer stört und schädigt. Ein vernünftig gehaltenes Kind läuft wie ein flinkes, blankes Rädchen im Uhrwerk eines wohlgeleiteten Haushalts mit,
10 es belebt das Hauswesen und bereichert den Familienkreis, es stört nirgends. (…)
Oft sind Kinder mit 2 Jahren noch immer nicht stubenrein, die Mutter ist der Verzweiflung nahe und weiß nach allen vergeblichen Versuchen keinen Rat mehr. Ich will daher
15 berichten, wie selbst hoffnungslos scheinende Fälle mit Ruhe und Konsequenz innerhalb einer dreitägigen Kur geheilt wurden. (…)
Die Mutter beobachtet (…) aufmerksam, bis das erste Geschäftchen auf dem Fußboden erscheint. Sie bedeutet
20 dann dem Kind eindringlich, daß das von nun ab unweigerlich ins Töpfchen gehört. Sie wischt die Pfütze auf und wringt sie ins Töpfchen, das deutlich sichtbar auf seinem

festen Platz in einer Ecke des Zimmers steht. Kommt wiederum ein Geschäftchen auf den Fußboden, so gibt's
25 augenblicklich einen recht fühlbaren Klaps aufs nackte Hinterteilchen. Beim geringsten Versuch des Kindes, der als »Meldung« gedeutet werden kann, wird nun das Kind sofort zum Töpfchen geführt. Gelingt ein sichtbarer und hörbarer Erfolg, so gibt es unter Loben und Streicheln ei-
30 nen Teelöffel Honig oder besonders beliebtes Obst. (…)
Wird das Kind mittags müde, so legt man es in sein Bettchen, das im »Kur-Raum« steht (…). Das Kind wird nicht zugedeckt, sondern weiter beobachtet. Wieder wird eine Nachlässigkeit durch einen kräftigen Klaps deutlich zum
35 Bewußtsein gebracht (…). Schon mit 9 Monate alten Kindern kann man je nach ihrer Begabung und ihrem Gesundheitszustand diese dreitägige Kur machen. (…)
Es [wäre] wünschenswert, daß in Heimen und Kindergärten unter berufener Leitung Kurstuben eingerichtet wür-
40 den, in denen überlastete Mütter ihre Kinder abliefern könnten, um sie nach einigen Tagen stubenrein zurückzuerhalten.

Zit. nach: Weber, Anni: Neuzeitliche Säuglingspflege und ihre Einfügung in Haushalt und Familie. 3. Aufl., Lindau 1941 (Kleine Kinder), S. 5, 73 ff.

 **M 2** **Tipps zur Erziehung zur Sauberkeit, 1956**

**Wenn das ältere Kind** frei und sicher im Bettchen sitzt, geht man dazu über, es auf den Topf zu setzen. Man nimmt dazu am besten einen Topf aus Emaille oder Plexiglas mit einem breiten Rand. Zuerst setzt man das Kind in eine Ecke des Bettchens, später auf den Fußboden. Ein Herumrutschen läßt sich durch Anbinden mit einer Windel oder einem Gurt am Bettpfosten vermeiden.

Aus: Uflacker, Hannah: Mutter und Kind.
26. Aufl., Gütersloh 1962 (Bertelsmann),
S. 179.

So hindert man Kinder am Herumrutschen

 **M 3** **Tipps zur Erziehung zur Sauberkeit, 2001**

### Das Kind lesen

Die Eltern sollten mit der Sauberkeitserziehung so lange zuwarten, bis ihnen ihr Kind signalisiert, dass es bereit ist, sauber und trocken zu werden. (…) Lässt sich die Eigeninitiative allenfalls durch frühzeitiges Training fördern? Die Zürcher Studien haben ebenfalls gezeigt, dass das Kind den Urin- und Stuhldrang nicht früher spürt, wenn es sehr früh und häufig auf den Topf gesetzt wird. Die Eigeninitiative tritt frühestens zwischen 12 und 18 Monaten, bei den meisten Kindern zwischen 18 und 36 Monaten auf. (…)

Für die Eltern ist nun der Zeitpunkt gekommen, die Sauberkeitserziehung in Angriff zu nehmen. Sie haben im Wesentlichen zwei Aufgaben: dem Kind Vorbilder zu geben und ihm zur Selbstständigkeit zu verhelfen.

Zit. nach: Largo, Remo H.: Babyjahre. Die frühkindliche Entwicklung aus biologischer Sicht, akt. Neuausgabe, München 2001 (Piper), S. 474.

# »... das hätte ich mir nicht ausgesucht«

## Mehr-Generationen-Familienbetriebe

### Stundenschwerpunkt

In dieser Stunde stehen Familienunternehmen im Mittelpunkt. Die Schüler fragen nach Belastungen und Konflikten, die mit der gemeinsamen Leitung bzw. der Übergabe des Betriebs an die nachfolgende Generation zu tun haben.

### Bearbeitungsvorschläge

- Fertigt Skizzen zur Leitungsgeschichte der beiden Unternehmen (**M1**) an.
- Arbeitet aus **M2** Schwierigkeiten des Mehr-Generationen-Familienbetriebs heraus.
- Diskutiert Chancen und Schwierigkeiten, die sich aus der jeweiligen Ausgangssituation für neue Firmenchefs ergaben. (**M1**, **M2**)
- Stellt dar, wie die Familienmitglieder in **M2** ihre Position in der Firma charakterisieren und werten.

### Weiterführende Aufgaben / Projektideen

- Die Schüler recherchieren, wie viele Familienbetriebe es an ihrem Wohnort gibt und wie lange bzw. über wie viele Generationen hinweg diese im Besitz der Familie sind.
- Sie erkundigen sich in den Unternehmen bzw. im kommunalen Archiv, wie dort der jeweilige Wechsel in der Firmenleitung erfolgte bzw. vorbereitet wurde und ob sich daraus Veränderungen im Betrieb ergaben.

### Antworten und Hintergründe

Etwa 75–80% aller Unternehmen im deutschsprachigen Raum sind Familienunternehmen. Sie erwirtschaften ca. 66% des Bruttoinlandsproduktes und stellen ca. 65% der Arbeitsplätze.

Als Familienunternehmen sollen dabei Unternehmen gelten, in denen eine Familie einen entscheidenden Einfluss auf die Firmenpolitik hat. Dabei unterscheiden sie sich von börsennotierten Aktiengesellschaften nicht unbedingt durch die Anzahl der Beschäftigten oder die Größe des Umsatzes, sondern vor allem durch die Unternehmenskultur. Zu ihren großen Problemen gehört stets die Frage der Nachfolge, weil dabei immer der Kontext Unternehmen und der Kontext Familie miteinander verknüpft sind. Die Wahrscheinlichkeit, Lösungen zu finden, die aus unternehmerischer Sicht »richtig« und aus familiärer Sicht »gerecht« sind, ist sehr gering.

Auch verändert sich die Problematik mit den Generationen: Die Gründer (z.B. nach dem Zweiten Weltkrieg) lassen sich häufig als »Patriarchen« charakterisieren: Unabhängigkeit und Autonomie, »das Sagen« zu haben, bilden für sie einen hohen Wert – häufig eine nicht unproblematische Ausgangssituation für ihre Kinder. In der dritten Generation entspannt sich dann oft die Lage, da mindestens ein Elternteil auch schon die Erfahrung des Nachfolgers gemacht hat. Nur etwa 3–4% der Familienunternehmen schaffen den Übergang von der zweiten zur dritten Generation, d.h., zu diesem Zeitpunkt wird erheblich häufiger verkauft als in der Generation zuvor.

### Literatur

Simon, Fritz B. (Hg.): Die Familie des Familienunternehmens. Ein System zwischen Gefühl und Geschäft, Heidelberg 2002 (Carl-Auer).

Ders. / Wimmer, Rudolf / Groth, Torsten: Mehr-Generationen-Familienunternehmen. Erfolgsgeheimnisse von Oetker, Merck, Haniel u.a., Heidelberg 2005 (Carl-Auer).

**M1** **Öffentliche Darstellung von Nachfolgeregelungen bei großen Firmen, 2006**

### Dr. Oetker

1891: Der junge Apotheker Dr. August Oetker (…) revolutioniert das Backen: [Er entwickelt] das Backpulver Backin. (…) 1916 fällt der Sohn des Firmengründers. 1918 stirbt Dr. August Oetker. (…) 1920 übernimmt Dr. Richard Kase-
5 lowsky, den die Witwe des Gründersohnes in zweiter Ehe geheiratet hat, die Führung des Unternehmens. (…) Rudolf August Oetker, der Enkel des Firmengründers, übernimmt die Unternehmensführung nach dem Tod seines zweiten Vaters Dr. Kaselowsky im Jahre 1944 und beginnt schon
10 kurz nach dem Krieg mit dem Wiederaufbau des Unternehmens. 1981 tritt Dr. h.c. August Oetker, Urenkel des Firmengründers, in das Unternehmen ein. Unter seiner Führung werden mehrere rechtlich selbstständige Unternehmenseinheiten zur heutigen Dr. August Oetker Nah-
15 rungsmittel KG zusammengeführt.

Zit. nach: http://www.oetker.de/wga/oetker/html/frameset/
ACIA-5FWC58.de.html (Stand: März 2006).

### Quelle-Versand (Familie Schickedanz)

Grete Schickedanz (1911–1994): Die gelernte Kauffrau begleitete von der Lehre bis zu ihrem Tod (…) den erfolgreichen Aufstieg eines kleinen Versandgeschäfts zu einer der größten Versandhandelsgruppen. [Sie] wirkte dabei an
5 der Seite ihres Mannes und Unternehmensgründers Gustav Schickedanz maßgeblich an der Ausgestaltung und Fortentwicklung von »Quelle« [gegr. 1927] mit. (…) 1942 [heiratete sie] Gustav Schickedanz, der 1929 in einem tragischen Verkehrsunfall Frau und Sohn verloren hatte. (…)
10 Nach dem Tod von Gustav Schickedanz im März 1977 kam es zu einer Umstrukturierung der Unternehmensführung, die nun einer »Gustav und Grete Schickedanz-Stiftung« übertragen wurde. (…) Auch nach ihrem vollständigen Rückzug aus den Führungsgremien 1993 blieb [sie] wei-
15 terhin persönlich haftende Gesellschafterin des Unternehmens. [Nach ihrem Tod] verblieb »Quelle« durch die alleinhaftende Komplementärin* der »Gustav und Grete Schickedanz-Stiftung« im Besitz der Familie. (…) Die Tochter aus Gustav Schickedanz' erster Ehe, Louise Dedi [geb. 1925],
20 und die gemeinsame Tochter Madeleine Bühler [geb. 1943] nehmen seither die Führungsinteressen wahr. Louise ist mit Hans Dedi verheiratet, der bis 1989 den Vorstandsvorsitz von »Quelle« innehatte. Dessen bis 1997 amtierender Nachfolger Wolfgang Bühler ist mit Madeleine verheiratet.
25 (…) Die Großaktionärin von KarstadtQuelle, Madeleine Schickedanz [sic!], baute im August 2005 ihren Mehrheitsanteil am Konzern um weitere 200 000 Euro aus.

Zit. nach: rasscass – WHO'S WHO (www.rasscass.com, Stand: März
2006).

* Komplementär: persönlich haftender Gesellschafter

**M2** **Probleme bei der Firmenübergabe am Beispiel eines mittelständischen Familienunternehmens**

Das Unternehmen der Familie Schubert ist ein größerer Dachdeckerbetrieb in Nordhessen. Es wird von zwei Brüdern, Klaus und Erich Schubert, geführt. Beide Ehefrauen, Sigrid und Gabriele Schubert, arbeiten im Büro des Betriebes. Die beiden Ehepaare nahmen an einem Seminar zu Systemaufstellungen für Familienunternehmen teil, einer Beratungsmethode, mit deren Hilfe Lösungen für Probleme in Familienunternehmen und Unternehmerfamilien gewonnen werden sollen.

### Klaus Schubert

Für mich hat sich jetzt folgende Frage gestellt – meine Frau ist seit 1999 im Betrieb, also noch nicht sehr lange –, ob das organisatorisch überhaupt so funktionieren kann. (…)
5 Was noch eine Frage ist – die kommt aber danach und ist nicht so brisant –, das ist die Frage der Nachfolge. Ich bin jetzt 56, und meine Kinder sind 23 und 20. Sie haben beide die Tendenz, nicht in den Betrieb zu gehen. So ist die Frage: Was kommt dann? Mein Vater hat das Geschäft von
10 seinem Vater übernommen. Er hat aber erst einen anderen Beruf erlernt und wurde regelrecht gedrängt, in den Betrieb einzusteigen. Mein Großvater hatte das Geschäft schleifen lassen, weil er feststellte, dass sein Sohn das Geschäft nicht übernimmt. Daraufhin ist mein Vater in den
15 Betrieb eingestiegen und dann die anderen beiden Brüder auch. Die Geschäftsleitung hatte aber nur mein Vater. Die anderen haben mitgearbeitet. (…) Ich habe mir natürlich auch selbst die Frage gestellt, ob es meine freie Entscheidung war [in den Betrieb einzusteigen]. Ich habe den Beruf
20 des Bankkaufmanns gelernt und bin dann später in den Betrieb eingestiegen, weil mein Vater es auch schwer hatte. Ich kann aber mit Sicherheit sagen, wenn ich nicht in dieser Familie mit diesem Betrieb geboren worden wäre, wäre ich nicht in das Zimmerhandwerk gegangen. Das kann ich
25 sagen. Das hätte ich mir nicht herausgesucht. Wobei … ich mache ja vorwiegend die kaufmännische Tätigkeit, und das war ja auch meine Richtung.

### Sigrid Schubert

Ich bin die Ehefrau. Ich bin am kürzesten im Betrieb, erst
30 drei Jahre. Ich hatte eigentlich nie vor, in den Betrieb einzusteigen. Ich kann mich daran erinnern, dass mein Schwiegervater gleich am Anfang gesagt hat: Die Frauen haben nichts im Betrieb verloren. (…)

### Gabriele Schubert

35 Was ich auch festgestellt habe, ist, dass mir, es liegt mir so am Herzen, dass die Leute, die bei uns arbeiten, sich bei uns wohl fühlen. Ich merk dann auch, dass die Stellung, die ich habe, einfach nicht ganz klar ist. Einmal bin ich Ehefrau, dann bin ich Angestellte, und er ist der Chef.
40 Dann sind wir Schwägerinnen, und dann sind wir wieder Angestellte. Für die Leute draußen bin ich, glaub ich, Chefin. Manchmal hab ich das Gefühl, ich bin's, und ich bin's nicht, und irgendwie ist das alles ein Durcheinander.

Zit. nach: Simon, Fritz B.: Die Familie des Familienunternehmens,
Heidelberg 2002 (Carl-Auer), S. 270 ff.

# »Bis jetzt war meine Mutter meine beste Freundin«
## Mutter-Tochter-Verhältnisse in den 1920er Jahren

### Stundenschwerpunkt

Im Zentrum der Stunde steht die Auseinandersetzung mit der Mutter-Tochter-Beziehung. Anhand von Schulaufsätzen von jungen Mädchen aus der Zeit um 1923 untersuchen die Schüler die Erwartungen der Töchter an ihre Mütter.

### Bearbeitungsvorschläge

- Teilt die Klasse in Dreiergruppen auf; jeder liest jeweils einen der Texte **M1** bis **M3**. Berücksichtigt dabei folgende Fragestellungen: Welche Eigenschaften und Verhaltensweisen der Mutter lobt die Verfasserin, welche missfallen ihr? Wie begründet sie ihre Wertung?

- In den 1920er Jahren endete die Schulzeit für die meisten Mädchen mit 14 Jahren. Auch Mittelschülerinnen wurden in diesem Alter nicht mehr als Kinder wahrgenommen. Gibt es Hinweise darauf, dass das Einfluss auf die Beziehung zur Mutter hatte?

- Besprecht in der Klasse: Welche Wertungen, welche Konflikte der Schülerinnen könnt ihr nachvollziehen? Welche erscheinen euch fremd und warum?

- Inwieweit ist das Verhältnis zwischen Müttern und Töchtern ein besonderes? Unterscheidet es sich vom Vater-Sohn-Verhältnis?

- Die Texte haben Jugendliche in den 1920er Jahren anonym für wissenschaftliche Studien geschrieben. Überlege, welche Erkenntnisse über das Verhältnis der Generationen zueinander Jugendforscher aus solchen Aufsätzen gewinnen konnten.

### Weiterführende Aufgaben / Projektideen

- Die Schüler suchen Fotos von fast erwachsenen Töchtern und ihren Müttern aus jüngster Zeit (in eigenen Fotoalben, in denen von Verwandten und Bekannten, in Büchern) und prüfen, wie die Beziehung zueinander auf dem Foto dargestellt ist. Die Schüler vergleichen ihre Ergebnisse mit Fotos, die ihre Mütter und Großmütter zeigen.

### Haken und Ösen

Es ist unwahrscheinlich, dass vergleichbare Texte in Archiven zu finden sind. Schüler könnten z.B. auf Tagebücher oder Briefe zurückgreifen, um ein ähnliches Thema in einem Projekt zu bearbeiten.

### Antworten / Hintergründe

In den 1920er Jahren arbeitete die entstehende empirische Jugendforschung u.a. mit der »Aufsatzmethode«. Dabei wurden Schülerinnen und Schüler aufgefordert, zu ganz unterschiedlichen Themen Stellung zu nehmen. Die Texte wurden gewöhnlich anonym verfasst und von den Lehrern oder von Jugendforschern eingesammelt. Sie sollten einen Einblick in die Psyche der Jugendlichen ermöglichen. Das Interesse an diesem Material speiste sich aus der wachsenden zeitgenössischen Aufmerksamkeit für Generationenverhältnisse und aus der sich allmählich vollziehenden Verwissenschaftlichung der Jugendkunde. Die moderne Jugendforschung sollte nicht mehr von individuellen Beobachtungen von Lehrern und Erziehern ausgehen, sondern eine empirische Basis haben.

Der zeitgenössische Jugenddiskurs spiegelt sich auch in den Aufsätzen der Mittelschülerinnen. Diese fordern eine innige, auf Verständnis basierende Mutter-Tochter-Beziehung. Die Arbeiterin in **M1** zeigt hingegen ein für Arbeiterfamilien typisches eher pragmatisches Verständnis von familialen Beziehungen.

### Literatur

Benninghaus, Christina: »Von 14 bis 18 sind die besten Jahre« – Selbstwahrnehmung und Zukunftserwartungen weiblicher Jugendlicher zur Zeit der Weimarer Republik. In: Jahrbuch für historische Bildungsforschung (2/1995), S. 257–280.

Valtink, Eveline (Hg.): Mütter und Töchter: Über die Schwierigkeiten einer Beziehung und der Bildung einer weiblichen Identität, Hofgeismar 1987 (Evangelische Akademie Hofgeismar).

# Auszüge aus anonymen Schulaufsätzen zum Thema »Meine Mutter«, um 1923

 **M1** Eine 15-jährige Arbeiterin aus einer Berufsschule:

 **M3** Eine andere 15-jährige Mittelschülerin:

Die Mutter ist in der Familie die Hauptperson. Ohne die Mutter kann man gar nicht leben, darum muß man seine Mutter hoch schätzen. Z.B. man will einmal gerne 'was naschen und der Vater zankt, dann sagt schon die Mutter, 5 ach, laß ihr doch ihre Freud. Gibt es manchmal keinen guten Mittagsschmaus, dann sagt sie, wenn man sie um etwas anderes bittet: »Ja, Dir schlag ich ein paar Eier ein.«
Wird man einmal krank, so pflegt sie einen gut, holt gleich 10 vor Angst den Arzt, kauft einem gute Sachen, dagegen der Vater macht sich nicht viel daraus. Wenn man schon in aller Frühe ins Geschäft muß, dann steht 15 schon der Kaffee mit dem Brot auf dem Tisch. Wenn man einen Ausflug macht, dann sorgt sie für die richtige Kleidung und Nahrungsmittel. Den ganzen 20 Tag ist sie in der warmen Küche und schafft, wo andere Frauen mit ihren Kindern hinaus ins Freie gehen. Will ich einmal gerne zum Baden gehen und sie 25 ist nicht bei guter Laune, dann sagt sie: »Heut gehst nicht fort, bleibst mal zu Hause und nähst was.« Eine gute Mutter ist 'was wert.

Zit. nach: Schilfarth, Else: Die psychologischen Grundlagen der heutigen Mädchenbildung, Bd. 2: Lebensgestaltung, Leipzig 1927 (Klinkhardt), S. 14.

**PÄDAGOGIUM**
Eine Methodensammlung für Erziehung und Unterricht
Herausgegeben von Prof. Dr. ALOYS FISCHER und Dr. ALBERT HUTH
**BAND XIII, 2**

# Die psychologischen Grundlagen der heutigen Mädchenbildung

von

**Dr. Else Schilfarth**

2. Band:
Lebensgestaltung

1927
**Julius Klinkhardt, Verlagsbuchhandlung in Leipzig**

Es ist schwer für mich, diese Aufgabe zu schreiben, besonders, da Aufrichtigkeit verlangt wird. Ich will damit nicht sagen, daß es mir schwer fällt, viel Gutes und Schönes über sie zu sagen, aber ich fühle, leider, leider, daß ich gerade jetzt, wo ich selbständig zu denken anfange und 5 anfange, eigene Ansichten zu bekommen, mich meiner Mutter etwas entfremde. Es ist dies sehr traurig und ich will nicht davon sprechen. Man wird zu leicht als überspannt und undankbar angesehen, 10 wenn man behauptet, daß die Eltern sich nicht ganz in das Kind hineindenken können. Mit fünfzehn Jahren, hat man zu »lernen« und nicht zu »denken«, 15 nämlich nichts anderes als vorgeschrieben ist. Ich kann mich noch ganz gut an einiges aus meiner Kindheit erinnern. Sie war schön. Aber sie ist vorüber. 20 Als ich zwei oder drei Jahre alt war, war ich einmal mit meiner Mutter allein zu Hause. Es war schon finster. Die Mutter ging in die Küche und ließ mich allein 25 im Zimmer. Plötzlich überkam mich ein seltsames Gefühl der Angst, welches mir den Hals zusammenpreßte. Schreiend lief ich in die Küche, warf mich der 30 Mutter in die Arme und preßte mich an sie. Es war ein wundervolles Gefühl des Geborgenseins an ihrer Brust. Sie streichelte mich und die Aufregung wich mit einem Male einer herrlichen Ruhe. Ich habe mei- 35 ne Mutter lieb. Wenn ich krank bin, ist es mir eine große Erleichterung, sie neben mir zu fühlen, meine Hand in die ihre zu legen. Die größten Schmerzen scheinen dadurch erträglicher. Es herrscht auch fast unbedingte Aufrichtigkeit zwischen uns beiden. Bis jetzt war meine Mutter mei- 40 ne beste Freundin. Wie viel hat sie nicht, von meiner Geburt angefangen, für mich leiden müssen! Wie unsäglich viel muß überhaupt eine Mutter leiden. Und dann die Erziehung, dieses schwerste aller Probleme und das undankbarste. Denn wie wenig Dank kann man von den Kindern 45 erwarten. Ein großer Philosoph sagt schon, daß die Kinder die einzigen seien, denen gegenüber der Mensch ganz uneigennützig sei. Obwohl ich dem nicht ganz beistimme, finde ich doch viel Wahres daran. Es ist das Schwerste, das alles zu wissen und doch nicht so dankbar sein zu können, 50 wie man es wohl für richtig hält.

Zit. nach: Ebd., S. 84.

 **M2** Eine 15-jährige Mittelschülerin:

Die meisten Leute sagen, daß die Mutter eine Freundin ihrem Kinde sein soll. Sie verlangen besonders von dem Mädchen, daß sie als beste Freundin ihre Mutter haben soll. Aber wohlgemerkt: haben soll. Denn die meisten Mütter 5 verstehen die Seele ihres Kindes ganz und gar nicht. Sie glauben solange, bis ihr Kind erwachsen ist, daß sie es geistig und seelisch verstanden haben, aber wie wundern sie sich dann über ihr Kind, wenn es selbständig ist und den Kampf mit dem Leben aufnimmt. Das Mädchen hält die 10 Mutter ihre ganze Jugend lang zu Hause, die darf nirgends allein gehen und muß, wenn sie schon einmal irgendwohin geht, pünktlich auf die Minute zu Hause sein. Manche Mädchen ertragen das, und die Folge davon ist, daß ihr ganzes Leben ein verfehltes ist. Denn sie werden nie und 15 nimmer den Sinn des Wortes »Leben« wissen und kennen, denn unfrei und unselbständig wie in ihrer Jugend sind sie auch im zunehmenden Alter.

Zit. nach: Ebd., S. 89.

# »Für meine Familie bin ich Helga«

## Türkische Familien in Deutschland

### Stundenschwerpunkt

Im Mittelpunkt der Stunde stehen türkische Familien, die in Deutschland leben. Anhand des Materials beschäftigen sich die Schüler mit möglichen Konfliktlinien zwischen der Einwanderer-Generation und jüngeren Familienmitgliedern, die in Deutschland geboren und aufgewachsen sind.

### Bearbeitungsvorschläge

• Lest **M1**. Wodurch entstehen laut Faruk Sen Generationenkonflikte in vielen türkischen Familien?

• Stellt aus **M2** Aussagen zusammen, die Faruk Sens These (**M1**) unterstützen, und benennt Aussagen, die sie widerlegen.

• Erörtert anhand der Materialien, ob Generationenkonflikte in türkischstämmigen Familien andere Ursachen haben als in deutschstämmigen Familien.

### Weiterführende Aufgaben / Projektideen

• Die Schüler überprüfen ihre Stundenergebnisse, indem sie Mitglieder deutsch- und türkischstämmiger Familien nach Generationenkonflikten, möglichen Ursachen und Konfliktlösungsstrategien befragen.

• Sie befragen türkische und deutsche Rentner zu ihrer Meinung über die Lebensweise der heutigen Jugend.

### Antworten / Hintergründe

Insbesondere in ländlichen Gegenden der Türkei wird ein recht traditionelles Familienleben geführt. Häufig leben mehrere Generationen unter einem Dach. Es ist selbstverständlich, dass die Alten, wenn sie hilfsbedürftig sind, von der Familie im Haus versorgt werden. Die älteren Familienmitglieder sind die Ratgeber und Begleiter der jüngeren. Viele Türken, die in den 1960er / 1970er Jahren nach Deutschland kamen, sind in dieser Tradition aufgewachsen und halten daran fest. Häufig möchten ihre Kinder und Kindeskinder, die in Deutschland geboren und aufgewachsen sind, unabhängiger von der Großfamilie leben. Dadurch können in Familien Konflikte entstehen.

Viele Türken der Einwanderer-Generation sind mittlerweile in Rente und können sich wegen der zerbrechenden traditionellen Familienkonstruktionen nicht mehr darauf verlassen, dass ihre Kinder sie pflegen und unterstützen. Kontakte zu Gleichaltrigen in der türkischen Community können rar werden, wenn viele Migranten aus dem eigenen Umfeld nach Pensionseintritt zurück in die Türkei ziehen. Sozialarbeiter weisen darauf hin, dass die Lebenssituation vieler Menschen der ersten Gastarbeiter-Generation im Alter oft gekennzeichnet ist von finanziellen Sorgen und Einsamkeit.

Hatice Akyün wurde 1969 in einem kleinen Dorf in Zentralanatolien geboren. 1972 zog sie mit ihrer Familie nach Deutschland und wuchs in Duisburg auf. Mit 17 Jahren zog sie von zu Hause aus. Hatice Akyün lebt heute in Berlin und arbeitet als freie Journalistin. 2005 veröffentlichte sie ihr erstes Buch.

### Literatur

Akyün, Hatice: Einmal Hans mit scharfer Soße. Leben in zwei Welten, München 2005 (Goldmann).

Ezeren, Ömer: Eisbein in Alanya. Erfahrungen in der Vielfalt deutsch-türkischen Lebens, Hamburg 2004 (edition Körber-Stiftung).

Richter, Michael: gekommen und geblieben – deutsch-türkische Lebensgeschichten, 3. Aufl., Hamburg 2003 (edition Körber-Stiftung).

## M1 Auszug aus dem Beitrag »Türkische Diaspora in Deutschland« von Faruk Sen
Der Autor leitet das Zentrum für Türkeistudien an der Universität Duisburg-Essen

Viele Migranten überwanden mit der Zeit ihre anfänglichen Anpassungsschwierigkeiten. Über die Zeit differenzierten sich die Lebenskonzepte innerhalb der türkischen Bevölkerung. (…) In der Folge kommt es zu Spannungen in den Familien, die durch unterschiedliche Lebensentwürfe bedingt sind. So ist es beispielsweise in der Türkei selbstverständliche Aufgabe der Eltern, den jüngeren Familienmitgliedern als lebenserfahrene Ratgeber zur Seite zu stehen. Mit dieser Rolle ist gleichzeitig eine hohe gesellschaftliche Anerkennung verbunden. Die entsprechend stark ausgeprägte Orientierung auf die eigene Familie erhält in der Bundesrepublik unter den speziellen Migrationsbedingungen eine besonders wichtige Funktion, kann aber auch zu starken Konflikten führen, zumal viele jüngere Türkinnen und Türken »deutsche« Grundeinstellungen zur Familie und zum Verhältnis der Generationen untereinander übernommen haben. Das Ideal der Großfamilie, in der mehrere Generationen unter einem Dach zusammen leben, lässt sich in der Bundesrepublik häufig nicht realisieren. Junge Türken und Türkinnen wollen nicht mehr in die Pflicht genommen werden und richten sich auf ein von der Großfamilie unabhängiges Leben ein.

Zit. nach: Sen, Faruk: Türkische Diaspora in Deutschland. In: Zeitschrift für Entwicklung und Zusammenarbeit, 10/2004.

## M2 »Für meine Familie bin ich Helga«
Die Berliner Autorin Hatice Akyün (s. Foto) beschreibt in ihrem Buch »Einmal Hans mit scharfer Soße« ihr Leben als Deutsche und Türkin jenseits von Zwangsheirat und Ehrenmord: »Mein Alltag ist einfach anders«

Foto: André Rival.

Hatice Akyün ist Türkin mit einem Faible für Highheels, perfekt geschwungene Augenbrauen und romantische Männer. Sie ist Deutsche mit Familiensinn, südländischem Temperament und dem Glauben an das Schicksal aus dem Kaffeesatz. In ihrem Buch »Einmal Hans mit scharfer Soße« plaudert sie offen aus ihrem Leben als alleinstehende Frau, Journalistin und Tochter einer anatolischen Familie. Sie sitzt auf zwei Stühlen. Dass das problematisch sein muss, findet sie nicht. Sie scheint es eher zu genießen.

**TAZ: Frau Akyün, hatten Sie Angst vor der Reaktion Ihres Vaters auf Ihr neues Buch?**
**HATICE AKYÜN:** Ich habe dieses Buch geschrieben und meine Eltern wussten davon nichts. Meine Mutter wird das Buch niemals lesen können, weil meine Mutter Analphabetin ist. Mein Vater kann nur ganz wenig türkisch lesen. Ich hatte keine Bedenken, dass er mich verstoßen würde. Aber ich musste ihn darauf vorbereiten. Meine Schwester hat ihm erklärt, dass ich meine beiden Leben beschreiben musste, auch die Teile, von denen er nichts weiß. Er hat erst gesagt: Ja, war das denn nötig, dass das aufgeschrieben wurde? Ich habe dann gesagt: Ja, das war nötig, und dann hat er das wohl auch akzeptiert. (…)

**Wie traditionell ist Ihre Familie denn?**
In meiner Familie gibt es alle Lebensmodelle, die eine türkische Familie in Deutschland leben kann. Mein Vater geht in die Moschee und betet; mein älterer Bruder ist der Prototyp eines erfolgreichen, deutschen, studierten Mannes, der fleißig ist, pünktlich ist, ehrgeizig. Der jüngere ist ein Mann, der versucht, möglichst nicht zu arbeiten. Das gibt es ja auch bei den Deutschen. Meine älteste Schwester trägt Kopftuch – aus freien Stücken, weil sie sehr religiös ist. Wenn ihre Tochter sich verlieben würde, wäre das aber kein Problem. Meine jüngere Schwester hat in der Türkei geheiratet, lebt dort und trägt kein Kopftuch. Sie geht abends aus, aber sie sagt auch: Ich habe Familie, möchte mich um die Kinder kümmern. Sie hat einfach ein sehr wertkonservatives Verständnis ihres Lebens. Dann komme ich: Für meine Schwestern bin ich »Helga«, also eine Deutsche, deren Leben sie ein bisschen bedauernswert finden. Ich habe keine Familie, keinen Mann, keine Kinder und meine Schwestern fragen: Fühlst du dich nicht alleine?

**Ist eine Familie, in der alle diese Lebensmodelle toleriert werden, ein Sonderfall?**
Nein. Meine Familie ist repräsentativ für die Gastarbeiterfamilie. Es herrscht keine Einigkeit darüber, wie eine muslimische Frau auszusehen hat, wie sie zu leben hat. Wie sollte sich denn diese ganze islamische Welt einig sein? Man darf eine türkische Familie nicht nach dem Aussehen beurteilen. Nehmen wir die türkische Mama, die in Kreuzberg über den Markt läuft. Natürlich hat man dann sofort ein bestimmtes Bild im Kopf, aber möglicherweise hat diese Frau zu Hause die Hosen an, was übrigens in sehr vielen Familien hier der Fall ist. Wenn die Leute mich sehen, denken sie dagegen oft, meine Eltern hätten mich besonders unterstützt. (…)

**Ist Ihr Leben in zwei Welten bedauernswert?**
Normalerweise reflektiert man die beiden Seiten ja nicht, im Alltag springt man hin und her, das ist sehr einfach. An mir ist vieles türkisch und vieles deutsch – und es gibt so viel Schönes auf beiden Seiten. Am Türkischen mag ich den Familienzusammenhalt. Wenn ich mal krank bin, keinen Mann mehr kriege oder was weiß ich, habe ich meine Familie. Bei irgendjemandem kann ich wohnen, und das macht mich sehr entspannt. Auf der anderen Seite vermisse ich inmitten meiner Familie meine Ruhe. Nach einer gewissen Zeit muss ich gehen, weil mir das zu viel wird. Und ich liebe dieses deutsche Geordnete, wie übrigens viele Türken. In meinem Fall kommt auch noch die Sprache dazu: die deutsche Sprache, die ich besser beherrsche als die türkische.

Interview: Katrin Birner und Christoph Mayerl

Zit. nach: »Für meine Familie bin ich Helga«, taz – Die Tageszeitung vom 11.10.2005, S. 13.

# »Korth muss fort«

## Schülerproteste um 1968

### Stundenschwerpunkt

Thema der Stunde ist ein Schülerstreik an der Paul-Gerhardt-Schule in Laubach / Oberhessen, bei dem es im Frühjahr 1969 um die Absetzung des Direktors ging.

### Bearbeitungsvorschläge

• Listet in einer Tabelle die Kritik der Schüler am Schulsystem und ihre Forderungen auf (**M1** bis **M3**).

• Laut Direktor Korth (**M3**) sollten »Lehrer, Schüler und Eltern zum Gespräch finden«. Wie beurteilt ihr die Erfolgsaussichten?

• In **M1** heißt es, Lehrer hätten sich vom Streik distanziert, weil ihnen in einem Flugblatt »mangelnde Reformcourage« vorgeworfen worden sei. Manche Lehrer hätten sich aber dann einer Diskussion im Treppenhaus gestellt. Entwerft eine solche Diskussion zwischen Lehrern und Schülern über die Kritik an der Schule, den Streik und die Forderungen.

• Inwieweit erscheint euch die geschilderte Situation vertraut oder fremd?

### Weiterführende Aufgaben / Projektideen

• Die Schüler recherchieren an ihrer Schule und/oder an ihrem Ort, ob es auch dort Schülerproteste gegeben hat.

• Sie suchen nach Zeitzeugen, um diese zu Zielen und Aktionsformen der Schüler sowie zu den Reaktionen der Lehrer, der Eltern usw. zu befragen.

### Haken und Ösen

Die Schüler könnten Schwierigkeiten haben, die Sprache der »68er« zu verstehen. In den Materialien wird der Konflikt aus der Sicht der streikenden Schüler und des Direktors dargestellt. Dagegen kommen die Lehrer – und auch Schüler, die sich nicht am Streik beteiligten – nicht selbst zu Wort.

### Antworten / Hintergründe

Auch wenn die Proteste von 1968 zumeist mit den Studentenunruhen in Zusammenhang gebracht werden, gab es gleichwohl eine große Zahl von Schülern, die ebenfalls ihre Proteste artikulierten und bis in die Provinz trugen. Sie richteten sich gegen die Bevormundung der Schüler in Schule und Elternhaus, gefordert wurde u.a. die Selbstbestimmung der Unterrichtsinhalte bzw. -formen und die sexuelle Emanzipation der Jugendlichen.

Die Paul-Gerhardt-Schule war ein kirchliches Gymnasium, zu dem drei Alumnate (Internate) gehörten. Neben den Alumnatsschülern besuchten das Gymnasium auch Schüler aus der Umgebung. Seit dem Frühjahr 1967 opponierte ein wachsender Teil der Schülerschaft gegen den Führungsstil Dr. Korths und erhob u.a. Forderungen nach Mitbestimmung in den Konferenzen. Nachdem ein Lehrer entlassen worden war und mehrere Schüler die Schule verlassen mussten, kam es zum Streik. Am zweiten Streiktag wurde die Schule von der Polizei geräumt und für eine Woche geschlossen. Wochen später, kurz vor den Sommerferien, wurden noch einmal drei Schüler, die am Streik teilgenommen hatten, relegiert. Korth wurde zu Beginn des folgenden Schuljahres von der Kirchenleitung abgelöst.

### Literatur

Haug, Hans-Jürgen / Maessen, Hubert: Was wollen die Schüler? Politik im Klassenzimmer, Frankfurt a.M. 1969 (Fischer Bücherei).

Liebel, Manfred / Wellendorf, Franz: Schülerselbstbefreiung. Voraussetzungen und Chancen der Schülerrebellion, Frankfurt a.M. 1969 (Suhrkamp).

Schildt, Axel: Nachwuchs für die Rebellion – die Schülerbewegung der späten 60er Jahre. In: Reulecke, Jürgen / Müller-Luckner, Elisabeth (Hg.): Generationalität und Lebensgeschichte im 20. Jahrhundert, München 2003 (Oldenbourg), S. 229–251.

# Schüler-Streik legte Unterricht lahm

Seit Montagmorgen stehen etwa 70 Schüler der Paul-Gerhardt-Schule im Ausstand. Zu früher Stunde konzentrierte sich die »Schul-APO«\* und forderte von den Mitschülern den totalen Unterrichtsboykott. (…) Ihr gewohntes Tagespensum konnten die gelichteten Reihen der Lernwilligen (…) freilich nur kurze Zeit absolvieren. Dann besetzte die Streikgruppe das Gebäude. (…)

Gegen 10 Uhr versammelten sich die Anhänger der Aktion (…) in der Aula. Die Gegner schulischer Autorität konstituierten drei Arbeitskreise:

1. Schule und Gesellschaft
2. Struktur der Schule – speziell der Alumnate
3. Notwendige Streikmaßnahmen (…)

Am Morgen schockten mit roter Kreide gemalte Parolen die Umwelt: »Korth muss fort – Gehorsam macht dumm – Streik – Heute Thomas Lentze morgen Du«. (…)

Wegen der grassierenden »Existenzangst« verteilte die »Reformpartei« zuletzt Flugblätter ohne Unterschrift. Deren Inhalt bewegt sich zwischen zwei Polen. Während die Verfasser einerseits in nüchternem Stil Lehrfreiheit für Tanau [einen entlassenen Lehrer] und Lernfreiheit für Lentze (einer der ausgeschlossenen Schüler) fordern, prangern sie andererseits »Ordnungshüter« Korth wegen angeblicher »NS-Methoden« an. (…)

Kollegen distanzierten sich von der Aktion, weil man ihnen mittels Flugblatt mangelnde Reformcourage vorgeworfen hatte. In der Aula fanden sich nur zwei Lehrer. Andere stellten sich den Schülerargumenten im Treppenhaus. (…)

Aus: Gießener Anzeiger vom 29. April 1969.

> \* *Schul-APO:* Die Studenten- und Schülerprotestbewegungen wurden als »Außerparlamentarische Opposition« (APO) bezeichnet.

**M2** Flugblatt 1969

> Seit Schulen als staatliche Institutionen bestehen, werden Schüler in einer fortwährenden Unmündigkeit gehalten. (...) Lehrer begründen dies mit „geistiger Unreife" und „Mangel an Information". Reife wird von ihnen nach dem Grad der Anpassungsfähigkeit gemessen. – Wird geistige Reife nicht durch kritisches, selbständiges Denken geprägt? Innerhalb der Schule besitzen die Schüler keine reale Möglichkeit, Einfluß auf die Gestaltung des Schullebens, und damit auf ihr eigenes Leben auszuüben. (...)
>
> Nur solange Ruhe und Ordnung im Schulbetrieb herrschen, besteht für die Lehrerschaft die Chance, die Schüler zu gleichgeschalteten Objekten ihrer überholten Pädagogik zu machen. (...)
>
> Es gab Schüler an unserer Schule, die die Repressionsmechanismen Korths und die hiesigen Herrschaftsstrukturen aufdeckten. Wir merkten auch, wie empfindlich Korth auf jedes radikale Infragestellen seiner Macht reagierte. (...)
>
> Oft genug haben wir durch Flugblätter und in Diskussionen versucht, mit Korth in eine sachliche Auseinandersetzung zu kommen. Unser vorletztes Flugblatt jedoch („Säuberungsaktion") wurde von ihm lediglich als lächerlich bezeichnet. Jetzt wird es Zeit, daß ihm das Lachen vergeht.

Privatbesitz: Christoph Geibel

**M3** Gespräch mit dem Leiter der Paul-Gerhardt-Schule Direktor Korth

**GIESSENER ANZEIGER:** Der Fall Tanau ist ein Grund, warum sich die Gemüter erhitzen. (...)

**DIREKTOR KORTH:** Über den Ausschluss von Herrn Tanau habe ich die Schüler während eines mehrstündigen Gespräches informiert. Damals waren allerdings nur etwa 80 Schüler anwesend. Teilweise stellten sie ihre Fragen und verließen während meiner Antwort den Saal. Klagen über Tanaus Ausdrucksweise im Unterricht veranlassten den Elternbeirat zur Aktion. Tanau hat sich unter anderem wenig schmeichelhaft über das Kollegium und auch über mich geäußert. Trotz seines Versprechens, dies abzustellen, haben sich solche Fälle wiederholt.

**Im Zusammenhang mit dem Ausschluss des Schülers Lentze wirft man Ihnen vor, eine sofortige Abmeldung durch den Erlass von 1000-DM-Alumnatsgebühren unterstützt zu haben.**

Frau Lentze hat mich in ihrem Schreiben vom 16. April darauf hingewiesen, dass ihr im Falle eines Ausschlusses ihres Sohnes hohe finanzielle Belastungen entstehen würden. Daraufhin habe ich mitgeteilt, dass ihr die Restzahlung erlassen würde, wenn sie ihren Sohn sofort abmeldet. (...)

**Warum war Ihnen an einer schnellen Abreise von Thomas Lentze gelegen?**

Thomas hatte einen schlechten Einfluss auf die jüngeren Alumnatsbewohner. Daneben waren seine sehr schlechten Leistungen ein Grund für den Rat an Frau Lentze, ihren Sohn von der Schule zu nehmen. (...)

**Anlässlich des Besuchs eines Schülers bei Freunden im Alumnat soll der dortige Leiter den Gast mit Polizeihilfe entfernt haben?**

Der betreffende Schüler hatte Hausverbot. Er wohnte früher im Alumnat, wurde jedoch mit Zustimmung seines Vaters aus Verhaltensgründen ausquartiert. Das Verbot war ihm bekannt. Daraus wird jedenfalls kein Verfahren entstehen, wie in einem Flugblatt angedeutet. (...)

**Die Schüler verfassen ihre Flugblätter anonym, weil sie glauben, ansonsten drohten ihnen Repressionen?**

Davon kann keine Rede sein. Auch die Formulierung von der Existenzangst ist völlig unbegründet. (...)

**Was werden Sie tun, wenn die Streikgruppe in den nächsten Tagen einen ordnungsgemäßen Unterricht verhindert?**

Das wird die Situation zeigen. Ich werde mich dafür einsetzen, dass Lehrer, Schüler und Eltern zum Gespräch finden.

Aus: Gießener Anzeiger vom 29. April 1969.

# »Carcerstrafe wegen Straßenunfugs«
## Konflikte zwischen Studenten und Obrigkeit im Vormärz

### Stundenschwerpunkt

Thema der Stunde sind Konflikte der Studentenschaft in Gießen mit der örtlichen Polizei 1846. Dabei geht es auch um die Abgrenzung zwischen bürgerlichen und studentischen Lebensformen.

### Bearbeitungsvorschläge

• Lest **M1** bis **M3** und gebt in eigenen Worten die Inhalte wieder. Beschreibt, wie der Konflikt entstand und mit welchen Mitteln er ausgetragen wurde.

• Untersucht, wie Rudolf Fendt das Verhältnis zwischen Bürgern und Studenten beschreibt. (**M2**, **M3**)

• Wie bewertet Fendt die Aktionen der Studenten aus der Rückschau?

• Politische Demonstration? Subkulturelles Happening? Wie beurteilt ihr die Ereignisse?

### Weiterführende Aufgaben / Projektideen

• Die Schüler informieren sich über studentische Lebensformen im Spannungsfeld der Generationen während der ersten Hälfte des 19. Jahrhunderts.

• Sie recherchieren im Stadt- und Universitätsarchiv sowie bei lokalen Burschenschaften nach Quellen zum Verhältnis zwischen Staat, Universität, Stadteinwohnern und Studenten.

• Sie vergleichen Selbstverständnis und Protestformen von Studenten in der ersten Hälfte des 19. Jahrhunderts mit denen von Studenten um 1968.

• Die Schüler recherchieren im Schul- und Stadtarchiv nach lokalen Schülerverbindungen. (Solche gab und gibt es auch in Städten, die keine Universität beherbergen.)

### Haken und Ösen

Quellenkritisch sollte beachtet werden, dass Fendt die Ereignisse fast 30 Jahre später beschrieben hat.

### Antworten / Hintergründe

Gemeinhin assoziiert man mit Burschenschaften in der Vormärzzeit politischen Protest gegen die Unterdrückung liberaler und nationaler Bewegungen im Deutschen Bund. Anders als 1819 und zwischen 1830 und 1835 war der Konflikt zwischen Gießener Studenten und der Obrigkeit um 1846 eher unpolitischer Natur. Die Überreaktionen der örtlichen Polizei auf einen harmlosen Protest führten zum Auszug der Studenten, die ihr »Ehrgefühl« und ihre Autonomie verletzt sahen. Durch Vermittlung des Gießener Gemeinderats gelang es, den Konflikt friedlich beizulegen. Die Ereignisse zeigen Ansätze zur Politisierung des Protests (Ablehnung der Zensur). Das belegt auch der Lebenslauf des Studenten Rudolf Fendt: 1848 wurde er zu einem maßgeblichen Vertreter des demokratisch-republikanischen Lagers in Gießen, beteiligte sich später am Aufstand in Baden und wurde 1850 zu einer Haftstrafe verurteilt. Seine Erinnerungen zeigen, dass die »unbürgerlichen« Lebensformen es den Studenten ermöglichten, mutiger, aber bisweilen auch leichtsinniger als die »Philister« gegen die politischen Verhältnisse zu protestieren. Mit Hilfe von Provokation und Ironie grenzten sich die Studenten gegenüber Bürgern und Obrigkeit ab, wobei die Grenzen zwischen subkulturellen Provokationsstrategien und politisch motivierten Aktionen vielfach fließend waren.

### Literatur

Brandt, Harm-Hinrich / Stickler, Matthias (Hg.): »Der Burschen Herrlichkeit« – Geschichte und Gegenwart des studentischen Korporationswesens, Bd. 36: Historica academica, Würzburg 1998 (Ferdinand Schöningh).

Gladen, Paulgerhard: Gaudeamus igitur. Die studentischen Verbindungen einst und jetzt, München 1986 (Glb Parkland).

Jarausch, Konrad: Deutsche Studenten 1800–1970, Frankfurt a. M. 1984 (Suhrkamp).

### M1 Der Gießener Studentenprotest 1846

Nach ungesetzlichen, tätlichen Übergriffen der örtlichen Polizei auf einen Studenten im Ballhaus (…) am 31.07.1846 kam es zu Demonstrationen und Umzügen der Gießener Studentenschaft, die ihrerseits wiederum Relegationen
5 und diverse Karzerstrafen nach sich zogen. Als schließlich von Butzbach aus das großherzogliche Militär in die Stadt einrückte, beschlossen die Gießener Studenten einen allgemeinen Auszug auf den Staufenberg, um ein mögliches Blutvergießen zu verhüten, gleichzeitig aber auch die Ob-
10 rigkeit zu veranlassen, das Militär wieder zurückzuziehen. Am Vormittag des 7. August setzte sich die fast 400 Mann starke Studentenschaft (…) in Marsch.

Knauß, Erwin: Wilhelm Liebknecht und seine Jugendzeit in der Stadt und an der Universität in Gießen. In: Heimat im Bild, 13. Woche (1976).

### Auszug der Gießener Studenten auf den Staufenberg, 1846 (Ausschnitt)

HHSTA Wiesbaden, Abt. 3008 Bildersammlung.

> **Worterklärungen:**
>
> *Censor:* kontrolliert Schriften und genehmigt ihren Druck
> *Chevauleger* (frz.): Angehöriger der leichten Kavallerie
> *Karzer:* Universitätsgefängnis
> *Philister:* studentischer Freiheit entrückter, im Berufs-
> leben stehender Bürger
> *Pereat* (lat.): er gehe zugrunde
> *regalieren:* unentgeltlich bewirten
> *Relegation:* Verweisung von der Universität

### M2 Aus den Erinnerungen des Studenten Rudolf Fendt, 1875:

Singend und »Nieder mit T., Z.!« (…) rufend, durchzogen wir die Straßen, indem wir bald an dieser, bald an jener Kneipe halt machten. (…) Vorzugsweise laut gesungen, beziehungsweise laut gebrüllt, wurde das damals beliebte,
5 (…) politische Drehorgellied (…), dessen Refrain: »Lidjum, lidjum, lidjumlei! Lustig ist die Polizei!« unsrer momentanen Stimmung am meisten entsprach. Leider wurde das »lustig« gar oft – schrecklich, aber wahr – in »schuftig« verwandelt (…). Wie mancher solide »Philister« mag damals
10 unter seiner Bettdecke über uns übermüthige Nachtruhestörer geflucht haben! Doch wir sollten dafür auch empfindlich gezüchtigt werden. (…) Gustav Schlosser, Adolf Schlich und der »lange Samstag« [wurden] auf ein halbes Jahr relegiert, (…), und für mich selbst datirte von da die
15 14tägige Carcerstrafe »wegen nächtlichen Straßenunfugs und Absingung eines Spottliedes auf die Polizei«. O, wie fallen mir meine Sünden ein!
Am Vormittag des 7. August sollten die drei Religirten (…) die Musenstadt verlassen und wir hatten verabredet (…)
20 bis an die Grenze das feierliche Geleite zu geben. (…) An der katholischen Kirche stellten wir uns auf (…). Gerade gegenüber befand sich die Wohnung Dr. Adrian's, des (…) damaligen Censors. Das Institut der Censur war bei uns (…) verhaßt, und als ein Beweis dafür, daß auch ein ge-
25 wisser politisch oppositioneller Zug durch unsere Bewegung ging, entwickelte sich (…) eine charakteristische Scene. Ein Student (…) trat vor, (…) und rief (…): Unserem vielgeliebten Professor Dr. Adrian, dem gewaltigen Censor und Gedankenhalsabschneider, erschalle ein dreifaches
30 donnerndes »Pereat!« (…) Es fehlte nicht an muthwilligen Verhöhnungen der Soldateska (…). So erinnere ich mich, daß ich, an der Spitze einiger Dutzend Genossen, den Stock zwischen den Beinen, wie die Knaben Soldatchens spielte, unter regelrechtem Commando vor der Fronte ei-
35 ner Abtheilung Chevaulegers, die vor der Aula hielt, zum Hohn vorüber-»ritt«.

Zit. nach: Fendt, Rudolf: Von 1846 bis 1853. Erinnerungen aus Verlauf und Folgen einer akademischen und politischen Revolution. Von einem weiland Gießener Studenten und badischen Freischärler, Darmstadt 1875, S. 17 f.

### M3 Rudolf Fendt:

Der (…) Aufenthalt in Stauffenberg verlief im Ganzen, die unvermeidlichen Unbequemlichkeiten dieses studentischen Zigeunerlebens abgerechnet, die mit benöthigten Humor ertragen wurden, recht gemüthlich. (…) Die Gie-
5 ßener »Philister« (…) kamen (…) nach dem Stauffenberg gepilgert mit gefüllten Weinflaschen für ihre Miether in den Rock- und gefüllten Börsen in den Hosentaschen, kalten Cotelettes und Braten (…). Mein alter »König« (…), regalierte mich »königlich«, und als er mir vorlamentierte,
10 wir sollten doch nachgeben, weil unsere ganze Existenz auf dem Spiele stände (…), klopfte ich ihm mit den Worten auf die Achsel: »Alter, das verstehen Sie nicht! Mag daraus werden, was da will – ›blamieren‹ lassen wir uns nicht.« (…)

Natürlich weigerte sich unser Burschenstolz, uns auf Gnade
15 und Ungnade zu ergeben und so zu sagen, auf den Knieen, wie es die Herren Professoren verlangten, nach Gießen zurückzurutschen. (…) Da plötzlich, (…) wurde uns eine (…) Deputation des Gießener Gemeinderaths angemeldet (…). Derselbe (…) erboten, die Ordnung innerhalb der Stadt
20 aufrechtzuerhalten, falls sie etwa von studentischer Seite gestört werden sollte, und dagegen hatten die Herren Professoren, (…) zugesichert, nicht allein die Dragoner in aller Morgenfrühe wieder nach Butzbach zurückzudirigieren, sondern sich auch (…) für allgemeine Amnestie uns
25 gegenüber nachdrücklichst zu verwenden.

Zit. nach: Ebd., S. 22 ff.

# »Unabhängig von der Konvention«

## Die Jugendbewegung Wandervogel

### Stundenschwerpunkt

Im Mittelpunkt der Stunde stehen die Motive und Ziele der Wandervogel-Bewegung im frühen 20. Jahrhundert – einer Bewegung bürgerlicher Jugendlicher und junger Erwachsener, die gegen die gesellschaftliche Ordnung und den starken Einfluss des bürgerlichen Elternhauses und der Schule protestierten.

### Bearbeitungsvorschläge

- Beschreiben Sie, wogegen sich die Wandervögel abgrenzen (**M1**). Erarbeiten Sie die Ziele und Werte, die sie dagegensetzen.
- Erläutern Sie den Konflikt zwischen »Wandervogelmädel« und Elternhaus (**M4**).
- Betrachten Sie **M2** und **M3**: Inwiefern bieten sie Hinweise darauf, dass sich die Wandervögel als »Gegenbewegung« verstanden?
- Diskutieren Sie, welche der Motive und Ziele der Wandervögel als typisch gelten können für Jugendliche und ihren Wunsch, sich gegen die Erwachsenen abzugrenzen.

### Weiterführende Aufgaben / Projektideen

- Die Schüler forschen vor Ort, ob es dort Wandervogel-Gruppen gab, wer dazugehörte, wie lange sie existierten, welche Ziele sie verfolgten etc.
- Sie vergleichen die Wandervogel-Bewegung mit anderen Jugendbewegungen, etwa der Sozialistischen Arbeiterjugend.

### Haken und Ösen

Den Schülern sollte das politische, gesellschaftliche und kulturelle Klima im Kaiserreich und der Weimarer Republik bekannt sein. Die Recherche könnte dadurch erschwert werden, dass es nicht überall Wandervogel-Gruppen gab. Außerdem ist die Aktenlage über Jugendgruppen bzw. Jugendbewegungen in den kommunalen Archiven diffus.

### Antworten / Hintergründe

Mit der Gründung des »Wandervogel-Ausschusses für Schülerfahrten e.V.« am 4. November 1901 in Steglitz bei Berlin fand die Wandervogel-Bewegung in Deutschland ihren Ausgangspunkt. Sie wurde Hauptbestandteil einer sich am Anfang des Jahrhunderts herausbildenden eigenständigen Jugendkultur, die sich gegen die ältere Generation durch eine besondere Lebensform auflehnen wollte. In deren Mittelpunkt standen Kameradschaft, Naturverbundenheit, Ungezwungenheit, Leben in der Gruppe und gemeinsame Aktivitäten, die Eigenständigkeit (»Führer« waren ältere Jugendliche oder junge Erwachsene) sowie die Ablehnung von Nikotin und Alkohol. Die »Wandervögel« waren im Kaiserreich unpolitisch; das änderte sich in den 1920er Jahren. Gemeinsam war der Bewegung vor und nach dem Ersten Weltkrieg – an ihm nahmen Tausende »Feldwandervögel« teil – die Distanzierung von den Werten und Normen des (überwiegend bürgerlichen) Elternhauses und der Schule. Ab 1904 bildeten sich über das ganze Deutsche Reich verbreitet verschiedene Wandervogel-Bünde, die sich 1913 zum Wandervogel e.V. mit 25 000 Mitgliedern zusammenschlossen. Ursprünglich bestand der Wandervogel nur aus männlichen Gymnasiasten, später schlossen sich ihm auch Volksschüler an; 1907 gründeten sich erstmals Mädchengruppen. Ein Höhepunkt der Bewegung war die Zusammenkunft auf dem Hohen Meißner 1913 bei Kassel (**M1**) anlässlich des 100. Jahrestages der Völkerschlacht von Leipzig.

### Literatur

Kindt, Werner (Hg.): Dokumentation der Jugendbewegung, 3 Bde., Düsseldorf 1963–1974 (Diederichs).

Linse, Ulrich: Der Wandervogel. In: François, Etienne / Schulze, Hagen (Hg.): Deutsche Erinnerungsorte, München 2001 (C.H. Beck), S. 531–548.

Malzacher, Florian / Daenschel, Matthias: Jugendbewegung für Anfänger, 2. erw. Aufl., Stuttgart 2004 (Südmarkverlag Fritz).

## M 1 Aufruf zur so genannten »Jahrhundertfeier« auf dem Hohen Meißner, 1913

Die deutsche Jugend steht an einem entscheidenden Wendepunkt. Die Jugend, bisher nur ein Anhängsel der älteren Generation, aus dem öffentlichen Leben ausgeschaltet und
5 auf eine passive Rolle angewiesen, beginnt sich auf sich selbst zu besinnen. Sie versucht, unabhängig von den Geboten der Konvention sich selbst ihr Leben zu gestalten. Sie strebt nach einer Lebensführung, die jugendlichem
10 Wesen entspricht, die es ihr aber zugleich auch ermöglicht, sich selbst und ihr Tun ernst zu nehmen, und sich als einen besonderen Faktor in die allgemeine Kulturarbeit einzugliedern. (…)
15 Die unterzeichneten Verbände haben, jeder von seiner Seite her, den Versuch gemacht, den neuen Ernst der Jugend in Arbeit und Tat umzusetzen; sei es, dass sie den Befreiungskampf gegen den Alkohol aufnahmen, sei es,
20 dass sie eine Veredlung der Geselligkeit oder eine Neugestaltung der akademischen Lebensformen versuchten, sei es, dass sie der städtischen Jugend das freie Wandern und damit ein inniges Verhältnis zu Natur und Volkstum
25 wiedergaben und ihr einen eigenen Lebensstil schufen, sei es, dass sie den Typus einer neuen Schule als des Heims und Ursprungs einer neu gearteten Jugend ausgestalteten (…).

Zit. nach: Kindt, Werner (Hg.): Grundschriften der deutschen Jugendbewegung. Düsseldorf 1963 (Diederichs), S. 93 f.

## M 2 Wandervögel beim Reigentanz, 1920

Archiv der deutschen Jugendbewegung Burg Ludwigstein.

## M 3 Berliner Wandervögel am Start zu einer Wanderfahrt, 1929

Bildarchiv Preußischer Kulturbesitz, Berlin.

## M 4 »Wandervogelmädel und Elternhaus«: Zwei Leserbriefe an den »Wandervogel«

(…) Wenn es doch die Eltern versuchen wollten, uns zu verstehen! Aber da meinen sie, es ist nur so ein vorübergehender Einfall, etwa ein Sport zum Zeitvertreib (…). Versucht man dann und wann, sie über unsere Bestrebungen aufzuklären, bekommt man Antworten, die einen schon selbst zum Schweigen bringen. (…) Jungen – glaube ich – haben nicht soviel Schwierigkeiten. Da wird eben gesagt: »Es ist ein Junge, der muß in die Welt!« Das Mädel muß fein sittsam zu Hause bleiben oder in eine »Pension«, muß sich um den Kochtopf kümmern und möglichst früh ihre Aussteuer beginnen. (…) Oder sie muß einen Beruf ergreifen, der sie so sehr in Anspruch nimmt, daß sie für anderes keine Zeit mehr hat. (…)
*Anni Müller*

(…) Daß die Mädel da ganz wie die Jungen losziehen des morgens, um des abends erst wiederzukommen, daß sie auf großer Fahrt in Scheunen und all das abenteuerliche Leben der Jungen führen ohne mütterlichen Schutz – das ist über die Sitte hinausgehend, nicht mädchenhaft, nicht stilgemäß. (…) Das ist's, was vielleicht gerade die Mütter vom Wandervogel für uns fürchten. Und das andere: Er zersplittert die Kraft, die gerade die Mädchen so ganz für die Schule brauchten! Das Dritte (…): Der W.-V. reißt das Familienleben auseinander. Die Eltern, werktagsmüde, freuen sich des Sonntags, ihre Kinder bei sich zu haben. Da kommt der Wandervogel und – die Kinder gehen ihre eigenen Wege. (…) *Klara Jäger*

Beide zit. nach: Wandervogel (1920), Heft 2/3, S. 61 f.

# »Radaulustige Teenager«
## Rock'n'Roll als Provokation und Gegenwelt

### Stundenschwerpunkt

Die Schüler untersuchen, wie Jugendliche in den 1950ern Rock'n'Roll zelebrierten, um sich gegen die Erwachsenen abzugrenzen, deren Welt für viele von ihnen keine Identifikationsangebote mehr bereithielt.

### Bearbeitungsvorschläge

• Welche Hinweise finden Sie in **M1**, dass Rock'n'Roll eine Art Gegenmittel darstellte? Gegen wen oder was sollte es wirken?

• Musik als Provokation: Überprüfen Sie, ob dies in **M2** und **M3** zum Ausdruck kommt. Beachten Sie dabei Haltung, Kleidung und Verhalten der Jugendlichen.

• Analysieren Sie, wie in **M4** das Verhalten der Musiker und Konzertbesucher bewertet wird und woran der Journalist sein Urteil festmacht.

• Spiegeln sich in **M4** die »typischen« Vorbehalte Erwachsener gegenüber dem Musikgeschmack Jugendlicher? Tauschen Sie Ihre Meinungen dazu aus, und begründen Sie diese.

### Weiterführende Aufgaben / Projektideen

• Die Schüler recherchieren in Zeitungsarchiven Berichte über Rock'n'Roll im Zeitraum 1955 bis 1960 und über so genannte »Halbstarken-Krawalle«.

• Sie befragen Erwachsene, inwiefern Musik, für die sie sich als Jugendliche begeisterten, und ihr Fan-Verhalten zu Konflikten mit Erwachsenen führten.

• Die Schüler fragen Konzertveranstalter, Mitglieder von Musikgruppen und andere Experten der Unterhaltungsindustrie nach Entwicklungen der letzten 25 Jahre in Bezug auf Konzertbesucher – deren Vorlieben, Erwartungen bzw. Ansprüche, Verhalten, Altersstruktur usw.

### Haken und Ösen

Anders als **M4** ist **M1** eine retrospektive Darstellung.

### Antworten / Hintergründe

In der zweiten Hälfte der 1950er Jahre wurde deutlich, dass sich in der Gesellschaft der Bundesrepublik eine breites Spektrum von Parallelwelten ausgebildet hatte, die nur bedingt in Übereinstimmung zu bringen waren mit der von der Adenauer-Regierung gewünschten und über die Medien gespiegelten »Biederbürgerlichkeit«.

Vor allem den großstädtischen Arbeiterjugendlichen und dem Nachwuchs des Kleinbürgertums in Stadt und Land boten amerikanische Filme und Musik Alternativen zur bundesrepublikanischen Unterhaltungskultur. Kinos entwickelten sich zu angesagten Treffpunkten – jenseits der elterlichen Wohnung und Kontrolle. Die Musik begleitete die Jugendlichen auf dem Weg der Abnabelung von ihren Eltern. Ausgangspunkt vieler »Rock-'n'-Roll-Riots« und »Halbstarken-Krawalle«, von denen es zwischen 1955 und 1959 mehr als 100 mit über 40 000 Teilnehmern gab, waren Filmvorführungen, Konzerte und Jahrmärkte. Die Aggression der Jugendlichen richtete sich gegen »die Polizei«, »die Eltern / die Alten« und »die Soldaten«.

Über wohl artikulierte Gegenentwürfe zur Erwachsenenwelt verfügten die Rock'n'Roller bzw. »Halbstarken«, anders als die darauf folgende »Beat-Generation«, nicht. Sprache, Kleidung, Attitüde und Musik reichten aus, um zu provozieren und ein eigenes »Universum« aufzubauen.

### Literatur

Stiftung Haus der Geschichte der Bundesrepublik Deutschland (Hg.): Rock! Jugend und Musik in Deutschland, Bonn 2005 (Bundeszentrale für politische Bildung).

Stromgitarren: E-Gitarren, Musiker, Geschichte, Kult. Sonderausgabe von »Gitarre & Bass« anlässlich einer Ausstellung im Landesmuseum für Technik und Arbeit in Mannheim und im Deutschen Technikmuseum Berlin, Ulm 2004 (MM-Musik-Media).

Wicke, Peter: Von Mozart zu Madonna. Eine Kulturgeschichte der Popmusik, Frankfurt a. M. 2001 (Suhrkamp).

## M1 Erinnerungen eines »Halbstarken« an die 1950er Jahre

Rock'n'Roll konnte man anfangs nur im AFN* oder auf'm Rummel bei der Schiffschaukel und an der Raupenbahn hören. Da hatten die schon mal was von Little Richard, Bill Haley und von Elvis, und alle halbe Stunde legte die Oma an der Kasse so 'ne heiße Nummer für uns auf: (…) Im Radio liefen damals ja nur diese Pissnelkenarien, dieser Lieschen-Müller-Tränendrüsenschrott. (…) Der Rock'n'Roll, das war unsere Musik. Nicht dieses Dixielandgewichse, nach dem die Muttersöhnchen vom Gymnasium im Konfirmandenanzug am Sonntag Nachmittag mit ihrer Irmes beim Tanztee rumhopsten, (…).

Vergessen war der Stunk mit'm Boss und den Alten daheim, die beschissenen Wohnverhältnisse, die beknackte Moral, der kleinkarierte Mief und diese ganze verfluchte Abhängigkeit. Das war alles aus'm Hirn geblasen. Da gab's nur noch diese wahnsinnige Musik, diesen aufpeitschenden Rhythmus, den Rock'n'Roll.

Zit. nach: Hyde, Chris: Rock'n'Roll Tripper. Neuauflage hg. vom Archiv der Jugendkulturen, Bad Tölz 2003 (Tilsner), S. 8 f.

\* AFN = American Forces Network, der Radiosender für die amerikanischen Besatzungstruppen in Deutschland und Europa

## M2 Jugendliche vor einem Kino, in dem der Film »Außer Rand und Band« läuft, 1956

»Außer Rand und Band« war der deutsche Verleihtitel für den amerikanischen Film »Rock Around The Clock« mit Bill Haley und seiner Band »The Comets«.

Aus: Steinhage, Axel (Hg.): Chronik 1956, Dortmund 1990 (Chronik Verlag), S. 202.

## M3 Jugendliche bei einem Bill-Haley-Konzert in Hamburg, 1958

ullstein bild 6218.

## M4 Zeitungsbericht zu einem Bill-Haley-Konzert, 1958

Interessant war es, festzustellen, dass die jungen Zuhörer, die wahrscheinlich zu 90 Prozent höchstens lückenhafte Englisch-Kenntnisse haben, alle Rock'n'Roll-Texte fließend auswendig kennen, auch Texte mit so ausgefallenem Inhalt wie »See you later alligator« (Wir sehen uns später noch, Krokodil). Umwerfend komisch, nicht wahr? Das ist es. Natürlich nur für junge Leute von 17, 18 Jahren. Die älteren verstehen das halt nicht mehr, denn wer über 20 ist und über Bill Haleys Schau noch in begeisternde Ekstase ausbricht, ist in seiner Entwicklung wahrscheinlich etwas zurückgeblieben. Wenn sich die Teenager darüber freuen, dann ist das natürlich absolut nicht moralisch verderbt. Sie haben so selten Gelegenheit, nach Herzenslust zu toben und zu schreien. Und sie brauchen ab und zu mal ein Sicherheitsventil.

Je mehr Lärm, je größer ihr Spaß.

Zit. nach: Gaudi und Faxen mit Musikinstrumenten. In: Mannheimer Morgen vom 27.10.1958.

# »Wir wollten unseren eigenen Weg gehen«

## Das Jugendparlament in Bad Homburg

### Stundenschwerpunkt

Die Schüler beschäftigen sich anhand des Beispiels eines 1953 in Bad Homburg gegründeten Jugendparlamentes mit politischen Mitbestimmungsmöglichkeiten von Jugendlichen.

### Bearbeitungsvorschläge

- Fassen Sie anhand von **M1** und **M2** knapp die relevanten Informationen zum Jugendparlament zusammen (Initiative, Funktion, Befugnisse), und stellen Sie die Meinungen der Beteiligten dazu dar.

- Erörtern Sie, inwiefern mit der Initiative Jugendparlament die Vorstellungen und Wünsche der Jugendlichen realisiert wurden. War eine politische Mitbestimmung der Jugendlichen gewünscht?

- Halten Sie es für wünschenswert bzw. realistisch, dass eine solche Initiative in Ihrer Region heute ins Leben gerufen wird?

### Weiterführende Aufgaben / Projektideen

- Die Schüler ermitteln in Archiven oder über Zeitzeugenbefragungen, ob bei ihnen jemals ein Jugendparlament initiiert worden ist.

- Die Schüler erkundigen sich nach politischen Mitbestimmungsmöglichkeiten von Jugendlichen vor Ort. Sie könnten dabei z.B. politische Einflussmöglichkeiten und Aufstiegschancen Jugendlicher in den Parteien vor Ort früher und heute untersuchen.

### Haken und Ösen

Jugendparlamente sind eher städtische Phänomene, aber politische Einflussmöglichkeiten von Jugendlichen können für den ländlichen Raum z.B. auch anhand der Mitarbeit von Jugendlichen in politischen Parteien untersucht werden.

Bei der kritischen Auseinandersetzung mit dem Jugendparlament in Bad Homburg ist die Ambivalenz seiner Grundkonzeption zu beachten.

### Antworten / Hintergründe

Auf Einladung des Stadtverordneten-Vorstehers Dr. Alfred Engelhardt berieten am 11. August 1953 Jugendgruppenleiter des Stadtjugendrings und andere interessierte Jugendliche über die Einrichtung eines Jugendparlamentes. Die Anregung dazu war von Frau Dr. Hilde Miedel, Vorstandsmitglied des überparteilichen Frauenverbandes, gekommen. Sie wollte ein »Modellparlament« für politisch interessierte Jugendliche schaffen, in dem die Spielregeln der großen Parlamente gelten sollten, jedoch ohne parteipolitische Ausrichtungen der jugendlichen Parlamentarier. Behandelt werden sollten in diesem Jugendparlament kommunalpolitische Themen. Den Jugendlichen kam jedoch keine Entscheidungsbefugnis zu, sie konnten nur Empfehlungen aussprechen. Ein vorbereitender Ausschuss wurde gebildet, der u.a. aus dem Sohn von Frau Dr. Miedel und der Tochter des CDU-Fraktionsvorsitzenden bestand. Insgesamt gehörten 62 Mitglieder im Alter von 16 bis 25 Jahren dem im Oktober 1953 eingerichteten Jugendparlament an. Die meisten Teilnehmer waren Oberschüler und Studenten. Bis zur Auflösung des Parlamentes 1955 wurden 15 Vollversammlungen abgehalten zu Themen wie Sportplatzbau, Stadtbusverkehr, der Förderung des Films, aber auch allgemeiner Fragen wie »Brauchen wir Parteien« oder »Die deutsche Wiederbewaffnung«.

Thematisiert werden könnten in dieser Stunde auch Fragen nach der Legitimation der jugendlichen Interessenvertreter und ab wann die jugendlichen Abgeordneten zu »alt« sind und ausscheiden sollten.

### Literatur

Burdewick, Ingrid: Jugend – Politik – Anerkennung. Eine qualitative Studie zur politischen Partizipation 11- bis 18-Jähriger, Bonn 2003 (Bundeszentrale für politische Bildung).

Landeszentrale für politische Bildung (Hg.): Mitmachen statt Zuschauen. Politische Beteiligung Jugendlicher (2000), Heft 4.

www.ich-mach-politik.de (Stand: März 2006).

**M 1** Zeitungsartikel zum Jugendparlament, 1953

# Die Stadtverordneten wunderten sich
### Rege Aussprache um das Jugendparlament

Der Dienstagabend, für den die Bad Homburger Stadtverordneten die jugendlichen Bad Homburger zwischen 16
und 25 Jahren eingeladen hatten, brachte schon zu Beginn eine große Überraschung. Der Besuch übertraf näm-
5 lich weitaus alle Erwartungen, und die Sitzgelegenheiten
im Saal des Landratsamts reichten bei weitem nicht aus.
Stadtverordneten-Vorsteher Dr. Engelhardt (…) berichtete
sodann von der vorbereitenden Arbeit eines Gremiums der
Stadtverordneten-Versammlung, das schließlich zu dem
10 Schluss gekommen sei, die Jugend solle selbst die Form
bestimmen, in der sie sich mit den Problemen der Stadt
auf ihre Weise beschäftigen wolle. Die Stadtväter würden
dabei gern helfend zur Seite stehen. (…)

### Der Vorschlag der Stadtverordneten

15 Für die Gründung eines Jugendparlaments schlug Dr. Engelhardt vor, zunächst eine Themen-Liste aufzustellen, in
die sich die Jugendlichen je nach ihrem Interessengebiet
eintragen sollten. Daraus würden sich Arbeitsgemeinschaften bilden, die die Themen zunächst vorberaten und
20 dann an das aus Mitgliedern der Arbeitsgemeinschaften
gebildete Jugendparlament weiterleiten. Nach endgültiger
Beratung soll das Parlament dann in die Lage versetzt werden, seine Entschlüsse als Empfehlungen dem Stadtparlament zu übergeben.

### 25 Die Jugend verhielt sich zunächst abwartend

Der Aufforderung zur Diskussion wurde zunächst nur zö-
gernd nachgekommen, aber das anfängliche Schweigen
entpuppte sich schon bald als wohl überlegtes Abwarten;
denn nach einer knappen halben Stunde meldeten sich die
30 Jugendlichen so zahlreich und mit so schlagkräftigen Argumenten zu Wort, dass die Stadtverordneten wieder hin-
reichend Grund hatten, sich zu wundern. Herr Hilbich von

der Naturfreunde-Jugend bekräftigte das Interesse der Jugendlichen an einem Parlament, wies jedoch gleich darauf
35 hin, dass in anderen Städten die Stadtjugendringe die Träger seien und dies auch in Bad Homburg wünschenswert
wäre. Man sehe ein, dass die Entschlüsse über Maßnahmen
der Stadt dem gewählten Stadtparlament vorbehalten bleiben müssten, andererseits möchten die Jugendlichen aber
40 nicht nur eine beratende, sondern auch eine kleine ent-
schließende Funktion haben. Er sprach auch deutlich aus,
dass die Jugend von der Stadtverordneten-Versammlung
mehr Interesse an der Jugendarbeit erwarte als bisher. (…)

Frau Dr. Miedel, die die Gründung angeregt hatte, trat für
45 ein Modellparlament ein, in dem die Spielregeln der großen Parlamente gelten sollen. Die Jugend könne dabei aber
nicht auf die Mitarbeit erfahrener Parlamentarier verzichten. (…) Einen praktischen Vorschlag brachte der Jugendliche Thomsen: die Jugendgruppen und Schulen sollten
50 nach ihrer Stärke anteilmäßig Vertreter wählen. (…) Das
Jugendparlament selbst sollte dann ohne Aufgliederung
in Parteien arbeiten, da man von der Jugend noch nicht
den erforderlichen parteipolitischen Scharfblick erwarten
könne.
55 Schließlich einigte man sich auf die Bildung eines vorbereitenden Ausschusses. (…)

### Umgekehrte Vorzeichen

Für die Älteren in der Versammlung war der Abend eine
ganz große Überraschung, denn er trug in Bezug auf die
60 Eigenschaften, die man so gern an das Alter knüpft, umgekehrte Vorzeichen. Während die Älteren möglichst sofort
zur Tat schreiten wollten, zeigte sich die Jugend bedacht-
sam und warnte vor Überstürzungen. (…)

Aus: Der Taunusbote vom 13.8.1953.

**M 2** Interview mit zwei Teilnehmern des Jugendparlamentes, 2006

**Was hat Sie damals gereizt mitzumachen?**
**WOLFGANG ZIMMERMANN:** Ich war als Schüler Klassen-
sprecher, bin im Oktober 1953 im Alter von 22 Jahren in
die SPD eingetreten. Wir waren keine »zornigen jungen
Männer«, aber quasi »Himmelsstürmer«, wollten der Demokratie auf den Zahn fühlen, soviel wie möglich kennen
lernen und es besser machen als die Alten, denen viele
im Dritten Reich nach unserer Meinung versagt hatten.
**WALTER SÖHNLEIN:** Wir waren erst mit 21 Jahren aktiv
und mit 25 Jahren passiv wahlberechtigt und wollten gerne Einfluss auf die Politik nehmen.
**Aus welchen Elternhäusern kamen die Mitglieder?**
**ZIMMERMANN:** Es waren zumeist Oberschüler aus der ge-
hobenen Mittelschicht, die sich von der Tanzstunde, Sport-
vereinen oder den nicht politischen Jugendgruppen her
kannten. Ich war der einzige Berufsschüler.
**Welche Verbindungen gab es zu den Stadtverordneten?**
**ZIMMERMANN:** Es gab, wenn überhaupt, nur lose Verbin-

dungen. Wir wollten unseren eigenen Weg gehen, uns
nicht bevormunden und kontrollieren lassen.
**Warum wollten Sie keine Parteien im Jugendparlament?**
**ZIMMERMANN:** Wir wollten das »politische Gezänk« der
Stadtväter und -mütter nicht nachahmen und den »Appa-
ratschiks« der politischen Parteien keine Gelegenheit geben, in unsere Arbeit einzugreifen.
**SÖHNLEIN:** Es war damals eine Ohne-mich-Stimmung in
der Jugend. Wir wollten alle unabhängig sein. Wir hatten
auch keine Ahnung, welche Ziele die Parteien hatten. Wir
wollten keinen Streit, uns ging es um die Sache.
**Warum hörte das Parlament schon 1955 wieder auf?**
**ZIMMERMANN:** Der Elan ließ nach, der Nachwuchs fehlte und hatte offenbar andere Interessen. Aber der »harte
Kern« wurde später im Bad Homburger Stadtparlament
oder außerhalb Bad Homburgs aktiv.

Das Interview führte Ulrich Hummel, Bad Homburg, im Januar 2006.

# »Aufstand der Unmündigen«
## Debatte um den Stellenwert von Gehorsam 1968

### Stundenschwerpunkt

Im Mittelpunkt der Stunde steht die Kontroverse um den Stellenwert des Gehorsams im Verhältnis von »Jung« zu »Alt«, hier im Zusammenhang mit dem Jugendprotest 1968. Dabei werden anhand von Zeitungsartikeln auch Pauschalisierungen über »die Jugend« problematisiert.

### Bearbeitungsvorschläge

• Untersuchen Sie die Materialien: Woran entzündete sich die Kontroverse zwischen dem Verfasser des Leitartikels und den Leserbriefschreibern?

• Inwieweit halten Sie die Wertungen im Leitartikel für angemessen?

• Diskutieren Sie anhand der Materialien: Zeigt sich in ihnen ein Generationenkonflikt bzw. die Auseinandersetzung zwischen »Alt« und »Jung«?

### Weiterführende Aufgaben / Projektideen

• Die Schüler untersuchen an ihrem Wohn- oder Schulort, ob es im Kontext der 1968er-Proteste zu öffentlichen Auseinandersetzungen über »die Jugend« kam.

• Sie befragen Verwandte und Bekannte, die »1968« als Schüler oder junge Erwachsene erlebten, nach Themen, die zu Konflikten zwischen den Generationen führten.

### Haken und Ösen

Ohne grobe Kenntnisse der Schüler- und Studentenunruhen 1967–1969, ihrer Ursachen und Forderungen lassen sich Argumente und Reaktionen der Autoren schwer einordnen. Zu bedenken ist bei der Bearbeitung, dass verschiedene Anknüpfungspunkte möglich sind, einerseits auf der sprachlichen Ebene, andererseits auf der inhaltlichen Ebene.

### Antworten / Hintergründe

Die Zeitung »Badische Neueste Nachrichten« (BNN) war die einzige Tageszeitung in Karlsruhe. An dem gewählten Fallbeispiel lässt sich erkennen, dass öffentliche Debatten – wie die zum Stellenwert des Gehorsams – (auch) in den regionalen und überregionalen Zeitungen geführt wurden.

Die Welle der Schüler- und Studentenunruhen 1968 erreichte Karlsruhe allenfalls in schwachen Ausläufern, wurde allerdings von vielen Karlsruher Bürgern als beängstigend wahrgenommen. Es kam, wie das vorliegende Beispiel zeigt, bisweilen zu sehr heftigen Auseinandersetzungen, die jedoch weitgehend gewaltlos ausgetragen wurden. So führte die Aufregung um den Leitartikel »Aufstand der Unmündigen« zu Protestaktionen, aber die Beteiligten bemühten sich, Störungen des öffentlichen Lebens zu vermeiden. So wurden beispielsweise Wegstrecke und Zeitpunkt der geplanten Demonstration mit der Polizei abgestimmt, um nicht den Berufsverkehr zu behindern. Auch die BNN bemühten sich um Schadensbegrenzung: Sie distanzierten sich explizit von dem Verfasser des Leitartikels, zeigten in ihrer Berichterstattung viel Verständnis für die Protestaktionen (zumal sich die Universitätsleitung hinter die Studenten stellte und auch das Rathaus eine »Schlichtung« wünschte) und bot sich als Diskussionsforum an.

Nach Zeitzeugenberichten fand allerdings der Leitartikel unter den Karlsruher Bürgern durchaus Zustimmung und Anerkennung.

### Literatur

Kätzel, Ute: Die 68erinnen. Portrait einer rebellischen Frauengeneration, Berlin 2002 (Rowohlt).

Schulenburg, Lutz (Hg.): Das Leben ändern, die Welt verändern! 1968. Dokumente und Berichte, Hamburg 1998 (Edition Nautilus).

# BADISCHE NEUESTE NACHRICHTEN

Badische Presse

## Aufstand der Unmündigen

(...) Der Aufstand der Unmündigen beginnt schon dort, wo man unverfroren den Gehorsam aufkündigt und mit Druckmitteln droht. Da drohen Tausende von Gymnasiasten mit einem Streik, um das zuständige Kultusministeri-
5 um zu zwingen, ihnen ein weitgehendes Mitspracherecht in der Schule einzuräumen. Man sollte über die Unverschämtheit entsetzt sein, mit der Primaner verlangen, die Schulen mitregieren zu dürfen. Die rebellischen Studenten wollen an allen Hochschulen Streiks inszenieren, wenn
10 ihre Forderungen für eine Mitbestimmung nicht erfüllt werden. Wohin treiben wir eigentlich, wenn (...) 24 Prozent unserer jugendlichen Bildungsoberschicht unseren Staat ablehnt und am liebsten nach anarchischen Modellen umkrempeln würde? (...) Viel zuviel haben wir schon zu-
15 gelassen. Und schon ernten wir die faulen Früchte falscher Erziehung und verheerender Ideologien von der Freiheit ohne Bindung und ohne Pflichten. (...) Dazu kommt noch die Kapitulation der Erwachsenen vor der Jugend aus politischem Schuldkomplex oder aus Bequemlichkeit heraus.
20 Wir dürfen uns daher eigentlich gar nicht über diese Jugend wundern, die keine Ideale außer dem des mühelosen Geldverdienens, keine Vorbilder außer den Beatsängern hat und die zu nichts anderem als zum ständig ungenügsamen Konsumenten erzogen worden ist. (...)
25 Höhere Leistungsanforderungen in der Schule und schärfere Auslesen in der Ausbildung bringen einen heilsamen Stress. (...) Ehe junge Menschen aber den Anspruch erheben dürfen, im Kreise des Gemeinschaftslebens mitzureden, sollten sie erst gewisse Leistungen für die Gemein-
30 schaft erbringen: Wehrdienst, Sozialdienst, Berufsausbildung oder die Erfüllung anderer Pflichten. (...) Den Aufstand der Unmündigen aber sollten wir radikal bändigen, und zwar sofort!

Aus: Badische Neueste Nachrichten vom 13.11.1968.

## Einige Leserbriefe zum »Aufstand der Unmündigen«

Hat der Verfasser dieses Artikels wirklich noch nicht erkannt, dass der weitaus überwiegende Teil der »unmündigen« jungen Generation nicht die Anarchie anstrebt, sondern mehr Wahrhaftigkeit von unserer Gesellschaft fordert, mehr eigenes Denken des Einzelnen und mehr Widerstand gegen den unbedingten, Kritik nicht duldenden Gehorsam? (...) Warum wollen eigentlich die Studenten an den Hochschulen mehr »mitbestimmen«? Doch nicht, um weniger lernen zu müssen, sondern weil tatsächlich vieles sowohl von der Struktur als auch vom Inhalt der Lehre her endlich so zu ändern ist, dass die Universitäten mit dem gewaltigen technischen Fortschritt und den damit einhergehenden Änderungen unserer Gesellschaft Schritt halten können. Hier hat die Jugend die Notwendigkeit zur Wandlung eher erkannt als die ältere Generation, in der heute noch viel Unverständnis anzutreffen ist. (...)
*Unterzeichnet von fünf Professoren und 15 Akad. Räten und Assistenten der Architekturfakultät der Universität Karlsruhe.*

Gibt es das wirklich noch, so viel Mut in unseren Tagen? Man muss den Leitartikel zwei-, ja dreimal lesen, um es wirklich glauben zu können. Männerstolz vor Königsthronen scheint noch nicht ganz ausgestorben zu sein. Der Leitartikel sollte Geschichte machen. Vielleicht fehlt in dem Artikel der Hinweis auf die Verderber der Sitten. Denn es sind die öffentlichen Meinungsmacher, die unsere Jugend dahin gebracht haben. Dabei treffen sie auf eine Feigheit, die kaum mehr zu überbieten ist. (...)
*Unterschrieben von einer Privatperson aus Karlsruhe.*

Mit Bestürzung haben die Schüler der Karlsruher Gymnasien den Leitartikel (...) zur Kenntnis genommen. Anstatt mit klaren Überlegungen und sachlichen Beiträgen der Diskussion um die Schule zu dienen, die in allen Gymnasien lebhaft und selbstverständlich in ordentlichen Formen verläuft, frischen die BNN alte Ressentiments auf, die höchstens bewirken, dass weitere Jugendliche enttäuscht ins linksradikale Lager wechseln. (...) Wir sind nicht der Meinung, dass in uns eine innere Leere herrscht (...) Dieser in dem Leitartikel beschworene Geist möge niemals wieder aufstehen, niemals wollen wir in dem Sinne des Verfassers »wieder in Form« gebracht werden, niemals wieder in blindem »Gehorsam« irgendeines Führers. (...)
*Unterschrieben vom Vorsitzenden der Karlsruher Schülervereinigung.*

Zu Ihrem Artikel (...) möchte ich Ihnen meine ganz besondere Hochachtung aussprechen. Angesichts des Gesinnungsterrors, den die organisierte und nichtorganisierte Linke in Deutschland ausübt, ist es leider schon nicht mehr selbstverständlich, dass die Stimme der Vernunft befreit von ideologischen Vorurteilen zu Wort kommt. (...) Es wird der gemeinsamen Bemühungen aller Parteien bedürfen, um hier wieder saubere Verhältnisse zu schaffen. (...) Wir schulden unseren jungen Leuten (...), dass unser Erziehungswesen als solches wieder leistungsfähiger wird. Und wir dürfen vor allem nicht verkennen, dass die altersbedingte Unreife der Jugendlichen viele wertvolle junge Menschen abirren lässt. Ihnen unablässig die Hand zu einem vernünftigen Neubeginn zu bieten ist Ehrenpflicht. (...)
*Unterschrieben von einer Privatperson aus Karlsruhe.*

Aus: BNN vom 22.11.1968.

# »Bedingen sich die Eltern folgendes Nutzungsrecht aus ...«
## Das bäuerliche Altenteil

**Stundenschwerpunkt**

Die Schüler beschäftigen sich mit dem bäuerlichen Altenteil, der Versorgungssicherung für die Altbauern, nachdem der Hof zu Lebzeiten an die jüngere Generation weitergegeben wurde.

**Bearbeitungsvorschläge**

• Lest bzw. betrachtet die Materialien **M1** bis **M3**. Klärt Fragen, die euch beim Lesen kommen, gemeinsam in der Klasse.

• Beschreibt mit eigenen Worten, was das Altenteil regelt und wem es nützt.

• Legt eine Tabelle an, in der ihr anhand der Materialien auflistet, welche Teile des Hofs nach der Altenteilregelung dem Altbauern, welche dem Jungbauern gehören. Tragt auch die Naturalien ein.

• Erörtert anhand der Materialien: War der Bauer Johann Samuel Markert ab 1905 »der Herr im Haus« auf dem Hof?

**Weiterführende Projekte**

• Die Schüler erkundigen sich im Archiv nach überlieferten Verträgen zum Altenteil. Sie recherchieren, wie die Übergabe geregelt wurde, und untersuchen Fälle, bei denen es um das Altenteil zum Konflikt zwischen den Generationen kam.

• Sie fragen Bauern aus der Umgebung, wie ihre Höfe in der Vergangenheit von einer Generation zur nächsten weitergegeben wurden.

**Antworten und Hintergründe**

Mit der Bezeichnung Altenteil wird das lebenslange Recht der Altbauern auf vertraglich ausgehandelte Leistungen wie Wohnung, Nahrungsmittel, Versorgung und Pflege durch die Jungbauern der nächsten Generation nach der Übergabe des Bauernhofs bezeichnet. Probleme konnten entstehen, wenn der Hof zu früh bzw. mit zu hohen Belastungen aus dem Altenteilvertrag übergeben wurde, da dann die Existenz des Hofes in Gefahr geraten konnte. Vor der Einführung einer Pflichtversicherung 1957 stellte das Altenteil die einzige Alterssicherung in der Landwirtschaft dar, die nicht immer ausreichend war.

Der Rothhof aus Herrnbergtheim (heute: Herrnberchtheim) im bayerischen Kreis Neustadt/Aisch-Bad Windsheim war über sieben Generationen im Besitz einer Familie, bevor sich diese 1982 einen neuen Bauernhof baute und den alten komplett an das Fränkische Freilichtmuseum Bad Windsheim übergab. Dort wurde die Hofanlage 1:1 wieder aufgebaut.

Der Grundriss des Hauses gibt Aufschluss über das Zusammenleben der Generationen unter einem Dach. Die Stube im Erdgeschoss ist beheizt und Lebensmittelpunkt des Hauses. Die Eltern schlafen in der Schlafstube, eventuell zusammen mit dem jeweils kleinsten Kind. Im Kabinett schliefen die Söhne der Familie, die Tochter schlief nach dem Tod des Altbauern, der kurz nach der Vertragsunterzeichnung 1905 starb, zeitweilig im oberen Geschoss im Zimmer der Großmutter.

**Literatur**

Czerannowski, Barbara: Das bäuerliche Altenteil in Holstein, Lauenburg und Angeln 1650–1850. Eine Studie anhand archivalischer und literarischer Quellen, Neumünster 1988 (Wachholtz).

Fahning, Ines / Niederstücke, Elisabeth: »Hege und Pflege in alten und kranken Tagen«. Untersuchung zum Vertragsbestandteil von Hofübergabeverträgen. Ein Projekt im Auftrag des Niedersächsischen Ministeriums für Ernährung, Landwirtschaft und Forsten, Göttingen 1999 (Agrarsoziale Gesellschaft).

Schäfer, Alisa: Übernahme und Altenteil, Bonn (Diss.) 1994.

## M1 Der Rothhof in Herrnbergtheim

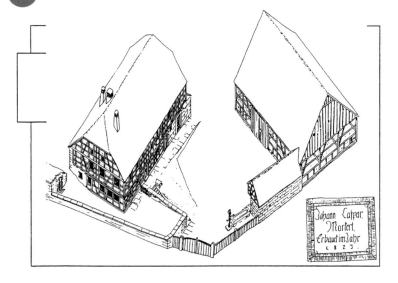

Zum Bauernhof gehörten früher 66 Tagwerk Boden, das sind 22 Hektar. Da der Boden sehr ertragreich ist, können wir von einem Bauernhof mittlerer Größe sprechen. Dieser Bauernhof hatte vor dem Ersten Weltkrieg einen großen Viehbestand: 2 Pferde, 6 bis 7 Milchkühe, 5 bis 6 Schweine, 6 bis 7 Schafe, 2 bis 3 Ziegen, ca. 30 Hühner und 12 Gänse. (...) In dem Haus wohnte früher die Familie mit bis zu neun Personen. Zeitweise waren bis zu vier Dienstboten auf dem Hof. Hinzu kamen je nach Jahreszeit Wanderarbeiter und Taglöhner, die z.B. bei der Ernte mithalfen.

Zit. nach: Museumsführer Freilichtmuseum Bad Windsheim.

## M2 Beschreibung des Vertrages über das Altenteil der Altbauern auf dem Rothhof, 1905

Aus dem Jahr 1905 besitzen wir eine ausführliche Notariatsurkunde; demnach haben die Eheleute Johann Kaspar [geb. 1837, gest. 1905] und Kunigunde Barbara Markert [geb. 1840, gest. 1913] ihren gesamten Besitz mit Ausnahme einiger Felder, zweier Ochsen und einem Schwein ihrem Sohn Johann Samuel Markert zum Preis von 26 000 Mark übergeben, wovon dieser sich 5000 Mark als Heiratsgut abziehen konnte. Als Gegenleistung bedingen sich die Eltern folgendes Nutzungsrecht aus: das ausschließliche Wohnungsrecht im Haus No. 20 zu Herrnbergtheim und zwar in der oberen Stube links vom Treppenaufgang samt Küche und Kammer daneben; die Mitbenutzung des Kellers, Backofens, Kessels, Brunnens, ferner die ausschließliche Benützung einer Waschgelte und eines Waschkübels, sowie des dritten Teils vom Garten Pl. No. 40 (...) endlich des dritten Teils der Fässer nach Wahl der Übergeber.

Ferner an Naturalleistungen: jährliche drei Zentner Korn, drei Zentner Weizen, zweihundert Stück Eier auf vier Raten zu liefern, fünfzig Pfund Gerste, fünfzig Pfund Linsen, zehn Zentner Kartoffeln, der dritte Teil vom Obstertrag des Anwesens, weiter jährlich einhundertfünfzig Pfund Schweinefleisch, zwanzig Pfund Würste in dreierlei Sorten, dreißig Pfund Rindfleisch in zwei Raten zu liefern; sechs Pfund Rindschmalz, acht Pfund Schweineschmalz, vier Ster Scheitholz und einhundert Wellen heimzufahren, kleinzumachen und trocken aufzubewahren; täglich: einen Liter Milch das ganze Jahr hindurch, sooft gebuttert wird einhalb Pfund Butter.

Zit. nach: Fränkisches Freilichtmuseum Bad Windsheim (Hg.): Museumsführer. Häuser aus Franken, Bad Windsheim, S. 85.

## M3 Grundriss des Rothhofs, wie er im Freilichtmuseum steht (Aufteilung von ca. 1907)

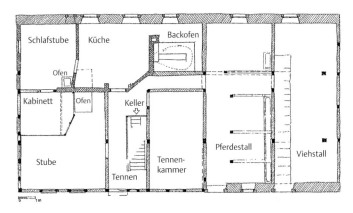

Erdgeschoss

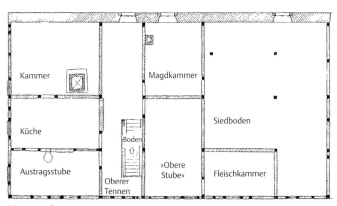

Obergeschoss

Aus: Fränkisches Freilichtmuseum Bad Windsheim (Hg.): Arbeitsblatt – Ein Bauer in einem fränkischen Dorf erzählt, bearbeitet von Ralf Sturm, Bad Windsheim, S. 8.

# »Eintritt in das Leben der Erwachsenen«
## Jugendweihe in der DDR

### Stundenschwerpunkt

Im Mittelpunkt der Stunde steht die Aufnahme junger Menschen in die Erwachsenenwelt durch die Jugendweihe. Die Schüler betrachten das Spannungsfeld zwischen traditionellem Ritual und politischer Indienstnahme, hier unter den konkreten Bedingungen der SED-Diktatur in der DDR.

### Bearbeitungsvorschläge

• Lest **M1**. Welche Funktionen hat die Jugendweihe nach Ansicht des Autors?

• Lest **M2** und betrachtet **M3**. Welche Funktionen der Jugendweihe für die Jugendlichen und ihre Familien könnt ihr dem Material entnehmen?

• Die Jugendweihe hat bis heute eine hohe Attraktivität für die Jugendlichen in den neuen Bundesländern. Wie erklärt ihr euch das?

• Worin seht ihr Gemeinsamkeiten und Unterschiede zwischen Jugendweihe und Konfirmation bzw. Firmung?

### Weiterführende Aufgaben / Projektideen

• Die Schüler erkundigen sich in ihrem Heimatort nach den verschiedenen Formen der Aufnahme in die Erwachsenenwelt vor ihrem jeweiligen kulturellen und religiösen Hintergrund.

• Sie fragen ihre Eltern und Großeltern, wann und wie sie die Aufnahme in die Erwachsenenwelt erfahren haben und was damit verbunden war.

### Haken und Ösen

Die »Initiationsriten« und die Kenntnisse darüber sind regional unterschiedlich ausgeprägt. Das Thema geht über den engeren Rahmen der Jugendweihe hinaus, um Jugendlichen unterschiedlicher religiöser, weltanschaulicher oder kultureller Prägung die Bearbeitung zu ermöglichen.

### Antworten / Hintergründe

In der DDR wurde die Jugendweihe genutzt, um religiöse Bindungen zu beseitigen und die jungen Menschen in den Aufbau der neuen Gesellschaft zu integrieren. Die Partei wollte möglichst alle Jugendlichen für die sozialistische Jugendweihe gewinnen. Um dies zu erreichen, musste der Einfluss der bürgerlichen und kirchlichen Traditionen zurückgedrängt werden.

1958 nahmen 44 Prozent eines Jahrgangs an der Jugendweihe teil, doch die Mehrheit feierte in der Kirche noch die Konfirmation. Zwei Jahre später hatten die Verhältnisse sich grundlegend geändert: 80 Prozent nahmen an der Jugendweihe teil, nur noch ein Drittel feierte Konfirmation. Das Bekenntnis Jugendlicher zu Partei und Staat wurde spätestens ab Ende der 1950er Jahre von allen gefordert. Die Eltern wagten nicht mehr, ihre Kinder zur Konfirmation zu schicken, weil sie um deren berufliches Fortkommen fürchteten. Verstärkt wurde der Druck durch die Propaganda in den Medien, vor allem aber durch die Lehrer. Entsprechend passten sich die meisten an.

Spätestens in den 1980er Jahren betrachteten fast alle die Jugendweihe als private Feier. Mit den öffentlich gelobten Versprechungen für die Zukunft hatte dies wenig zu tun. Langsam wurde aus der Jugendweihe eine Familientradition, die sich von ihrer ideologischen Vereinnahmung befreite.

Das Foto **M3** stammt aus einer Serie des Fotografen Werner Mahler, der 1977 im kleinen Ort Berka bei Sondershausen / Thüringen den Nachmittag nach der Jugendweihe dokumentierte. Die Jugendlichen zogen von Haus zu Haus. Der Eintritt ins Erwachsenenleben wurde u.a. mit Zigaretten und Alkohol gefeiert.

### Literatur

Bolz, Alexander / Fischer, Christina / Griese, Hartmut M. (Hg.): Jugendweihen in Deutschland. Idee, Geschichte und Aktualität eines Übergangsrituals, Leipzig 1998 (Rosa-Luxemburg-Stiftung Sachsen).

Döhnert, Albrecht: Die Jugendweihe. In: François, Etienne / Schulze, Hagen (Hg.): Deutsche Erinnerungsorte, Band III, München 2001 (C.H. Beck), S. 347–360.

(…) Wir, die Alten, haben alles getan, was möglich ist, um der Jugend ein neues Leben zu schaffen, ein Leben ohne kapitalistische Ausbeutung und Unterdrückung. Aber Sache der Jugend ist es jetzt, mitzuhelfen, diesen Weg zum
5 Siege des Sozialismus und zu einem glücklichen Leben unseres ganzen Volkes weiter zu bereiten.
Brüder, zur Sonne, zur Freiheit! In der DDR hat die Arbeiterklasse im Bündnis mit den werktätigen Bauern und anderen Kreisen der Werktätigen die Freiheit errungen, dank
10 der heroischen Opfer des Sowjetvolkes im Kampf gegen den Faschismus.
Wenn wir heute von der Freiheit sprechen, dann denken wir an unsere Brüder und Schwestern in Westdeutschland; denn die große geschichtliche Aufgabe besteht darin, dass
15 auch in Westdeutschland das Volk frei wird von der Unterdrückung durch den Militarismus, von der kapitalistischen Ausbeutung und Knechtschaft durch das westdeutsche Monopolkapital und die Kräfte der NATO.
Das ist das Ziel, das wir erstreben. Diesem großen Ziel,
20 dem Glück unseres Volkes im Sozialismus, dienen auch die Jugendstunden und die Jugendweihe, die Vorbereitung der Jugend für den Eintritt in das Leben der Erwachsenen. (…)

Wir Alten werden nicht ewig leben, aber die Jugend muss die große Aufgabe weiter und zum Ziele führen. Deshalb
25 ist es notwendig, besonders in den Betrieben alle Werktätigen über die Bedeutung der Jugendweihe gründlich aufzuklären und sie von der Notwendigkeit der Teilnahme ihrer Kinder an der Jugendweihe zu überzeugen.
Diese Überzeugungsarbeit wird am wirkungsvollsten dort
30 möglich, wo Betriebsaktivs für Jugendweihe bestehen. Es kommt deshalb darauf an, in allen Betrieben arbeitsfähige Aktivs für Jugendweihe zu bilden, besonders auch in den Maschinen-Traktoren-Stationen, volkseigenen Gütern und landwirtschaftlichen Produktionsgenossenschaften.
35 Sie sollen in enger Zusammenarbeit mit den Frauenausschüssen der Betriebe die gesellschaftliche Bedeutung und den erzieherischen Wert der Jugendweihe erklären. Ich möchte ausdrücklich betonen, dass an der Jugendweihe alle Jungen und Mädchen teilnehmen sollen, gleichgültig,
40 welche Weltanschauung ihre Eltern haben oder in welcher Weltanschauung sie bisher erzogen wurden. Die Jugendstunden und die Jugendweihe dienen der Entwicklung zu charakterfesten, allseitig gebildeten Menschen. (…)

Zit. nach: Neues Deutschland, Nr. 231 vom 1. Oktober 1957, S. 4.

 **M2** Zeitzeuginnen berichten:
Jugendweihe 1961

»Meine Jugendweihe war 1961 und zwar in Mylau im Vogtland. Das ist eine ländliche Kleinstadt mit etwa 3000 Einwohnern. In der Klasse (…) waren vielleicht 30 % kirchlich gebunden. An der Jugendweihe haben meiner Meinung nach (…) alle teilgenommen. Da hat dann nur ein Teil ein Jahr später die Konfirmation nachgeholt. Es war zu dem Zeitpunkt auf jeden Fall klar, dass, wenn man bei der Jugendweihe nicht mitmacht (…), einem möglicherweise der berufliche Weg erschwert war. Von den Lehrern her, würde ich sagen, war der Einfluss nicht so groß, eher von der Kirche, dass die gesagt haben: »Geht nicht zur Jugendweihe!« Aber das hat das Elternhaus nicht mitgemacht, weil von der Schule her bekannt war, wenn die Jugendweihe nicht stattfindet, dann ist der Bildungsweg erschwert.«

Zit. nach: Kauke, Wilma: Ritualbeschreibung am Beispiel der Jugendweihe. In: Fix, Ulla (Hg.): Ritualität in der Kommunikation in der DDR. Leipziger Arbeiten zur Sprach- und Kommunikationsgeschichte, Bd. 6, Frankfurt a. M. u. a. 1998 (Lang), S. 188.

### Jugendweihe 1975

»Ich hatte meine Jugendweihe mit 14 Jahren, 1961 bin ich geboren, also 1975 und hier in Leipzig. Das hat im Schauspielhaus stattgefunden, also in einem festlichen Rahmen. Der generelle Eindruck war so, dass ich es gesehen habe als einen festlichen Akt oder als eine Möglichkeit, die Zeit des Jugendlichen oder des beginnenden Erwachsenen zu begehen und auf diese Dinge, die diese Zeit mit sich bringt, aufmerksam zu machen. Es war mehr obligatorisch. Wir haben die Feier also nach der offiziellen Feier im Kreis der Familie gehabt und eigentlich einen sehr beschaulichen Tag miteinander verbracht.«

Zit. nach: Ebd., S. 190.

**M3** Foto von einer Jugendweihe-Feier, 1977

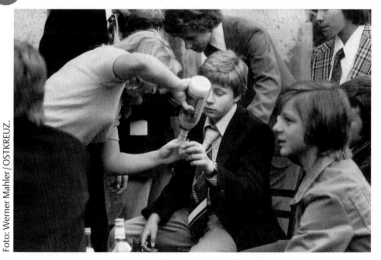

Foto: Werner Mahler / OSTKREUZ.

### Jugendweihe 1998

»Man konnte die Jugendweihe auch ablehnen. Aber eigentlich hat das keiner gemacht. Weil, das war eben ein Fest, und das haben alle mitgemacht. Das war einfach ein Spaß. Also, es war nicht mehr so, dass man das wegen der tollen Zeremonie gemacht hat, wo man sich dann als guter Staatsbürger verpflichten musste, sondern eher, weil das eine Feier war.«

Zit. nach: DVD »DDR – was war das?« (Berlin 2006) www.dominofilm.de

# »Ersatz für den verlorenen Familienverband«

## Generationenbeziehungen in Studentenverbindungen

### Stundenschwerpunkt

Im Mittelpunkt der Stunde steht das Generationenverhältnis in Studentenverbindungen. Die Schüler behandeln Hintergründe und Folgen des so genannten »Lebensbundes« zwischen Verbindungsstudenten und »Alten Herren«.

### Bearbeitungsvorschläge

- Erläutern Sie, welche Funktion die Mitgliedschaft in einer Studentenverbindung laut **M1** für Studenten und für so genannte Alte Herren hat.
- Beziehen Sie Stellung zu den vermittelten Werten.
- Diskutieren Sie, warum Kaiser Wilhelm II. Staatsdiener vorrangig aus Studentenverbindungen rekrutieren wollte. (**M1**, **M2**)
- Ist es in Anbetracht der in **M3** genannten Vorteile für Sie denkbar, Mitglied in einer Studentenverbindung zu werden? Begründen Sie Ihre Meinung.

### Weiterführende Aufgaben / Projektideen

- Die Schüler recherchieren die Organisationsprinzipien, das Verhältnis von »Füchsen«, »Burschen« und »Alten Herren« und die Rolle von Frauen in studentischen Verbindungen aus ihrer Region.
- Die Schüler erforschen, welche Rolle die Alten Herren bei der Karriere der Korpsstudenten spielen und welche Ansprüche, Hoffnungen und Wünsche sie an die nächste Generation der jungen Füchse haben.

### Haken und Ösen

Die Schüler benötigen Hintergrundwissen zum Kaiserreich und zur staatstragenden Rolle von studentischen Verbindungen sowie über die Situation von Verbindungen heute.

### Antworten / Hintergründe

Mit der Durchsetzung von Bildung als wichtigstem Mittel zum Statuserwerb innerhalb der Gesellschaft des Kaiserreichs übernahm die Studienzeit eine herausragende Funktion. Sie verlieh einen hohen gesellschaftlichen Status, zusätzlich gestaltete das Studium eine entwicklungspsychologisch zentrale Phase: die Vorbereitung auf die erwachsene Rolle als »deutscher« Mann und Bürger. Um sich die Aufnahme in die Oberschicht zu erleichtern, bemühten sich zahlreiche junge Männer um die Aufnahme in eine studentische Verbindung. Die Aufnahme sowie die Beziehungen zwischen Verbindungsstudenten (»Füchse« oder »Burschen«) und den so genannten Alten Herren (nicht mehr studierenden Mitgliedern) waren gebunden an reglementierte Initiations- oder Übergangsriten. Die Integration des Einzelnen in den familienähnlichen Bund der Verbindung wurde durch gemeinsame Rituale vollzogen. Die familiäre Struktur wurde dabei verstärkt durch die Bindungen der jungen Aktiven an die Alten Herren (Patronagewesen).

Die studentischen Verbindungen waren Sozialisations- und Präsentationsformen einer verunsicherten Gesellschaft, die ein hohes Maß an Funktionalität aufwiesen. Sie dienten dem Kampf für den eigenen Platz in einer Gesellschaft höchster sozialer Konkurrenz. Korporative Zusammenschlüsse von Studenten stellten eine Anpassung nach oben, einen Aufschluss an die »alten Eliten« Militär und Adel dar und zugleich eine Abgrenzung nach unten. Im Kaiserreich entwickelten sich studentische Verbindungen zu Orten, an denen patriotisches, chauvinistisches und antisozialistisches Denken vorherrschte.

### Literatur

Elias, Norbert: Studien über die Deutschen. Machtkämpfe und Habitusentwicklung im 19. und 20. Jahrhundert, 3. Aufl., Frankfurt a.M. 1998 (Suhrkamp).

Elm, Ludwig / Heither, Dietrich / Schäfer, Gerhard (Hg.): Füxe, Burschen, Alte Herren. Studentische Korporationen vom Wartburgfest bis heute, Köln 1992 (PapyRossa).

Jarausch, Konrad: Deutsche Studenten. 1800–1970, Frankfurt a.M. 1984 (Suhrkamp).

**M1** **Auszug aus der Festrede von Ernst Voigt anlässlich einer Feier der Studentenverbindung Germania Berlin am 14. Januar 1888**

Wappen der Alten Herren der BBG.

Wir verlassen das Elternhaus, wir verlassen die Schule und verlieren damit das jede Klasse derselben, jede Generation unwillkürlich umschlingende Einheitsband, wir beziehen die Universität und treten damit in einen großen Kreis unbekannter Jünglinge ein, in deren Mitte wir uns, losgelöst von der Autorität, die uns bisher beherrschte, und fast ganz auf eigene Urteilsbildung und Entschließung ge-

stellt, für Amt und Beruf, für die Pflichten des Mannes und Bürgers vorbereitet sollen.
20 Rathlos und vereinsamt stehen wir in einer fremden Welt und suchen nach einem Ersatz für den verlorenen Familien- und Klassenverband – und hier gerade zeigt sich die Nützlichkeit und Nothwendigkeit der studentischen Organismen überhaupt. In ihnen bietet sich uns ein fester geselliger Halt, eine Vereini-
25 gung, in der wir im Anschluß an gleichgesinnte Genossen uns für alle Unbilden der bisherigen Abhängigkeit schadlos halten, die natürlichen Regungen jugendlichen Freiheits- und Freudendranges ausleben und damit der ernsten und maßvollen Lebensauffassung des Mannes den Boden bereiten können, in der wir
30 die Ecken und Kanten der mitgebrachten Eigenart abschleifen, das Berechtigte aber im Ansturm gegen fremde Individualität behaupten und zum bewußten Zuge unseres Wesens vertiefen, in der wir die Kunst lernen, durch sachgemäße Erwägung, Geistesgegenwart und Schlagfertigkeit des mündlichen Worts
35 und diplomatisches Geschick entgegengesetzte Naturen für unsere Ansicht zu gewinnen, oder aber, wenn wir unsere Meinung nicht durchzusetzen vermögen, uns der siegenden Mehrheit ohne Murren unterzuordnen, in der wir somit, das Erbe der vorangegangenen Geschlechter empfangend, die mustergülti-
40 gen Formen des gemeinsamen Lebens kennenlernen und uns daran gewöhnen, für alles was wir thun oder unterlassen, sei es vor dem Forum der eignen Gemeinschaft Rechnung abzulegen und die volle Verantwortung zu tragen, sei es nach außen hin in standesgemäßer Weise einzutreten und so die persönliche
45 Würde gegen Freund und Feind zu behaupten, in der wir endlich einen fürs Leben dauernden Freundeskreis, eine bleibende Heimstätte gewinnen, in welcher wir als alte Herren jederzeit, frei von den zwängenden Formen des Philisterthums und den Rücksichten der amtlichen Stellung, das Haupt mit der leichten
50 Mütze bedeckt, die Brust mit dem Burschenbande geschmückt, inmitten der Fahnen und Wappen des Bundes und der Bilder vieler Generationen, umgeben von unseren jugendlichen Brüdern, singen und trinken und schwärmen können, wie einst in den unvergeßlichen Tagen der goldenen Jugend. (...)

Zit. nach: Ehre, Freiheit, Vaterland. Rede des Stadtschulrates Voigt (Germania-Berlin) auf dem Kommers alter Burschenschafter zu Berlin am 14. Januar 1888. In: Burschenschaftliche Blätter. Zeitschrift der Deutschen Burschenschaft und der Vereinigung der Alten Burschenschafter. 2 (1888), H. 4, S. 52ff, hier S. 53f.

 **M2** **Auszug aus einer Rede Kaiser Wilhelms II. vor dem Bonner Senioren Convent [örtliche Vereinigung studentischer Verbindungen], 6. Mai 1891**

Es ist meine feste Überzeugung, daß jeder junge Mann, der in ein Corps eintritt, durch den Geist, welcher in demselben herrscht, und mit diesem Geist seine wahre Richtung fürs Leben erhält. Denn es ist
5 die beste Erziehung, die ein junger Mann für sein späteres Leben bekommt. (...). Und nun, meine Herren, noch ein Wort besonders zu den jüngeren, die im ersten Semester, zum ersten Male sich anschicken, den Geist des Corps zu pflegen. Stählen Sie Ihren Mut
10 und Ihre Disziplin, den Gehorsam, ohne den unser Staatsleben nicht bestehen kann. Ich hoffe, daß dereinst viele Beamte und Offiziere aus Ihrem Kreis hervorgehen.

Zit. nach: Detlef Grieswelle: Zur Soziologie der Kösener Corps 1870–1914. In: Helfer, Christian / Rassem, Mohammed (Hg.): Student und Hochschule im 19. Jahrhundert. Studien und Materialien. Göttingen 1975 (Vandenhoeck und Ruprecht), S. 346–365, hier S. 348.

 **M3** **Studentenverbindungen als Karrierenetzwerke**

Der Sozialwissenschaftler Gerhard Schäfer schreibt 1992 über den »Cartellverband der katholischen deutschen Studentenverbindungen« (CV) als Netzwerk zur Förderung der studentischen Mitglieder:

Die Verpflichtung zu Freundschaft und Lebensbund (...) bedeutet beim Cartellverband die ungenierte Aufforderung zur Protektion: »Überlege, wenn Du selbst oder Deine Personalabteilung einen qualifizierten
5 Mitarbeiter oder Hochschulabsolventen suchst, ob nicht auch ein Cartellbruder die gestellte Aufgabe übernehmen könnte.« Während Max Haneke, Hauptabteilungsleiter bei Hoesch, offen auf die korporative Vorteilsnahme vor dem Berufsleben verwies (»Protek-
10 tion ist gar nicht nötig, weil Verbindungsstudenten schon vor dem Eintritt in Unternehmen entscheidende Vorteile genossen haben«), gab sein Hamburger Kollege und Alter Herr des Corps Frankonia Darmstadt, Götz Junkers, der als Leiter einer Manage-
15 ment- und Personalberatung in Korporationsorganen Stellen ausschreibt, unumwunden die Vorteile beim Karrierestart in der ›freien Wirtschaft‹ zu: »Einem Bewerber, der Verbindungsstudent ist, bringt man natürlich mehr Vertrauen im Vorstellungsgespräch
20 entgegen.« (...) Mancher Aktive weiß zu Beginn seines Studiums um diese Vorteile, wie der Trierer CV-Student Herbert Winter deutlich formuliert: »Wer in einer Studentenverbindung ist, hat für die Zukunft ausgesorgt – fährt wie von einem Turbo-Lader be-
25 schleunigt der Karriere entgegen.«

Zit. nach: Schäfer, Gerhard: Cliquen, Klüngel und Karrieren – Beziehungen und Ver-Bindungen, in: Elm, Ludwig / Heither, Dietrich / Schäfer, Gerhard (Hg.): Füxe, Burschen, Alte Herren. Studentische Korporationen vom Wartburgfest bis heute, Köln 1992 (PapyRossa), S. 299–321, hier S. 307.

# »... weil du nicht mehr dazugehörst«
## Wie erleben Männer aus der Club-Szene ihr Älterwerden?

### Stundenschwerpunkt

Im Mittelpunkt der Stunde stehen Veränderungen des Selbstbildes im Prozess des Älterwerdens. Als Beispiel dient ein Interview mit Männern, die ihre Identität stark aus der Zugehörigkeit zu einer jugendlichen Party-Szene beziehen, dieser jedoch mit zunehmendem Alter entwachsen.

### Bearbeitungsvorschläge

- Arbeiten Sie aus **M1** die Tätigkeitsfelder der vier Befragten heraus. Welche Informationen zum Selbstbild der Befragten enthält der Text?

- Markieren Sie in **M1** Wertungen der Interviewten über Jugendliche und die heutige Club-Szene. Stellen Sie dar, wie sie diese Urteile begründen.

- Diskutieren Sie, ob das Alter der betreffenden Person auf ihr Selbst- oder Rollenbild bzw. auf ihre Beziehung zur »jungen Szene« Einfluss hat. Welche Rolle spielt der berufliche Umgang mit Jugendlichen beim Älterwerden?

### Weiterführende Aufgaben / Projektideen

- Die Schüler befragen z.B. Sozialarbeiter, Lehrer, Trainer oder Musiker unterschiedlichen Alters, die beruflich mit Jugendlichen zu tun haben, zu ihrem Rollenverständnis und dazu, ob sich dieses durch ihr Älterwerden verändert hat. Sie gleichen das Selbstbild mit dem Fremdbild ab, indem sie die betreffenden Jugendlichen fragen.

### Haken und Ösen

Das Interview eignet sich für den Einstieg in das Thema »Älterwerden«; eine historische Komponente, wie es der Wettbewerb fordert, enthält es nicht.

### Hintergrundinformationen

Die vier Männer (**M1**) befinden sich mit Ausnahme von Victor Marek im so genannten mittleren Erwachsenenalter (etwa 31–50 Jahre). Als Musiker, Barkeeper, Gründer eines Labels usw. haben sie engen Kontakt zu Menschen, die deutlich jünger sind als sie und der nachgewachsenen Szene angehören. Die Interviewten beschreiben, dass sie früher selbst zur Szene gehörten, dass sich aber mittlerweile ihre Beziehung zu dieser verändert hat. Sie sind älter geworden; aus beruflichen Gründen gehören sie weiterhin dazu, sind aber nicht mehr unhinterfragt »jugendlich«. Die Notwendigkeit, ihre Rolle neu zu definieren, führt zu inneren Konflikten, die sich im Interview in abwertenden und distanzierenden Aussagen über Jugendliche erkennen lassen. Im Grunde besteht der Konflikt darin, dass die Männer sich mittlerweile in einer anderen Lebensphase befinden. Die Aussagen von Muck D. Giovanett könnten auf ein negatives Beispiel, die von Matthias Strzoda auf ein positives Beispiel hinweisen. Letzterem scheint es gelungen zu sein, ein konstruktives Verhältnis zur »nachwachsenden Szene« aufzubauen.

Das hier angesprochene Thema des Älterwerdens und der möglicherweise damit einhergehenden inneren Konflikte lässt sich bei Menschen unterschiedlicher Berufsgruppen bzw. Lebensalter untersuchen.

### Literatur

Grob, Alexander / Jaschinski, Ute: Erwachsen werden, Weinheim u.a. 2003 (Beltz PVU).

Heisig, Daniela / Savoy-Deermann, Cornelia: Mein Echo im Beruf: Wege zum Einklang zwischen innerer Entwicklung und Arbeitsleben, Gießen 2001 (Psychosozial).

**M1** Älterwerden im Club:

Wie ist es, älter zu werden, wenn man sich stark über die Teilhabe an Jugendkultur definiert? Kann man (...) für immer dabei sein, und will man das überhaupt? Und was ist das für ein Gefühl, wenn man im Club plötzlich niemanden mehr kennt?
Auszüge aus einem Gespräch mit Muck D. Giovanett, geb. 1966, Kulturschaffender und Bandmitglied; Felix Kubin, geb. 1969, Gründer eines Labels für Popmusik, Trickfilme, Hörspiele etc.; Victor Marek, geb. 1975, Barkeeper und Musiker; Matthias Strzoda, geb. 1962, Journalist, Musiker, Vater.

**MUCK:** Ich ärgere mich zu Tode, wenn ich zwei Euro für ein Bier bezahlen muss, in einer verrauchten Kneipe, wo mir die Augen brennen und wo dann auch noch langweilige Leute rumstehen.

**MATTHIAS:** Wir sind jetzt aber in einem Alter, wo uns das nichts mehr ausmacht.

Muck D. Giovanett

**FELIX:** Außerdem sind wir in einem Alter, wo wir überall Beziehungen haben und kaum noch für Getränke bezahlen müssen.

**MUCK:** Für mich sind die wesentlichen Beziehungen beendet mit dem Ende von Heinz Karmers Tanzcafé. Früher wurden Bars viel stärker als Kommunikationsort genutzt. Casper's Ballroom und das Tanzcafé, da hat man sich eben immer getroffen.

**MATTHIAS:** In den Clubs hat sich ja einfach ein soziales Umfeld gebildet, wo man dann einfach hinging und die Leute traf. Aber mir geht's nicht mehr so. Mein primäres Interesse ist es auch nicht mehr, irgendwen kennen zu ler-

Felix Kubin

nen. Das passiert auch noch manchmal, aber das ist 'ne Phase, die ist eigentlich vorbei. Das ändert sich einfach, wenn man Familie oder 'ne Frau oder Freundin hat. Ich sehe kaum noch Leute in meinem Alter.

**FELIX:** Bei mir ist das so, dass ich – wahrscheinlich weil ich mich sehr stark für neue Sachen interessiere – teilweise sehr junge Leute kennen lerne und teilweise auch dann mit denen zusammen arbeite. Das ist eine Durchmischung von Leuten, die aus der Kunst kommen und aus der Musik, teilweise auch Theater- oder Filmleute.

Matthias Strzoda

**MATTHIAS:** Aber alle jung, oder wie?

**FELIX:** Ja; die sind alle ziemlich jung. Ich weiß nicht, ob man das Ganze eine andere Generation nennen soll, aber die sind alle so zehn Jahre jünger.

**MUCK:** Wir hier sind eben definitiv aus unterschiedlichen Szenen. In meiner Szene, in der ich groß geworden bin, fehlt mir definitiv der Nachwuchs. Da kommt nichts Vernünftiges nach.

**MATTHIAS:** Ich glaube nicht, dass nichts Vernünftiges nachkommt, sondern dass sich die Szenen einfach verändern und dass du da nicht mehr so richtig viel Ahnung von hast. Da gibt's völlig andere Codes, andere Klamotten, alles was so dazugehört (...). Von denen du nichts erfährst, weil du nicht mehr dazugehörst.

**VICTOR:** Vielleicht gehen die Jüngeren jetzt eher zu Konzerten von Tomte oder Kettcar.

Victor Marek

**MUCK** [empört]: Aber das sind auch alles alte Leute! (...)

**MUCK:** Früher habe ich so in den Tag hineingelebt und irgendwelchen Blödsinn gemacht. Dann habe ich gemerkt, dass das Leben nicht nur bis 30, 35 oder 40 geht, sondern eventuell auch weiter. Und da gab es dann irgendwann den Ansatz, das zweizuteilen. Das heißt sich eine finanzielle Basis zu schaffen, die mir die Freiheit gibt, Blödsinn zu machen.

Zit. nach: Fries, Meike (Interview): »Männer am anderen Ende des Nervenzusammenbruchs«. In: SPoKK (Arbeitsgemeinschaft für Sozialwissenschaftliche Politik-, Kultur- und Kommunikationsforschung) (Hg.): Jugend, Medien, Popkultur: ein Sammelalbum. Berlin 2003 (Archiv der Jugendkulturen), S. 131–139.

# »Nimm dieses Liebeszeichen hin ...«

## Wandel der häuslichen Altenpflege

### Stundenschwerpunkt

Die Schüler beschäftigen sich mit den Veränderungen in der häuslichen Altenpflege. Sie setzen sich damit auseinander, wie alte Menschen im 19. Jahrhundert in der Familie gepflegt wurden und wie diese Pflege heutzutage organisiert ist.

### Bearbeitungsvorschläge

• Lest das Gedicht (**M1**), und fasst mit eigenen Worten zusammen, wovon es handelt. Betrachtet anschließend den Leistungskatalog (**M2**) eines ambulanten Pflegedienstes.

• Versucht, die Tätigkeiten, die in dem Gedicht beschrieben werden, zu kategorisieren: Welche Tätigkeiten (Nahrungsaufnahme, Körperpflege etc.) beschreibt der Schwiegervater?

• Welche dieser Leistungen werden von der gesetzlichen Kranken- bzw. Pflegeversicherung vergütet, wenn sie ein ambulanter Pflegedienst ausführt? Was kann nicht abgerechnet werden?

• Diskutiert, welche Vor- und Nachteile es hat, wenn die Pflege von Dienstleistern übernommen wird.

• Die Sichtweise der Pflegenden – von Alma, aber auch die der Pfleger eines ambulanten Pflegedienstes – wird in den Quellen nicht erwähnt. Überlegt, wie deren Meinungen/Aussagen lauten könnten.

### Weitergehende Aufgaben/Projektvorschläge

• Die Schüler besuchen einen ambulanten Pflegedienst und informieren sich darüber, wie sich die Pflegearbeit verändert hat.

• Sie befragen ihre Eltern und Großeltern, wie diese ihre Angehörigen pflegen oder gepflegt haben.

### Haken und Ösen

Das Gedicht und der Leistungskatalog lassen sich nicht auf der gleichen Ebene analysieren. Außerdem enthält keine der Quellen Informationen über die Situation der Pfleger.

### Antworten und Hintergründe

**M1** ist ein persönliches Gedicht des Dichters Friedrich Rückert an seine ihn pflegende Schwiegertochter. Es entstand wenige Wochen vor seinem Tod am 31.1.1866. Er zeigt deutlich seine Dankbarkeit und Zuneigung, aber auch seine Hilflosigkeit gegenüber seiner Schwiegertochter.

Bei **M2** handelt es sich um den Leistungskatalog eines Pflegedienstes, der per se schon frei ist von jeglicher persönlichen Note. Diesen Katalog hat der Pflegedienst mit den Pflege- und Krankenkassen ausgehandelt, um seine Leistungen möglichst sachgerecht abrechnen zu können. Er sagt nichts über die tatsächliche Qualität der Pflege aus.

Die Pflege alter Menschen hat sich seit Entstehung des Gedichtes sehr verändert. War früher die Pflege älterer Menschen hauptsächlich Angelegenheit weiblicher Familienangehöriger, hat sich aus der Altenpflege ein anerkannter Beruf entwickelt, der mittlerweile auch von Männern erlernt wird. Die Professionalisierung der Altenpflege erzeugt ein Spannungsfeld zwischen Ökonomisierung bzw. Effizienz und dem Kern von Pflege, nämlich Fürsorge und Zuwendung. Bisher nur wenig historisch erforscht, bietet der Wandel in der Altenpflege spannende Anknüpfungspunkte für die Erkundung des Verhältnisses zwischen Alt und Jung.

### Literatur

Blinkert, Baldo/Klie, Thomas: Pflege im sozialen Wandel. Studie zur Situation häuslich versorgter Pflegebedürftiger, Hannover 1999 (Vincentz).

Voges, Wolfgang: Pflege alter Menschen als Beruf. Soziologie eines Tätigkeitsfeldes, Wiesbaden 2002 (Westdeutscher Verlag).

**Meiner lieben Schwiegertochter Alma**

(Weihnachten 1865)

*von Friedrich Rückert*

Zeitungsbringerin,
Fliegenwedelschwingerin,
Fehllose Jägerin,
Treffliche Totschlägerin,
5    Liebe Beleberin,
Kleinmutes Heberin,
Sorgenabwenderin,
Trostredenspenderin,
Leidens Abfragerin,
10    Besserungswahrsagerin,
Arzneigeberin,
Stundenmahnerin,
Zeitvertreibungsanbahnerin,
Temperaturspürerin,
15    Feuernachschürerin,
Witterungskünderin,
Lampendochtanzünderin,
Morgenbegrüßerin,
Abendrastversüßerin,
20    Nachtvorleserin,
Bücheramtsverweserin,
Allzeitunterhalterin,
Gesprächsstoffentfalterin,
Wunschablauscherin,
25    Dienstrollentauscherin,
Allesbeschickerin,
Allesüberblickerin,
Allesbestreiterin,
Krankenkostbereiterin,
30    Festgabedenkerin,
Weihnachtsentenschenkerin,
Engelsverwenderin,
Enkelzuspruchspenderin,
Ordnerin, Schmückerin,
35    Kopfkissenrückerin,
Pfeifenkopfstopferin,
Flaschenpropfenpropferin,
Schlummerbecherfüllerin,
Kalter Knie Umhüllerin,
40    Nachtruhanwünscherin,
Wenn ich wachsenmatt bin,
Heimlich schwach schachmatt bin,
treue Mitträgerin,
Mitpflegerin,
45    Neben deiner Schwägerin,
Schwiegerkind, Söhnerin,
Versöhnerin, Beschönerin,
Unbelohnt Taglöhnerin,
Allzeit frohe Frönerin,
50    Liebliche Verwöhnerin:
Nimm dies Liebeszeichen hin,
Wie ich dir dankbar bin.

**Abrechnungskatalog der Caritas Hamburg für häusliche Pflegeleistungen, 2005**

| Bezeichnung der Leistungskomplexe | Punkte* | Euro |
|---|---|---|
| Kleine Morgen-/Abendtoilette | 250 | 10,50 |
| Kleine Morgen-/Abendtoilette (ohne Hilfe beim Aufstehen und Verlassen des Bettes) | 200 | 8,40 |
| Große Morgen-/Abendtoilette | 450 | 18,90 |
| Große Morgen-/Abendtoilette (ohne Hilfe beim Aufstehen und Verlassen des Bettes) | 400 | 16,80 |
| Lagern/Betten/Bewegungsaktivierung | 100 | 4,20 |
| Hilfe bei der Nahrungsaufnahme | 250 | 10,50 |
| Sondenkost bei implantierter Magensonde | 200 | 8,40 |
| Hilfe bei der Darm- und Blasenentleerung bei der Morgen- oder Abendtoilette | 50 | 2,10 |
| Hilfe bei der Darm- und Blasenentleerung zusätzlich zur Morgen- oder Abendtoilette | 150 | 6,30 |
| Hilfestellung beim Verlassen und/oder Wiederaufsuchen der Wohnung | 100 | 4,20 |
| Hilfestellung beim Verlassen und/oder Wiederaufsuchen der Wohnung bei Begleitung zu notwendigen Aktivitäten, z.B. Arztbesuch | 600 | 25,20 |
| Beheizen der Wohnung (Ofenheizung) | 100 | 4,20 |
| Reinigung der Wohnung | 500 | 21,00 |
| Wechseln und Waschen der Wäsche und Kleidung | 400 | 16,80 |
| Wechseln der Bettwäsche | 60 | 2,52 |
| Einkauf/Vorratseinkauf | 350 | 14,70 |
| Kleine Besorgung | 60 | 2,52 |
| Zubereitung einer warmen Mahlzeit in der Wohnung | 270 | 11,34 |
| Zubereitung einer warmen Mahlzeit in der Wohnung mit besonderem Aufwand | 350 | 14,70 |
| Zubereitung einer sonstigen Mahlzeit | 80 | 3,36 |

Caritas Hamburg, Tabelle »Leistungskomplex-System ab 1. Oktober 2005«.

* Jede Leistung im ambulanten Pflegebereich ist einer bestimmten Punktzahl zugeordnet. Jeder Pflegedienst verhandelt mit den Kassen einen bestimmten Betrag, der mit diesen Punkten multipliziert wird. Hier hat das Pflegeteam einen Punktwert von 0,042 Euro je Leistungspunkt ausgehandelt. In Hamburg ist die Höhe des Punktwertes davon abhängig, ob ein Pflegedienst an Qualität sichernden und fördernden Maßnahmen teilnimmt.

Gedicht zit. nach: Annette Lepenies (Hg.): Alt und Jung. Das Abenteuer der Generationen. Eine Publikation des Deutschen Hygiene-Museums Dresden. Basel 1997 (Stroemfeld).

# »Sieh dich um und hilf!«
## Ehrenamtliche Hilfe für Senioren durch Jugendliche

### Stundenschwerpunkt

Mitte der 1960er Jahre wurde in Hamburg-Bergedorf die »Aktion Silberfisch« ins Leben gerufen: Jugendliche sollten älteren Mitbürgern, die als Zeichen einen Silberfisch ins Fenster gehängt hatten, ihre Hilfe anbieten. Im Mittelpunkt der Unterrichtsstunde steht die Frage, inwieweit diese Aktion auch heute noch ein Modell der Nachbarschaftshilfe sein könnte.

### Bearbeitungsvorschläge

• Gebt in eigenen Worten anhand von **M 1** bis **M 3** die Idee der »Aktion Silberfisch« wieder.

• Wie wird in **M 3** der Erfolg der Aktion bewertet?

• Überlegt, warum eine solche Form der Hilfe zwischen Jung und Alt entstanden ist.

• Diskutiert, inwieweit mit dieser Aktion Chancen bzw. auch Probleme verknüpft waren und ob diese Aktion auch heute ein Modell der Nachbarschaftshilfe sein könnte.

### Weiterführende Aufgaben / Projektideen

• Die Schüler ermitteln, welche Formen der Hilfe für ältere Menschen es an ihrem Wohnort in der Vergangenheit gab (organisiert z.B. von Pfadfindern, Sternsingern, Jungschar des CVJM) und welche es heute gibt.

• Sie fragen bei Hilfseinrichtungen für ältere Menschen, inwieweit es ehrenamtliche Initiativen gibt und welche Vor- und Nachteile sie haben.

• Die Schüler führen in ihrer Schule oder auf der Straße eine Umfrage dazu durch, ob die »Aktion Silberfisch« heute Zustimmung fände.

### Haken und Ösen

Der Aktenvermerk **M 3** beschreibt die »Aktion Silberfisch« nicht in Hamburg wie **M 1** und **M 2**, sondern in Niedersachsen.

### Antworten / Hintergründe

Von 1961 bis zu seinem Tod am 22. November 1963 unterstützte John F. Kennedy als Präsident der Vereinigten Staaten von Amerika die Bürgerrechtsbewegung wie auch das bürgerschaftliche Engagement. Einer seiner Leitsätze lautete: »Und so, meine amerikanischen Mitbürger: Fragt nicht, was euer Land für euch tun kann – fragt, was ihr für euer Land tun könnt.«

Als Reaktion auf die Ermordung John F. Kennedys rief der Unternehmer Kurt A. Körber am 23. November 1963 anlässlich einer Betriebsversammlung zum Gedenken an Kennedy die »Kennedy-Mission« in Hamburg-Bergedorf ins Leben. In ihr sollten sich Mitarbeiter organisieren, die alten oder kranken Menschen ehrenamtlich helfen wollten. In diesem Zusammenhang wurde auch die »Aktion Silberfisch« initiiert. Das Vorbild stammte aus England. In mehreren deutschen Städten und Bundesländern wurde die Aktion in den 1960er Jahren durchgeführt.

So auch in Niedersachsen, wo der paritätische Wohlfahrtsverband die »Aktion Silberfisch« unter dem Motto »Sieh dich um und hilf« unterstützte. Schirmherrin war Karin-Rut Diederichs, die Ehefrau des damaligen niedersächsischen Ministerpräsidenten.

### Literatur

Bundesministerium für Familien, Senioren, Frauen und Jugend (Hg.): Freiwilliges Engagement in Deutschland: Freiwilligensurvey 1999. Ergebnisse der Repräsentativerhebung zu Ehrenamt, Freiwilligenarbeit und bürgerschaftlichem Engagement, Stuttgart 2000 (Kohlhammer).

Mehr Informationen zur Aktion Silberfisch unter www.lueneburg.paritaetischer.de/geschichte.html (Stand: Mai 2006).

**M1** Zeitungsartikel zur »Aktion Silberfisch«

Wie Frau Karoline Kellnberger aus der Rektor-Ritter-Straße 11 – sie ist 91 Jahre alt – gibt es viele einsame alte Menschen in Bergedorf, die keine Angehörigen mehr besitzen, Gebrechen haben und auf die Hilfe ihrer Mitmenschen angewiesen sind. Eine Gemeindeschwester schaut hier täglich nach dem Rechten. Doch wenn plötzlich Not ist, z. B. im Winter der Ofen ausgeht oder ein Arzt gerufen werden muss, dann braucht auch Karoline Kellnberger ihr Notsignal, in diesem Fall den »Silberfisch«, der ab Oktober allen alten und einsamen Bürgern unserer Stadt für Notfälle übergeben werden soll. Darüber hinaus will die »Aktion Silberfisch« für ein halbes Jahr Impulse geben: Impulse für praktizierte, tatkräftige Nachbarschaftshilfe unter dem Motto: »Sieh dich um und hilf!«. Auch ohne Silberfisch soll dieser Appell durch alle 12 Monate im Jahr offene Herzen und helfende Hände finden. (Foto: Klebe)

Aus: Bergedorfer Zeitung, Pfingsten 1964.

**M2** Plakataufruf

● ruft zur Hilfe an alten Menschen auf, um die sich keiner kümmert.

● Sind sie krank oder einsam, so brauchen sie unsere Liebesdienste.

● Siehst Du einen Silberfisch hängen, so klopf’ dort an und frag’: Was kann ich tun?

● Kannst Du selbst nicht helfen, ruf’ die Zentrale an; sie hilft weiter.

● Aktion Silberfisch bittet Dich, an die Alten und Hilflosen zu denken. Kümmer’ Dich um sie. Auch Du wirst einmal alt!

Körber-Archiv H 41.

**M3** Auswertung der »Aktion Silberfisch« in Niedersachsen

```
            "Aktion Silberfisch" in Niedersachsen
            ─────────────────────────────────────

Der Deutsche Paritätische Wohlfahrtsverband, Landesverband Niedersachsen
e.V., nahm die Anregung zur "Aktion Silberfisch" aus einem "Zeit"-Artikel
über die Aktion in England auf. Seit dem 1. November 1963 wird in Nieder-
sachsen die "Aktion Silberfisch" durchgeführt.

In über 30 Städten und Landkreisen des Landes Niedersachsen wurden 30.000
"Silberfische" an alte, alleinstehende Mitbürger ausgegeben. Diese Silber-
fische sollen als "Notsignal" für die Nachbarschaft und Helfer sichtbar
ans Fenster oder an die Tür gehängt werden, um zu helfen oder Hilfe herbei-
zuholen.

Helfer sind die Kreisgruppen des Deutschen Paritätischen Wohlfahrtsverbandes
(DPWV), die ihm angeschlossenen Mitgliedsorganisationen, Jugendgruppen und
Jugendringe, Schulklassen, Hausfrauenverbände und viele andere mehr.
Es haben sich viele Helfer zur Verfügung gestellt, die regelmäßig in Form
von Patenschaften tätig sind, um zu helfen oder Freude zu bereiten.

In einer niedersächsischen Kleinstadt fanden Helfer eine völlig verzwei-
felte Frau vor, der eine schleichende Augenkrankheit langsam das Augenlicht
nimmt. Sie konnte das Alleinsein mit den ständigen Gedanken an ihre Krank-
heit nicht mehr ertragen. Jetzt wird sie von Mitgliedern eines Altenclubs
regelmäßig betreut und hat Anschluß an eine Gemeinschaft gefunden, die es
ihr ermöglicht, ihr Schicksal leichter zu ertragen.

Der Besuch eines Helfers bei einer 79-jährigen Dame war der erste seit
Ostern 1963.

Fünf junge Mädchen übernehmen die Patenschaft für fünf ältere Damen und
richten sogar gemeinsam Feiern aus.

Ein Großteil der angeforderten Hilfen erledigt sich erfreulicherweise durch
Nachbarschaftshilfe.

Testversuche in Hannover zeigten, daß der gut sichtbar  herausgehängte
"Silberfisch" schon nach 12 bis 17 Minuten bis zu 6 Helfer in einem einzigen
Fall herbeirief.

Die Befürchtung, unsaubere Elemente würden durch einen "Silberfisch" ange-
lockt, hat sich nirgendwo bewahrheitet.

Das Motto der "Aktion Silberfisch" in Niedersachsen - Sieh Dich um und hilf! -
ist schon jetzt Zeichen einer erfreulicherweise vielfach zu beobachtenden
zunehmenden Hilfsbereitschaft geworden.

                        ────────────────
```

Körber-Archiv H 41, ohne Absender, ohne Datum.

# »Kinder sind meine Verjüngungskur«
## Das Modell der ehrenamtlichen »Leih-Oma«

### Stundenschwerpunkt

Auf der Grundlage eines Zeitungsartikels befassen sich die Schüler mit dem Engagement von Leih-Omas. Dabei gehen sie der Wirkung außerfamiliärer Beziehungs- und Erziehungsmodelle auf das Verhältnis zwischen Kindern und Erwachsenen nach.

### Bearbeitungsvorschläge

• Nennt die Argumente, die in **M1** für den Einsatz von Leih-Omas angeführt werden.

• Zeigt auf, wie damit umgegangen wird, dass es möglicherweise unterschiedliche Vorstellungen über Kindererziehung gibt.

• Berichtet über eigene »Enkel-Erfahrungen«. Diskutiert, ob der Einsatz von Leih-Omas, Tagesmüttern usw. Einfluss hat auf die Erziehung von Kindern und ob er die Beziehung zwischen Kindern, Eltern und Großeltern verändert.

### Weiterführende Aufgaben / Projektideen

• Die Schüler sammeln Informationen, wie Senioren für die Tätigkeit als Leih-Oma oder Leih-Opa gewonnen werden sollen (z.B. unter www.leihomas-leihopas.de, Stand: März 2006). Sie diskutieren mögliche Schwierigkeiten im Rahmen der Tätigkeit.

• Sie befragen Verwandte und Bekannte der Eltern- und Großeltern-Generation über ihre Beziehungen zu ihren Großeltern.

• Die Schüler recherchieren die Stellung und Tätigkeitsbereiche »externer« Erzieher im vorindustriellen Zeitalter an ihrem Ort und vergleichen diese mit aktuellen Entwicklungen.

### Haken und Ösen

Für einen Beitrag zum Geschichtswettbewerb ist ein lokaler oder biografischer Bezug bei der Bearbeitung des Themas notwendig. Eventuell kann es schwer werden, Familien zu finden, die zu Recherchen zu innerfamiliären Beziehungen bereit sind.

### Antworten / Hintergründe

In der Geschichte fand Kinderbetreuung in der Regel innerhalb der eigenen Familie statt. Kamen Erzieher oder Erzieherinnen in die Familie, ließ dies auf einen bestimmten gesellschaftlichen Status schließen. So arbeiteten Gouvernanten im 18. und 19. Jahrhundert für den Adel oder das Bürgertum. Heute wird der Wunsch nach Betreuung von Kindern in der Familie durch eine Leih-Oma oder einen Leih-Opa davon geprägt, dass beide Elternteile bzw. Alleinerziehende berufstätig sind und außerhäusige Betreuungsmöglichkeiten nicht in ausreichendem Maße zur Verfügung stehen. Das Modell der ehrenamtlichen »Leih-Großeltern« steckt zwar noch in den Anfängen, breitet sich über entsprechende Vermittlungsdienste aber weiter aus.

### Literatur

Becher, Jutta: Kindermädchen. Ihre Bedeutung als Bezugspersonen für Kinder in bürgerlichen Familien des zweiten Deutschen Kaiserreichs (1871–1918), Frankfurt a.M. 1993 (Lang).

Hardach-Pinke, Irene: Die Gouvernante. Geschichte eines Frauenberufs, Frankfurt a.M. 1993 (Campus).

Die Zahl der Vermittlungsbörsen von Leih-Omas bzw. -Opas wächst, vgl. z.B. im Internet www.oma-gesucht.de oder www.tagesmuetter-bundesverband.de (Stand: März 2006).

# Kinder halten jung – auch wenn es nicht die eigenen sind

In den Knien knackt es leise, als sich Elke Ballhausen auf den Boden setzt. Mit einer Hand schafft sie sich Raum zwischen Spielzeugburgen, Heerscharen von Plastik-Rittern und elektrischen Autorennbahnen. Peter hüpft um sie herum, spielt auf einer Luftgitarre. Aus dem Kassettenrekorder dröhnt Rockmusik, Peter trötet dazu auf einem Strohhalm, der in seinem Mundwinkel steckt. »Kinder sind meine Verjüngungskur«, sagt die 64-Jährige. Auch wenn es nicht die eigenen Kinder und Enkel sind. Denn Elke Ballhausen ist eine gemietete Oma. Sie betreut Kinder in Familien, in denen Großeltern fehlen.

Mit ihrem Kleinwagen braust sie an dem herbstlichen Morgen von Hamburg in Richtung Neu-Wulmstorf in Niedersachsen zu ihren Leih-Enkeln Peter, Jasper und Tillmann Eckhardt. Elke Ballhausen rückt ihre Sonnenbrille zurecht und streicht sich eine kurze, graue Strähne aus der Stirn. Am Rückspiegel baumelt eine bunte Stoffmaus. »Was soll ich zu Hause rumsitzen und fernsehen? Auch mit der Rente muss das Leben doch weitergehen.«

Als Elke Ballhausen klingelt, trappelt es hinter der Tür. Mit großen Augen öffnet Peter, seine blonden Haare stehen in alle Richtungen, Schokocreme klebt noch an seinem Mund. Ein Hund drückt sich hastig an ihm vorbei. »Hast du mir was mitgebracht?«, fragt Peter. Er ist sechs Jahre alt. Jasper, 14, schleicht im Gang entlang. Ein Päckchen mit dem neuesten Computerspiel ist gekommen, »für die Playstation«, sagt Elke Ballhausen stolz. »Nein, Xbox«, kräht Peter dazwischen. Jaspers Tür fällt mit einem Knall zu, dahinter ertönen Schießgeräusche und Computergedudel. Auf den kleinen Bruder aufzupassen überlässt Jasper lieber der Leih-Oma.

Wie vielen älteren Menschen in Deutschland fehlen Elke Ballhausen die eigenen Enkel. Zwar hat eine ihrer zwei Töchter drei Kinder. Doch die sind schon zu alt zum Aufpassen und wohnen außerdem in Süddeutschland. »Schade«, murmelt sie, »jetzt, seit ich Zeit habe, auf sie aufzupassen, ist es zu spät.« Deshalb hat sie sich nach ihrer Pensionierung als Verwaltungsangestellte beim Hamburger Verein »Jung und Alt in Zuwendung e.V.« registrieren lassen – dem nach eigenen Angaben ersten Oma-Leihservice in Deutschland.

Dort sind mittlerweile mehr als 180 Omas – und auch einige Opas – in der Kartei. Beate Schmidt hat bereits Ende der 70er Jahre die Lücke erkannt, die eine mobile und globale Welt reißen würde, und den Oma-Hilfsdienst gegründet. »Das Leben in der Großfamilie ist heute ganz und gar nicht mehr normal. Viele haben keine Enkel oder keine Großeltern mehr in der Nähe.« Die Leih-Omas springen ein, wenn der Babysitter nicht kann, die Mutter krank wird oder die Eltern mal übers Wochenende allein verreisen wollen.

23 Euro zahlen die Familien für zweimal acht Stunden aufpassen im Monat an den Verein. Die Hilfs-Großeltern arbeiten ehrenamtlich, bekommen nur das Fahrtgeld erstattet. Manchmal gibt es einen Blumenstrauß oder ein bisschen Geld als Dankeschön. Wichtiger als Geld ist aber das Gefühl, nach der Pensionierung nicht nutzlos zu werden. »Ich will noch gebraucht werden. Kinder geben einem so viel zurück«, sagt Elke Ballhausen.

Das Konzept hat deutschlandweit Erfolg: Von München bis Bremen und Berlin organisieren mittlerweile ähnliche Vereine das Leben im Rentenalter. Omas und Opas lesen in Kindergärten vor, bieten Treffs an, zu denen gestresste Eltern ihre Kinder bringen können. Im Gegenzug helfen in vielen Vereinen auch junge Leute älteren Menschen. »Jung und Alt können viel voneinander lernen«, findet Elke Ballhausen. (…) Elke Ballhausen erzählt, dass sie mit allen Kindern so umgeht, wie ihr die Eltern das vorgeben: Wann die Kinder ins Bett müssen, wie lange sie fernsehen dürfen oder was es zu Essen gibt. »Klar gibt es unterschiedliche Erziehungsstile. Meine eigene Meinung halte ich zurück.«

Sie hat festgestellt, dass Eltern heutzutage viel ängstlicher sind als früher. Andere kaufen ihren Kindern unendlich viel Spielzeug. »Was die alles haben«, staune sie oft. Auch die Essgewohnheiten hätten sich in vielen Familien verändert. (…)

Denn Nudeln interessieren Peter nicht so sehr wie die Spielzeugfiguren, die im Burger-Paradies neben dem Verkaufstresen in Kinderaugenhöhe ausgestellt sind. Aufgeregt presst er seine Nase an die Scheibe und stolziert mit dem neu erworbenen Plastik-Monster zu Tisch. Tillmann und Jasper starren auf den Fernseher in der Ecke des Restaurants: Auf dem Bildschirm posieren Rapper mit schweren Ketten vor dicken Schlitten. Peter schießt unterdessen das Monster über den blank geputzten Tisch, baut Türme mit der »Happy-Meal«-Tüte und schmiert Currysoße über sein Gesicht. (…)

Neun Stunden wird sie an diesem Tag arbeiten – für ein kleines Taschengeld. Im vergangenen Jahr hatte sie 106 Einsätze. Elf Leih-Enkel bei acht Leih-Familien betreut sie, sogar ein Säugling ist dabei. Stress? »Mehr als 100 Einsätze – das ist schon fast zu viel. Ganz so jung ist man ja auch nicht mehr«, gesteht sie. Nach einem Tag mit Kindern sei sie oft kaputt, sie wolle dann nur noch »die Beine hochlegen und abschalten«.

Doch Stress ist besser als Einsamkeit zu Hause in Hamburg-Wilhelmsburg. Dort wartet kein Lebenspartner auf sie, denn Elke Ballhausen ist geschieden. (…) Zwar helfen die Leih-Enkel und ein voller Freizeitplan mit Sauna, Schwimmen und Gymnastik über einsame Stunden. Doch am liebsten hätte Elke Ballhausen mehr eigene Enkel. Ihre zweite Tocher, die in Hamburg lebt, hat noch keine Kinder. Dort würde sie natürlich am liebsten als richtige Oma aushelfen und die Arbeit mit den Ersatz-Enkeln erst mal ruhen lassen.

Doch bis es soweit ist, wird sie den Ordner weiter füllen, in dem sie ihre Aktivitäten als Leih-Oma sorgsam dokumentiert. (…)

Logo des Oma-Hilfsdienstes des Vereins »Jung und Alt in Zuwendung«

Zit. nach: Reuther, Annette: Kinder halten jung. In: Badische Neueste Nachrichten vom 5./6.11.2005.

# »Befreiung von der Bevormundung«

## Der Seniorenschutzbund »Graue Panther«

### Stundenschwerpunkt

Im Mittelpunkt steht das Selbstverständnis der Grauen Panther im Hinblick auf die Beziehung zwischen Jung und Alt. Davon ausgehend sollen die Schüler die Entwicklung der Grauen Panther in den Blick nehmen und sich überlegen, wen diese für ihre Arbeit gewinnen woll(t)en.

### Bearbeitungsvorschläge

- Vergleicht die in **M1** genannten Ziele der Grauen Panther in Karlsruhe 1982 mit dem in **M2** aufgeführten (aktuellen) Vereinszweck: Worin bestehen eurer Meinung nach Übereinstimmungen, worin Unterschiede? Wie unterscheidet sich dieser Verein von Parteien oder anderen Vereinen?

- Überlegt, wie das Logo des Senioren-Schutzbundes (**M3**) zu verstehen ist.

- Wenn deine Großeltern oder ältere Menschen aus deinem Bekanntenkreis sich entschließen würden, Mitglied der Grauen Panther zu werden, was würdest du davon halten?

### Weiterführende Aufgaben / Projektideen

- Die Schüler recherchieren die »Ursprungsideen« der Grauen Panther: z.B. unter www.grauepanther.ch im Internet (Stand: März 2006).

- Sie befragen Experten und Zeitzeugen, welche längerfristigen Angebote, Initiativen usw. es für die ältere Generation in der Vergangenheit gab und wie diese von der Bevölkerung aufgenommen wurden.

- Sie führen eine Umfrage durch, ob Senioren den Ideen der Grauen Panther von 1982 zustimmen bzw. welche Forderungen ihrer Meinung nach ein »Senioren-Schutzbund« heute haben müsste. Die Ergebnisse stellen sie Jugendlichen und jungen Erwachsenen vor und diskutieren sie.

- 1998 gründete sich in Ludwigsburg die Organisation »Jung und Grau« (JunG). Mitglied werden können Menschen zwischen 12 und 35 Jahren, die ihre Ziele (u.a. Förderung von Jugendpartizipation, Suchtprävention, Bekämpfung von Kinderarmut) aktiv unterstützen. JunG versteht sich als Jugendorganisation der GRAUEN. Die Schüler diskutieren diese Verortung.

### Haken und Ösen

Graue Panther bzw. Die Grauen sind nicht in allen Gemeinden vertreten. Vergleichbare Initiativen zu finden könnte sich als schwierig erweisen, da oft Wohlfahrtsverbände die Aufgabe der Senioren-Unterstützung übernommen haben (mit einem Hilfe- und Schutz-Verständnis, das dem der Grauen Panther nur bedingt entspricht).

### Antworten / Hintergründe

Die Idee der Grauen Panther stammt aus den USA, wo Maggie Kuhn 1970 zusammen mit Freundinnen eine Organisation gründete, die zuerst »Ratschläge für ältere Menschen« hieß. Ihr Name Graue Panther ist angelehnt an die »Black Panthers« von Malcolm X. Entsprechend waren die »Grey Panthers« sowohl aktiv, um Rassenprobleme zu bekämpfen, als auch, um die sozialen Verhältnisse älterer Menschen zu verbessern. Sie machten in den Medien auf sich aufmerksam, indem sie sich für ein besseres Image der älteren Generation in der Gesellschaft einsetzten und sich gegen die Diskriminierung des Alters generell wandten. Die erste Gruppe Graue Panther bildete sich 1975 in Deutschland. Ihr folgten zahlreiche Einzelinitiativen, die zur Gründung von Ortsgruppen führten. 1989 entstand »als parlamentarischer Arm«, wie es auf der Homepage heißt, unter Führung von MdB Trude Unruh die Partei »Die Grauen«, die bundesweit vertreten ist.

### Literatur

Unruh, Trude: Aufruf zur Rebellion. Graue Panther machen Geschichte, 2. Aufl., Essen 1988 (Klartext).

# Kampf um Selbständigkeit

Mit einer Veranstaltung zum Nikolaustag am kommenden Montag (…) führt sich der Senioren-Schutzbund »Graue Panther« auch in Karlsruhe ein. (…) Er ist Träger eines Bundesmodells für ein »familienähnliches und selbstverwaltetes Generationen-, Freizeit- und Schulungszentrum«. Über die Ziele der »Grauen Panther« sprach unser Redaktionsmitglied Jürgen Gottmann mit einer der Karlsruher Initiatorinnen.

**BNN:** Der Name des Senioren-Schutzbundes (…) klingt kämpferisch. Um was kämpfen Sie?

**ILSE SICK:** Der Senioren-Schutzbund kämpft um mehr Selbständigkeit der älteren Generation. (…). Die immer wieder zu beobachtende Bevormundung von Senioren gerade in Alters- und Pflegeheimen ist für uns Anlass, uns vor allem für diese Menschen einzusetzen (…).

**BNN:** Ist es sinnvoll, wenn sich ältere Menschen in eigenen Organisationen zusammenschließen, wäre es nicht besser, auf eine Integration in bestehenden Vereinen, Clubs und Einrichtungen hinzuarbeiten?

**SICK:** Eine Isolierung von alten Menschen wollen wir nicht. Das würde den Zielen unserer Arbeit zuwiderlaufen. Es geht uns vielmehr darum, ältere Menschen zu fordern anstatt sie zu fördern. Der Senioren-Schutzbund vertritt die Auffassung, dass Menschen auch in fortgeschrittenem Lebensalter dazu angeregt werden sollten, etwas für sich selbst und auch für andere zu tun. (…)

**BNN:** Wie wird die praktische Arbeit des Senioren-Schutzbundes in Karlsruhe aussehen (…)?

**SICK:** Zunächst geht es einmal darum, die älteren Menschen – und nicht nur sie – auf die Aktivitäten der »Grauen Panther« aufmerksam zu machen. Wir werden als erstes einmal feststellen, welche Interessengruppen für die Mitarbeit bei uns vorhanden sind, und dabei sicher erfahren, wer sich aktiv oder passiv beteiligen will. Als Helfer für unsere Arbeit sind natürlich – oder gerade – auch junge Menschen willkommen. Die Nikolaus-Veranstaltung am kommenden Montag soll erste Kontakte in beide Richtungen bieten. (…)

Aus: Badische Neueste Nachrichten vom 3.12.1982.

 **M2** Satzung des Bundesverbandes Graue Panther e.V.

§ 4 Vereinszweck

(1) Der Bundesverband dient dem Schutz alter Menschen.

(2) Zur Erreichung dieses Zweckes initiiert und betreibt der Bundesverband Schutzwohnungen und individuelle Wohngemeinschaften.

(3) Der Bundesverband arbeitet überparteilich und überkonfessionell. (…) Im besonderen kooperiert der Bundesverband zur Weckung öffentlichen Interesses mit Presse, Funk, Fernsehen, neuen Medien, Gewerkschaften und Verbänden.

(4) Der Bundesverband setzt sich in besonderer Weise für folgende Ziele ein:
- Gestaltung einer menschenwürdigen Gesellschaft auf der Grundlage des Grundgesetzes der Bundesrepublik Deutschland sowie der Menschenrechte, insbesondere im Hinblick auf Lebensqualität und Gesundheit
- Aufklärung alter Menschen über ihre Rechte. Schutz alter Menschen vor der Willkür von Behörden und Institutionen (…)
- Befreiung alter Menschen von der Bevormundung zur individuellen Lebensgestaltung in Selbstbestimmung unter Einbeziehung jüngerer Menschen sowie durch Austausch der Generationen

(5) Der Bundesverband setzt sich gegen den Missbrauch des Betreuungsgesetzes ein und erarbeitet oder unterstützt individuelle Vorsorgevollmachten. Der Bundesverband kann Schutzausweise ausstellen und Vollmachten übernehmen, ebenso Schutzwohnungen und Graue Panther Generationen-Wohnprojekte bereitstellen.

(6) Der Bundesverband fordert die Verstärkung der rechtsmedizinischen Versorgung zur Aufklärung ungeklärter Todesfälle und schützt das Leben alter Menschen, insbesondere bei Vernachlässigung und gefährlicher Pflege. (…)

§ 7 Mitglieder

(1) Ordentliche Mitglieder des Bundesverbandes sind alle örtlichen und regionalen Vereine im Sinne der Präambel dieser Satzung. (…)

(2) (…) Bei der Aufnahme einer natürlichen Person als ordentliches Mitglied müssen die folgenden Voraussetzungen berücksichtigt werden:
- Alter mindestens 18 Jahre
- Bereitschaft, in einem der ca. 730 Amtsgerichtsbezirke der Bundesrepublik Deutschland beim Aufbau von Mitgliedsvereinen vor Ort mitzuwirken
- Teilnahme an Schulungsveranstaltungen / Qualifizierungen
- Bereitschaft zur Mitwirkung bei den Graue Panther Generationenbildungswerken, der Trude Unruh-Akademie, der Graue Panther Stiftung sowie den sonstigen zur Graue Panther-Bewegung gehörenden gemeinnützigen Körperschaften, Initiativen und Einrichtungen
- Bereitschaft zur Mitwirkung bei Graue Panther Generationen-Wohnprojekten (…).

(Fassung vom 05.07.2003)

Zit. nach: www.bv-graue-panther.de (Stand: Januar 2006).

 **M3** Logo der Grauen Panther

# »Gemeinsam alt werden«
## Die Alten-WG als Wohnidee der Zukunft

### Stundenschwerpunkt

Immer mehr ältere Menschen entscheiden sich für ein selbstbestimmtes Zusammenleben in einer Alten-WG anstelle von Seniorenwohnheim, Altenheim oder Betreuung in der Familie. Die Schüler gehen den Vorteilen und Problemen dieser Wohnalternative nach.

### Bearbeitungsvorschläge

- Lest die Texte, und stellt die Vorteile einer Alten-WG zusammen.
- Welche Probleme ergeben sich im Zusammenhang mit Alten-WGs? Welche Lösungsmöglichkeiten werden angesprochen?
- Überlegt, welche Bedeutung diese alternativen Wohnformen für das Zusammenleben der Generationen in der Gesellschaft haben.
- Könntest du in einer WG leben? Auch im Alter? Begründe deine Meinung.

### Weiterführende Aufgaben / Projektideen

- Die Schüler erkundigen sich nach alternativen Wohnprojekten in ihrer Stadt.
- Sie führen einen Besuch im Altersheim durch und diskutieren mit den Bewohnern über ihre Wohnform. Sie besuchen eine Familie, wo Alt und Jung unter einem Dach leben. Wie beurteilen alle Bewohner die Situation?
- Die Schüler recherchieren den Wandel der außerfamiliären Altersversorgung vor Ort.
- Sie vergleichen die Erfahrungen von Bewohnern einer Alten-WG mit denen einer Studenten-WG.

### Haken und Ösen

Vor der Stunde sollte das traditionelle Leben und Alt-werden in der Familie thematisiert werden.

### Antworten / Hintergründe

Wie in allen Industriestaaten steigt auch in Deutschland die Zahl der Älteren in der Gesellschaft. Der Anteil der über 60-Jährigen an der Bevölkerung wächst ständig, der der Kinder ist rückläufig. Vor diesem Hintergrund muss sich die Gesellschaft neuen Herausforderungen stellen, die Betreuung von Alten in der eigenen Familie findet immer weniger statt. 2004 gab es laut Wikipedia in Deutschland 8440 Alteneinrichtungen mit insgesamt 717 000 Plätzen. Der Alltag in vielen Alten- und Pflegeheimen ist immer wieder Gegenstand von Kritik. Als Alternative zum Heim gibt es in Deutschland das Modell des Betreuten Wohnens, das Menschen über professionelle Pflegedienste möglichst lange ein Leben in den eigenen vier Wänden ermöglichen soll. Alten-WGs sind zahlenmäßig noch rar, laut eines Zeitungsartikels (Nachweis s. Angaben zu **M1**) lebten im November 2005 nur 8000 Alte bundesweit in Projekten gemeinschaftlichen Wohnens – dazu wurden Wohn-, Haus- und Hofgemeinschaften gezählt. Viele Menschen verbinden mit dieser Wohnform die Hoffnung, selbstbestimmt und in angenehmer Gesellschaft ihren Lebensabend zu verbringen.

### Literatur

Unter folgenden Internetadressen finden sich Informationsmaterialien rund um Alten-WGs sowie Präsentationen von aktuellen und konkret geplanten Wohnprojekten:
www.fgwa.de (Forum Gemeinschaftliches Wohnen e.V.)
www.kda.de (Kuratorium Deutsche Altershilfe)
www.neue-wohnformen.de
www.wohnprojekte-50-plus.de
www.bewusstgemeinsamleben.de
(Stand für alle Adressen: Februar 2006)

# Alters Heim

**Gemeinsam wohnen – das wollen viele Senioren.
Wie kann das gut gehen? Fünf Hausbesuche**

Der Imker Joachim Brümmer aus Volkmarst, einem Dorf
bei Bremen, war 57, allein und dachte über sein Alter nach.
Da hatte er eine Idee: Er besaß ein großes, leeres Haus. Es
böte Platz für zehn bis zwölf Leute. Wie wäre es mit einer
5 Alten-WG? Vorstellungen hatte Brümmer auch: 60 bis 70
Jahre alt sollten sie sein, die künftigen Mitbewohner, ein
bisschen öko, ein bisschen sportlich und nicht gleich ge-
brechlich. Etwas Geld müsste da sein, um finanziell in die
Immobilie einsteigen zu können. Brümmer schwebte ein
10 zentraler Raum mit rundem Tisch vor, gemeinsames Speisen, Reden. Er schaltete Anzeigen im Bremer Weserkurier
und in einem Anzeigenblatt. Hundert Antworten! Zahllose
Telefonate. Und großer Frust, denn nicht ein Interessent
entsprach Brümmers Erwartungen. »Die redeten nur von
15 Rente. Endlich mal nichts tun. Die erwarteten nichts mehr
vom Leben.« Ein geplantes Treffen sagte Brümmer ab. »Die
Menschen, die passen würden, müssen erst noch gebacken
werden.« (…)
Göttingen, (…) eine noble alte Villa in parkähnlichem Gar-
20 ten. Zum Kaffee bitten die Damen Irina Klaer, 80, und Helga Gaber, 83. (…) »Das hier«, sagt Frau Klaer, »ist das beste
Lebenselixier. Arbeit! Nicht im Sessel sitzen!« Zehn alte Damen leben hier, die Hälfte ist älter als 80. (…)

Von den Göttingern kann man lernen, wie das sensible und
25 durchaus störanfällige Konstrukt Alten-WG funktionieren
kann. Nachdem die ersten Gründungsmitglieder (…) ge-
storben waren, zog zum Beispiel eine Dame ein, die »wollte der Boss sein.« »Doch hier gibt es keine Hausordnung,
keine Heimleitung und keinen Boss«, sagt Frau Klaer. Die
30 folgenden Auseinandersetzungen »veränderten das Klima«.
In solchen Fällen griff der im Hause angesiedelte Träger-
verein ein, manchmal bedurfte es einer professionellen
Supervision. (…)
Vielleicht die schönste Antwort auf die Frage, was eine Al-
35 ten-WG von einer studentischen WG unterscheidet, gibt
Frau Klaer: »Studenten leben auf Zeit zusammen. Wir auf
Lebenszeit.« Leider stimmt der schöne Satz nicht ganz. Der
große Wunsch, nicht nur im Haus zu leben, sondern auch
zu sterben, bleibt hier Illusion. Man stirbt im Krankenhaus.
40 Oder muss sogar, zum großen Kummer aller Beteiligten, in
ein Pflegeheim umziehen.

Zit. nach: Straßmann, Burkhard: Alters Heim. Gemeinsam wohnen – das
wollen viele Senioren. Wie kann das gut gehen? Fünf Hausbesuche. In:
Die Zeit vom 17.11.2005.

**M 2**  **Nicht nur Ärger mit den Alten**

Über die Alten wird viel geschimpft: Zu viele, zu langlebig,
zu teuer. Dabei sind die heutigen Senioren viel flexibler als
ihre Eltern und Großeltern. Und das ist ein Glück – für ihre
Kinder und, man glaubt es kaum, für die Sozialsysteme.
5 Vor zwanzig, dreißig Jahren gab es für gebrechliche Alte
eigentlich nur zwei Möglichkeiten: Entweder sie wurden
von ihren Kindern, zumeist den Töchtern, mehr oder weniger aufopferungsvoll gepflegt. Oder sie fristeten ihr Dasein
im Altersheim. Vor dieser Alternative gruselt es vielen, die
10 jetzt ins Rentenalter kommen. Sie überlegen sich beizei-
ten, wie sie ihr entkommen können.
Zum Beispiel Anne Görtz. »Auf keinen Fall wollte ich meinen Kindern zur Last fallen«, sagte sie auf dem Kongress
»Wohnen der Zukunft – modernes Leben im Alter«, den
15 das Bundesministerium für Familie, Senioren, Frauen und
Jugend am Dienstag in Berlin veranstaltete. Deshalb ent-
schloss sie sich, in eine Alten-WG zu ziehen – ihren Eltern
wäre so etwas nicht im Traum eingefallen. Seit zwei Jahren
wohnt Anne Görtz mit zehn anderen Frauen – alle zwi-
20 schen 58 und 76 Jahre alt – im Wohnprojekt »Olga – Oldies
leben gemeinsam aktiv« in Nürnberg.
Gewiss, das Zusammenleben hat so seine Tücken. Da ver-

gisst die eine, die Blumen im Garten zu gießen. Die andere
findet den gemeinsamen Spieleabend blöd. WG-Probleme,
25 die Jungen kennen sie auch. Doch zum Pflegekurs wollen
alle mitkommen. Denn falls eine von ihnen krank oder
pflegebedürftig wird, möchten ihre Mitbewohnerinnen
sie so lange wie möglich zu Hause betreuen. Auch eine
Kooperation mit einem ambulanten Pflegedienst ist eine
30 Möglichkeit.
Die Rentner-WG in Nürnberg ist eines von 15 Modellpro-
jekten, die von der Ministerin Renate Schmidt mit insgesamt rund drei Millionen Euro gefördert werden. Zum
Wohle der Alten wie des Staates. Doch, das geht wirklich
35 zusammen! Denn der Charme von Senioren-Kommunen
besteht nicht nur darin, dass ältere Menschen möglichst
lange selbstständig in den eigenen vier Wänden und gemeinsam mit anderen leben können. Auch die Kosten für
stationäre Unterbringung und Pflege werden durch sie
40 deutlich gesenkt.

Zit. nach: Alexander, Nicole: Nicht nur Ärger mit den Alten. Lieber
Rentner-WG als Altersheim: Auf dem Kongress »Wohnen der Zukunft –
modernes Leben im Alter« wurde das Modellprojekt »Olga – Oldies leben
gemeinsam aktiv« vorgestellt. Zeit online 34 / 2005.

# »... daß er nicht rechtlos dasteht«

## Die Sozialversicherung im Kaiserreich und ihre soziale Funktion

### Stundenschwerpunkt

In der Stunde werden die sozialen Folgen der im Kaiserreich neu eingeführten Sozialversicherungen thematisiert. Die Schüler beschäftigen sich mit der Frage, wie sie das Verhältnis zwischen alten Menschen und ihren Angehörigen veränderten.

### Bearbeitungsvorschläge

- Beschreiben Sie auf der Grundlage von **M1**, welche Perspektiven arbeitsunfähige Menschen für ihren Lebensabend besaßen.

- Erläutern Sie anhand der Rede, auf welche Weise Bismarck den Invaliden das »Gefühl menschlicher Würde« geben wollte.

- Prüfen Sie mit Hilfe von **M2** und **M3**, wie Historiker die sozialen Wirkungen der Sozialversicherung bewerten. Welchen der beiden Texte finden Sie überzeugender?

### Weiterführende Aufgaben / Projektideen

- Die Schüler recherchieren die Geschichte der kommunalen Hilfe für arme Alte im 19. Jahrhundert vor Ort und prüfen, ob die Einführung der Rentenversicherung für diese Institutionen einen Einschnitt bedeutete.

- Sie recherchieren, welche sozialen Gruppen nicht an der Rentenversicherung beteiligt waren (Landarbeiter, Angestellte, Selbstständige), und untersuchen, ob und wie Not leidenden alten Menschen aus diesen Gruppen im Kaiserreich in ihrer Gemeinde geholfen wurde.

- Sie beschäftigen sich mit dem Konzept z.B. der Pflegeversicherung und ermitteln anhand der Geschichte örtlicher Pflegedienste und Versorgungseinrichtungen, wie sich das Verhältnis alter Menschen und ihrer Angehörigen in der Bundesrepublik durch die Pflegeversicherung verändert hat.

### Haken und Ösen

Bismarck spricht über Renten für »invalide Arbeiter«; die Rede wurde in der Debatte über das erste Unfallversicherungsgesetz gehalten. Um den Fortschritt durch die Sozialversicherung angemessen würdigen zu können und eine Projektion eigener sozialer Standards in die Vergangenheit zu verhindern, muss Wissen über die Praxis der Armenpflege vorhanden sein.

### Antworten / Hintergründe

Die Renten der Invaliditäts- und Altersversicherung (1889 eingeführt) waren ebenso wie die Leistungen der Unfallversicherung (1884 verabschiedet) als begrenzter Zuschuss zur Lebenshaltung konzipiert. Im Kaiserreich wurden die meisten Renten an ältere Menschen wegen Invalidität gezahlt; nur wenige Arbeiter erreichten das Eintrittsalter für die Altersrente (70 Jahre) im arbeitsfähigen Zustand. Die ältere historische Forschung hat die Rentenversicherung wegen ihrer gering bemessenen Renten eindeutig negativ bewertet; neuere Arbeiten urteilen positiver. Die entscheidende soziale Verbesserung, die mit den Renten der Invalidenversicherung errungen wurde, lag darin, dass arbeitsunfähige Versicherte kaum noch die kommunale Armenpflege in Anspruch nehmen mussten. Als »Armenpflegling« verlor der Arbeiter für die Zeit der Unterstützung und teilweise auch noch danach das aktive wie das passive Wahlrecht sowie die Möglichkeit, als Schöffe oder Geschworener berufen zu werden, weshalb der Bezug von Armenpflege als »entehrend« galt.

### Literatur

Hentschel, Volker: Geschichte der deutschen Sozialpolitik 1880–1980. Soziale Sicherung und kollektives Arbeitsrecht, Frankfurt a.M. 1983 (Suhrkamp).

Kaschke, Lars: Nichts als »Bettelgelder«? Wert und Wertschätzung der Alters- und Invalidenrenten im Kaiserreich. In: Historische Zeitschrift (2000), Heft 270, S. 345–388.

**Reichskanzler Otto von Bismarck erläutert im Reichstag die soziale Funktion der geplanten Arbeiterrenten, 2. April 1881**

Deutsches Historisches Museum, Berlin,
Reproduktion: Arne Pfiller.

»Otto von Bismarck«, Ölgemälde von Franz Seraph von Lenbach, 1879, Ausschnitt.

Vor dem Verhungern ist der invalide Arbeiter durch unsere heutige Armengesetzgebung geschützt. (…) Das genügt aber nicht, um den Mann mit Zufriedenheit auf sein Alter und seine Zukunft blicken zu lassen, und es liegt in die-
5 sem Gesetze auch die Tendenz, das Gefühl menschlicher Würde, welches auch der ärmste Deutsche meinem Willen nach behalten soll, wach zu erhalten, daß er nicht rechtlos als reiner Almosenempfänger dasteht, sondern daß er ein »peculium«* an sich trägt, über das niemand außer
10 ihm verfügen kann, und das ihm auch nicht entfremdet werden kann, über das er als Armer selbständig verfügen kann und das ihm manche Tür leichter öffnet, die ihm sonst verschlossen wird, und ihm in dem Hause, in dem er Aufnahme gefunden hat, eine bessere Behandlung sichert,
15 wenn er den Zuschuß, den er mit sich hineinbringt, aus dem Hause auch wieder entfernen kann. Wer den Armenverhältnissen in den großen Städten selbstprüfend nähergetreten ist, wer auf dem Lande namentlich den Gemeindearmen nachgespürt hat, und selbst bei den bestverpflegten,
20 guten Gemeinden hat beobachten können, wie ein Armer, namentlich wenn er körperlich schwach und verkrüppelt ist, unter Umständen behandelt wird wie im Hause von Stiefmüttern, von Verwandten irgendeiner Art, von sehr nahen Verwandten mitunter, der muß eingestehen, daß je-
25 der gesunde Arbeiter, der dies mit ansieht, sich sagt: Es ist doch fürchterlich, daß ein Mensch auf diese Weise durch die Behandlung in dem Hause, was er früher bewohnte, herunterkommt, wo der Hund seines Nachfolgers es nicht schlimmer hat. Das kommt vor! Welche Waffe hat ein
30 schwacher Krüppel dagegen, wenn er in die Ecke gestoßen und hungrig ernährt wird? Er hat gar keine! Hat er aber nur 100 oder 200 Mark für sich, so besinnt sich das Haus schon sehr, bevor es ihn drückt.

Zit. nach: von Bismarck, Otto: Die gesammelten Werke, Bd. 12: Reden 1878 bis 1885, Berlin 1929 (Stollberg), S. 236–249, hier S. 240.

* *peculium:* Begriff aus dem antiken römischen Recht = ein Sondervermögen rechtlich unselbstständiger Personen zur eigenen Verwaltung

**Der Historiker Volker Hentschel beurteilt 1983 die soziale Wirksamkeit der 1889 eingeführten Rentenversicherung für Arbeiter in den Jahren bis zum Beginn des Ersten Weltkriegs**

Nein, ein System sozialer »Sicherung« war das nicht. Und es wurde im Kaiserreich auch nicht mehr dazu. (…) Geschaffen wurde ein System zur Linderung sozialen Elends, das trotzdem grausig, riesengroß und unaussprechlich blieb. (…) Die Rentenversicherung vermochte ja nicht einmal jene vor nackter Verzweiflung zu bewahren, für die sie geschaffen war. Dazu war sie schlechterdings nicht eingerichtet. Ihre Leistungen waren nicht existenzerhaltend, sondern als Zuschuss berechnet.

Aus: Hentschel, Volker: Geschichte der deutschen Sozialpolitik 1880–1980. Soziale Sicherung und kollektives Arbeitsrecht, Frankfurt a. M. 1983 (Suhrkamp), S. 12, 21 u. 25.

**Der Historiker Lars Kaschke urteilt im Jahr 2000 über die Wirksamkeit der 1889 eingeführten Rentenversicherung für Arbeiter**

Alles in allem kann bilanziert werden, dass alte Arbeiter eine erträgliche Lebenshaltung vor der Einführung der Invaliditäts- und Altersversicherung nur in dem Maße erreichen konnten, in dem sie noch fähig waren, durch eige-
5 ne Arbeit ein gewisses Einkommen zu erzielen. War dies nicht der Fall, bildeten sie eine Last, die von den Armenverwaltungen nach Möglichkeit den Kindern aufgebürdet wurde. Man konnte auskömmlich bei Sohn oder Tochter leben, angenehm war die Stellung als »nutzloser Esser« si-
10 cherlich nicht.
Die Einführung der Invaliditäts- und Altersversicherung veränderte die Perspektiven der älteren Arbeiter einschneidend. Erstmals konnte ein erheblicher Teil von ihnen damit rechnen, spätestens dann, wenn der Lebensunterhalt
15 aus eigener Kraft nicht mehr zu erwirtschaften war, einen gesetzlich garantierten Anspruch auf ein bescheidenes, aber festes Einkommen in Form der Alters- oder Invalidenrente realisieren zu können. Mit der Rente verfügte der Arbeiter über einen Sockelbetrag, auf den sich aufbauen
20 ließ, ganz abgesehen davon, dass ein festes Einkommen die Kreditwürdigkeit bei Vermietern und Lebensmittelläden sowie die Stellung gegenüber den Kindern deutlich verbesserte. (…) Schon in den 1890er Jahren berichtete die Armenverwaltung von Mühlhausen, dass die Familien die
25 zuvor mittellosen Alten erheblich häufiger bei sich aufnahmen, seit diese über ein eigenes Einkommen verfügten. In Altona wurde 1910 die städtische Versorgungsanstalt für arme Alte mangels Insassen geschlossen, weil »die Angehörigen die alten Personen, die eine Altersrente beziehen,
30 gern bei sich behalten, da die Rente einen guten Zuschuss zu dem Einkommen bildet«.

Aus: Kaschke, Lars: Nichts als »Bettelgelder«? Wert und Wertschätzung der Alters- und Invalidenrenten im Kaiserreich. In: Historische Zeitschrift (2000), Heft 270, S. 345–388, hier S. 356 f.

# »Drei Säle, jeder für 80 Kinder«
## Kleinkinderbewahranstalten im 19. Jahrhundert

### Stundenschwerpunkt

Die Schüler beschäftigen sich mit den Anfängen der institutionellen Betreuung von Kleinkindern als Folge der zunehmenden Industrialisierung und Urbanisierung im 19. Jahrhundert.

### Bearbeitungsvorschläge

- Beschreibt die sozialen Umstände, die für die Gründung einer Kleinkinderbewahranstalt sprachen. (**M 1**)

- Beschreibt die Situation in der Einrichtung und die Wünsche bezüglich der Ausstattung. (**M 2**)

- Inwieweit liegt der Einrichtung ein pädagogisches Konzept zugrunde? Beschreibt es und die damit verbundenen Zielsetzungen. Könnt ihr daraus Rückschlüsse auf das Verhältnis zwischen Kindern, Eltern und Erziehern ziehen?

- Bewertet die Ziele der Einrichtung aus zeitgenössischer und aus heutiger Sicht.

### Weiterführende Aufgaben / Projektideen

- Die Schüler recherchieren in den Gemeinde- und Pfarrarchiven ihrer Wohn- oder Schulorte über die Geschichte der örtlichen Kindergärten.

- Die Schüler vergleichen ihre eigene Kindergartenzeit mit dem Alltag im Kindergarten in früheren Zeiten.

- Die Schüler machen sich mit der Entwicklung des Berufsbildes der Kindergärtnerin vertraut.

- Die Schüler beschäftigen sich mit der Entwicklung der Erziehungsinstitutionen.

### Haken und Ösen

Die Schüler benötigen Kenntnisse zur sozialen Lage der Arbeiter Mitte des 19. Jahrhunderts.

### Antworten und Hintergründe

Mit der Industrialisierung im 19. Jahrhundert arbeiteten Frauen zunehmend in Industrie, Handel und Gewerbe. Die Folge: Es fehlten Betreuungsmöglichkeiten für Kinder im Vorschulalter. In Bensheim wurden weit über die Hälfte der Kinder zwischen dem dritten und sechsten Lebensjahr als betreuungsbedürftig eingeschätzt. Die Kinder wurden im schlimmsten Fall alleine gelassen, eventuell eingesperrt. Vor allem die Volksschulen klagten über die Verwahrlosung vieler Kinder. Deswegen ist es kein Zufall, dass sich der Ortsschulvorstand, das waren der Pfarrer, der Bürgermeister und zwei angesehene Bürger, auch um die noch nicht schulpflichtigen Kinder kümmerte. Allerdings scheiterte die Einrichtung von Kleinkinderschulen oft an der Finanzierung. Vor diesem Hintergrund ist auch die Ausstattung zu beurteilen: Es war wenig Geld vorhanden. Die räumlichen und personellen Bedingungen lassen uns heute erschrecken, waren aber allemal besser als das Leben auf der Straße. Die personelle Ausstattung ließ keine intensive pädagogische Arbeit zu – dies ist den Erzieherinnen durchaus aufgefallen. Dass geistliche Ordensfrauen diese Aufgabe übernahmen, ist keine Ausnahme. In protestantischen Orten wurden zu diesem Zweck häufig Diakonissen eingesetzt. Mit dem Entstehen des Berufs der Erzieherin wurde das Verhältnis der Generationen zueinander professionalisiert. Die Familienmitglieder waren nicht mehr alleinige Bezugspersonen für Kleinkinder.

### Literatur

Erning, Günter: Bilder aus dem Kindergarten. Bilddokumente zur geschichtlichen Entwicklung der öffentlichen Kleinkindererziehung in Deutschland, Freiburg i. Br. 1982 (Lambertus).

Konrad, Franz-Michael: Der Kindergarten. Seine Geschichte von den Anfängen bis zur Gegenwart, Freiburg i. Br. 2004 (Lambertus).

Zwerger, Brigitte: Bewahranstalt, Kleinkinderschule, Kindergarten. Aspekte nichtfamilialer Kleinkindererziehung in Deutschland im 19. Jahrhundert, Weinheim u. a. 1980 (Beltz).

**Aus einem Bericht des Bensheimer Schulvorstandes über die Notwendigkeit einer Kleinkinderbewahranstalt vom 31. März 1851:**

»Wir haben hier 358 Kinder vom 3ten bis 6ten Lebensalter; davon gehören 124 Taglöhnern, 140 Handwerkern, 36 Ackersleuten, 39 Honoratioren an, und 19 sind unehelich. Rechnen wir sämmtliche Kinder von Taglöhnern,
5 ⅓ von Handwerksleuten, ⅓ von Ackersleuten und die 19 unehelichen als geeignet zur Aufnahme und derselben bedürftig, so bekommen wir eine Zahl von 200 Kindern; da aber immer, wie die Erfahrung an allen Orten, wo derartige Anstalten bestehen, zeigte, nur ⅔ der Aufgenom-
10 menen wirklich anwesend sind, so würde sich eine Anzahl von 132 wirklich Präsenten ergeben. (…)
Auf eine Beihilfe der Eltern darf wohl nicht gerechnet werden. Sollen die Eltern ihre Kinder der Anstalt übergeben, so müssen sie handgreifliche Vortheile haben. (…) Hier ist
15 ein eigenes Verhältnis mit den Arbeitsleuten; sie bleiben über Mittag bei ihrer Arbeit, oft weit weg im Feld und das Essen muß ihnen gebracht werden. Dadurch ist oft gerade die Hausfrau um die Zeit, wo die Kinder nach Hause entlassen würden, nicht zu Hause und die Kinder bekämen
20 kein Mittagessen. (…) Wenn ihre Kinder das Essen in der Anstalt erhalten, so werden sie nicht säumen, dieselben zu schicken; aber sie dürfen nichts dafür bezahlen müssen.«

Stadtarchiv Bensheim 3805 / 2.

 **Auf eine Anfrage aus Großbritannien antwortete die Bensheimer Stadtverwaltung 1904:**

In der Stadt Bensheim besteht seit 40 Jahren eine unter der Leitung der Englischen Fräulein stehende Kleinkinderbewahranstalt, welche durchschnittlich von 200 Kindern besucht wird. Im Uebrigen beantworten wir die gestellten
5 Fragen wie folgt:
1. Die Anstalt besteht aus 2 Abtheilungen und ist in einem städtischen Gebäude untergebracht. Jede Abtheilung hat ihre besondere Lehrerin. Die Kinder werden mit Spielen unterhalten und denselben leichte Lieder, Gebete beige-
10 bracht; die Mädchen unterrichtet man in leichten Handarbeiten. Die Dauer des Aufenthaltes beträgt 3 Stunden am Vormittag + 2 Stunden am Nachmittag. Der Besuch ist den hiesigen Kindern ohne Ausnahme gestattet. (…)

Stadtarchiv Bensheim 3805 / 2.

**M2** **Im Jahre 1863 übernahmen Schwestern des katholischen Ordens der Englischen Fräulein die Leitung der neu gegründeten Bensheimer Kleinkinderbewahranstalt. Auf eine Anfrage des Bensheimer Schulvorstandes reagierte das »Englische Fräulein« Bilhildis Blanitz am 22. Juli 1878 mit folgenden Wünschen hinsichtlich der »zweckmäßigen Gestaltung der Einrichtung«:**

a 1. Es ist ein anerkanntes Bedürfniß an hiesigem Platze, daß auch die 2jährigen Kinder Aufnahme in der Anstalt finden können.
2. Die Verköstigung und das Verbleiben der ärmeren
5 Kinder in der Anstalt über Mittag, an Sommertagen wenigstens bis 6 Uhr des Abends, erscheint ebenfalls mehr als wünschenswerth.
3. Durch Annahme dieser Veränderung ist dann die seitherige Kinderschule zur Kinderbewahranstalt um-
10 geschaffen, in welcher Ferientage (…) wegfallen. Mit Ausnahme der Sonn- und Feiertage ist die Anstalt täglich geöffnet.
Obiges vorausgesetzt, ergeben sich folgende dringende Anforderungen:
15 1. Das Vertheilen der Kinder in 3 Räume, indem die Anzahl der Kinder auch ohne die 2jährigen schon bis zu 200 steigt, besonders während des Winterhalbjahres. Es ist leicht begreiflich, daß bei einer solchen Anzahl die aufmerksamste Pflege und Anleitung der Kleinen Noth leiden muß, selbst
20 bei auch der größten Anstrengung und Opferwilligkeit der zwei Schwestern, welche seither die Anstalt besorgten. Darum auch die Annahme einer dritten Person als Wärterin resp. Gehilfin der zwei Schwestern in der Besorgung, Pflege und beim Unterrichte der Kleinen. (…) 2. Zur Ver-
25 köstigung der armen Kinder, etwa wie in den anderen Anstalten durch eine nahrhafte Suppe, nebst Brod, ist dann eine Koch- und Zücheneinrichtung nöthig, auch entsprechend Küchenwasche, Kinderschürzchen, Blech- und Holzschüsselchen und sehr niedrige lange Tische, Vorräthe und
30 Lebensmittel.
b Die Bereitung und Vertheilung der Suppe für je 50 Kinder, wie die Vor- und Nacharbeiten hiezu verlangen 2 Monatsmädchen auf 6 Stunden per Tag, möglicherweise auch länger. (…)
35 c An Localitäten wird erforderlich sein: 3 Säle, jeden für ca. 80 Kinder; 1 Schlafstube für 18 Bettchen, an einen der Säle stoßend und durch Glasthüren getrennt; Küche & Vorrathskammer, auch einigen Raum im Keller; 1 gekiester schattiger Hof; hinreichende Aborte; – eine
40 Wasserleitung. Sehr zweckentsprechend für eine Kinderbewahranstalt ist eine gedeckte Halle oder Schuppen zur Benutzung während des Sommers auch an regnerischen Tagen.

Stadtarchiv Bensheim 3805 /2.

# »... zerrüttet in seinem Ursprung«
## Vernachlässigte Kinder

### Stundenschwerpunkt

Diese Stunde ist der immer wieder auftretenden Vernachlässigung von Kindern gewidmet und vor allem der Frage, wer für dieses Phänomen die Verantwortung trägt und welche Rolle dem Staat dabei zukommt.

### Bearbeitungsvorschläge

• Vergleicht die in **M1** und **M2** geschilderten Fälle von Kindesvernachlässigung: Wo liegen Gemeinsamkeiten, wo liegen Unterschiede?

• Untersucht, worin die Verfasser der beiden Quellen die Ursachen der Vernachlässigung sehen. Wer trägt ihrer Ansicht nach die Verantwortung? Berücksichtigt dabei auch, wie die Rolle der Familie und des Staates jeweils gesehen werden.

• »Hätte Jessicas Mutter anders handeln können?«, fragt Sabine Rückert in **M2**. Überlegt in der Klasse, wie ihr die Frage nach individueller Schuld und Vorprägung beantworten würdet, und überlegt, was Wichern (**M1**) dazu sagen würde.

• In unserem Staat ist die Frage der Verantwortung für das Kindeswohl im Grundgesetz geregelt (**M3**). Welche Verantwortung weist es der Familie bzw. dem Staat in der Erziehung zu? Wo liegen die Grenzbereiche zwischen Elternrecht und staatlicher Pflicht zum Eingriff?

### Weiterführende Aufgaben / Projektideen

• Die Schüler untersuchen anhand von lokalen Beispielen, ob und in welcher Weise in der Vergangenheit staatliche Interventionsmöglichkeiten bei Notlagen von Kindern vorgesehen waren.

• Sie untersuchen das Problem Kinderarmut vor Ort, z.B. anhand von Waisenhausakten.

### Haken und Ösen

Die Rolle des Staates muss in beiden Quellen vor allem indirekt erschlossen werden. Der fehlende zeitgeschichtliche Hintergrund zu **M1** kann durch den Lehrer ergänzt werden – die Reduzierung in dieser Quelle auf die Bestandsaufnahme wirft ein etwas schiefes Licht auf Wichern, dem es vor allem um die »Rettung« der Kinder ging.

### Antworten / Hintergründe

Der Hamburger Pastor Johann Hinrich Wichern gründete im Jahre 1833 das Rauhe Haus, ein »Rettungshaus« für verwahrloste Kinder, denen Wichern ein christliches Zuhause bieten wollte. In diesem Heim lebten die Kinder – entsprechend seiner Vorstellung von der Bedeutung der Familien – in Gruppen in kleinen, einzelnen Häusern jeweils mit einem Diakon zusammen. Sein Ansatz war christlich-pädagogisch, Fragen nach gesellschaftlichen oder ökonomischen Ursachen der Armut (es war die Zeit des vormärzlichen Pauperismus) spielten für ihn praktisch keine Rolle.

Das im März 2005 mitten in Hamburg verhungerte Kind Jessica, das vor seinem Tod durch ein jahrelanges Martyrium in der elterlichen Wohnung gegangen war, löste nicht nur in Hamburg eine Diskussion um Kindesvernachlässigung in unserer vergleichsweise reichen Gesellschaft aus. Politik und Gesellschaft fühlten (und fühlen) sich veranlasst, zu handeln. Gegenwärtig verschiebt sich dabei der Schwerpunkt in Politik und Rechtsprechung zur stärkeren Akzentuierung des Kindeswohls – zu Lasten des im Grundgesetz stark betonten Elternrechts.

### Literatur

DeMause, Lloyd (Hg.): Hört ihr die Kinder weinen? Frankfurt a.M. 1980 (Suhrkamp).

Zenz, Winfried / Bächer, Korinna / Blum-Maurice, Renate (Hg.): Die vergessenen Kinder: Vernachlässigung, Armut und Unterversorgung in Deutschland, Köln 2002 (PapyRossa).

**Pastor Johann Hinrich Wichern zur Situation von vernachlässigten Kindern in Hamburg, 1833**

Diesem Saale [Armenunterkunft in Hamburg] gegenüber wohnte eine andere Familie, bestehend aus einer Mutter und sieben, bis auf eines, unerwachsenen Kindern. Den zehnjährigen Buben trafen wir vorigen Winter in Lumpen,
5 ohne Wäsche, auf dem Feuerherd in der Asche hingekauert. Als wir neulich eintraten, fanden wir in dem leeren Gemach ein kleines Kind an der Mutterbrust, ein anderes zehnwöchentliches in Lumpen gewickelt, auf einem Strohhaufen winseln; die übrigen liefen wild durcheinander,
10 die älteste, großgewachsene, etwa siebzehnjährige Tochter aber stand ruhig zwischen dieser Gruppe in hochrotem, besticktem Kleide und breiter Haarfrisur, in der Hand einen Handspiegel, gerade beschäftigt, über ihren Haarschmuck ein Barett mit weißen Federn (...) zu setzen. (...) Sie ist
15 eine der Schauspielerinnen auf den kleinen so zahlreich besuchten Theatern. Die Mutter, die für ihre Kinder keine Hilfe in Rat oder Tat anzunehmen bisher geneigt gewesen ist, sobald sie nicht äußeren Vorteil damit verbunden sieht, meint, sie habe an ihren Kindern alle Mutterpflicht
20 reichlich erfüllt (...).
Soll unter diesen Umständen gründlich und an der Wurzel geholfen werden, so kann es von Privaten nur geschehen mit dem Versuch, die Kinder von den Eltern »auf eine gütliche Weise« zu bekommen, um dadurch möglichst den alten
25 Familien-Stamm abzubrechen und in den Kindern ein mit gesunder, frischer Lebenskraft ausgerüstetes Geschlecht wieder darzustellen (...).
Die Familie ist der natürliche, sittliche Kreis, in welchem das Gute in das menschliche Gemüt hineingelegt, in wel-
30 chem es gepflegt und geschützt werden soll. Das Leben im Kreis der Familien ist aber in der untersten Volksklasse durch Unzucht großenteils so entstellt, wir müssen sagen, so geschändet, so zerrüttet in seinem Ursprung wie in seinem Fortgang, daß auf diesem Boden nur sehr ausnahms-
35 weise ein gutes Gewächs gedeihen kann.

Zit. nach: Wichern, Johann Hinrich: Ansprache auf der Gründungsveranstaltung des Rauhen Hauses, 12. September 1833 in Hamburg. In: Ders.: Sämtliche Werke, Bd. 4 / I. Berlin 1959, S. 100 f.

 **Aus dem Grundgesetz der Bundesrepublik Deutschland**

### Art. 6 [Ehe, Familie, nichteheliche Kinder]
(1) Ehe und Familie stehen unter dem besonderen Schutz der staatlichen Ordnung.
(2) Pflege und Erziehung der Kinder sind das natürliche Recht der Eltern und die zuvörderst ihnen obliegende Pflicht. Über ihre Betätigung wacht die staatliche Gemeinschaft.
(3) Gegen den Willen der Erziehungsberechtigten dürfen Kinder nur auf Grund eines Gesetzes von der Familie getrennt werden, wenn die Erziehungsberechtigten versagen oder wenn die Kinder aus anderen Gründen zu verwahrlosen drohen. (...)

Aus: Grundgesetz der Bundesrepublik Deutschland vom 23. Mai 1949. Bundesgesetzblatt I, S. 1.

**M2 Zeitungsartikel über das Leben und Sterben der siebenjährigen Jessica aus Hamburg, 2005**

Jessica kann nichts mehr erzählen, ihre Geschichte muss rekonstruiert werden: Ihre Umgebung – ein kahler düsterer Raum. Der Boden – ein löchriger Teppich. (...) Das Stockbett, auf dem sie zum Schluss nur noch liegt, trägt
5 eine verrottete Matratze und eine schmutzige Decke ohne Überzug und fast ohne Federn. (...) Die Zimmertür ist von außen verschlossen. Manchmal – immer seltener – muss eine Frau hereingekommen sein und das Kind, das sich nur durch Laute verständlich macht, gefüttert haben. Lau-
10 fen kann Jessica da längst nicht mehr. (...) Niemand wird Jessica das Sprechen lehren. (...) Sie starb siebenjährig am 1. März 2005 in der elterlichen Wohnung in Hamburg-Jenfeld an den Folgen ihrer Isolation und an Unterernährung. Euphemistisch ausgedrückt: Marlies S. [die Mutter] hatte
15 keine schöne Kindheit. (...) Ihre zwei älteren Brüder starben unter ungeklärten Umständen im Säuglingsalter, der Familiensage nach soll die Mutter nachgeholfen haben. Die Mutter selbst wird als haltlos geschildert, als eine, die ihre Nächte in Spelunken vertrinkt, Zechbrüder aufgabelt
20 und abschleppt. Die kleine Marlies bleibt sich selbst überlassen, als Zeichen der Zuwendung wird sie mit dem Kochlöffel verhauen, bis der in Stücke bricht. Was mag in einem Kind vorgehen, dem so etwas widerfährt? Das immer verlassen ist? Dem niemand den heißen Kopf streichelt, wenn
25 es krank ist? Das niemand tröstet, wenn es Kummer hat? Dem niemand antwortet, wenn es nachts ruft? Und was für ein Erwachsener wird aus so einem Kind? (...)
Jessicas langes Sterben vollzog sich unbemerkt von der Zivilisation. Die Hamburger Behörden hatten sie aus dem
30 Blick verloren, ihre Eltern lebten eingesponnen und weitab jeder sozialen Kontrolle. Kein Fremder hat die Wohnung betreten. Und die wenigen Personen, mit denen die Eltern umgingen, waren von ihrem eigenen Untergang vollständig in Anspruch genommen. (...)
35 [Marlies S. sei] »eine schwer gestörte Persönlichkeit« [urteilt Verteidiger M. Getzmann], die ihr Kindheitstrauma wie unter Zwang immer wieder neu habe durchleben müssen und deshalb für Jessicas Tod nicht voll verantwortlich zu machen sei (...)
40 Muss krank sein, wer grausam handelt? (...)
Hätte Jessicas Mutter anders handeln können? Der Berliner Psychiater Hans-Ludwig Kröber hat daran keinen Zweifel. Er hat Marlies S. im Auftrag des Gerichts untersucht und keine klassische psychische Erkrankung festgestellt. An
45 das große Trauma glaubt er auch nicht. (...) Ihr Verteidiger spricht von der »transgenerationalen Weitergabe von Traumatisierungen«. Man kann es auch Erbsünde nennen. Gemeint sind jene Gesetzmäßigkeiten der Familiengewalt, die von den Eltern auf die Kinder und Kindeskinder über-
50 gehen und die trotzdem den Einzelnen nicht aus seiner Schuld entlassen. Es fragt sich nur, ob solche Schuld nicht doch geringer wiegt.

Zit. nach: Rückert, Sabine: Mutterseelenallein. In: Die Zeit, Nr. 41, vom 6.10.2005.

# »Eine gesellschaftspolitische Entscheidung«
## Einführung der dynamischen Rente in der Bundesrepublik 1957

### Stundenschwerpunkt

Die Schüler beschäftigen sich mit dem Konzept des »Generationenvertrags« im deutschen Rentensystem und diskutieren die Frage, ob der Gedanke der Solidarität zwischen den Generationen trotz der für die Zukunft prognostizierten demografischen Veränderungen noch Gültigkeit besitzen kann und soll.

### Bearbeitungsvorschläge

- Untersuchen Sie, welche Gründe der Arbeitsminister in **M1** für die Reform der Rentenversicherung anführt. Welche Vorteile verspricht er sich davon?

- Analysieren Sie die Grafiken in **M2**, und versuchen Sie, die Veränderungen im Altersaufbau der Bevölkerung seit 1910 zu erklären.

- Überlegen Sie, was die prognostizierte Altersstruktur der deutschen Bevölkerung im Jahr 2050 (**M2**) für die Rentenversicherung bedeutet. Diskutieren Sie, ob die »Sicherstellung des einmal erworbenen Lebensstandards« (**M1**) der älteren Generation als Pflicht der jüngeren reklamiert werden kann.

### Weiterführende Aufgaben / Projektideen

- Die Schüler informieren sich bei Behörden, Versicherungen, Banken u.a. über frühere und aktuelle Möglichkeiten der Altersvorsorge.

- Sie recherchieren in Archiven (z.B. Wirtschafts-, Stadt- und Staatsarchiv) Schriftwechsel, Verordnungen, Statistiken usw. zur Rentenversicherung und zur Versorgung alter Menschen durch die »öffentliche Hand« (z.B. Sozialrente).

- Sie befragen Erwachsene der Eltern- und Großeltern-Generation nach der Entwicklung der Rentenzahlungen und Altersvorsorge-»Modalitäten« in den vergangenen 20 bis 25 Jahren.

### Haken und Ösen

Sozialversicherungen funktionieren nach abschreckend komplizierten Vorschriften. Diese Hürde erschwert den Zugang zum Thema der Rentenreform von 1957. Informationen über einige Grundzüge der Rentenversicherung, z.B. das Prinzip des Umlageverfahrens, sollten vorhanden sein: Die Beitragszahler sichern nicht ihre eigene zukünftige Rente, sondern bestreiten die aktuell ausgezahlten Renten.

### Antworten / Hintergründe

Das Rentenreformgesetz vom 22. Januar 1957 ist eine der wichtigsten sozialen Errungenschaften der Bundesrepublik. Das Gesetz bezog die Renten auf das durchschnittliche Arbeitseinkommen der Versicherten im Jahr vor der jeweiligen Rentenbewilligung und schrieb vor, dass alle Renten automatisch Jahr für Jahr der Lohnentwicklung angepasst werden sollten. Durch die Reform wurde die Mehrzahl der Rentner aus dem wirtschaftlich-sozialen Abseits geholt.

Allerdings ist das Gesetz aus heutiger Sicht eindeutig ein Kind seiner Zeit, der Jahre des »Wirtschaftswunders«. Die Rentenbemessungsformel von 1957 fußt auf kontinuierlichem Wirtschaftswachstum und einer geringen Arbeitslosenrate und setzt zudem eine »natürliche« Schichtung der Altersgruppen voraus, die wegen abnehmenden Geburtenraten und zunehmender Lebenserwartung in absehbarer Zukunft nicht mehr existieren wird. Damit wird grundsätzlich die Frage aufgeworfen, was »Solidarität zwischen den Generationen« bedeutet.

### Literatur

Fisch, Stefan / Haerendel, Ulrike (Hg.): Geschichte und Gegenwart der Rentenversicherung in Deutschland. Beiträge zur Entstehung, Entwicklung und vergleichenden Einordnung der Alterssicherung im Sozialstaat, Berlin 2000 (Duncker & Humblot).

Hentschel, Volker: Geschichte der deutschen Sozialpolitik 1880–1980. Soziale Sicherung und kollektives Arbeitsrecht, Frankfurt a.M. 1983 (Suhrkamp).

Unter www.safety1st.de betreibt die AG Jugend und Bildung e.V. ein Portal für Schüler mit Informationen rund um das deutsche Rentensystem.

**M1** Der Bundesminister für Arbeit, Anton Storch (CDU),
begründet vor dem Bundestag am 27. Juni 1956
das Gesetz zur Einführung der dynamischen Rente:

Wenn wir an die Zeit zurückdenken, in der unter der Schirmherrschaft von Bismarck die deutsche Sozialversicherung geschaffen wurde, dann stellen wir fest, dass damals im sozialpolitischen Raum andere Voraussetzungen,
5 von denen der Gesetzgeber auszugehen hatte, gegeben waren als die, die wir heute finden. Zu jener Zeit war der Mensch im Allgemeinen in den Sicherheitsverband der Familie eingebettet. Diese Familiengemeinschaft beruhte auf andersartigen wirtschaftlichen und gesellschaftsstruk-
10 turellen Voraussetzungen als heute, wo der Besitz von Haus und Hof als wirtschaftliche Grundlage für die Familie nur noch für einen kleinen Teil der Bevölkerung von Bedeutung ist.
Seit der Zeit der Schaffung der deutschen Sozialversiche-
15 rung ist die Mehrheit der Bevölkerung von der ländlichen Lebens- und Arbeitsweise zu einer städtisch und industriell geprägten Lebensführung übergegangen. (...) Inzwischen ist aus der damaligen Minderheit der abhängig Beschäftigten eine überwiegende Mehrheit geworden. Die Men-
20 schen haben sich vereinzelt. Die wirtschaftliche Einbettung in den Schoß der Familie kann nicht mehr als Regel gelten. Auch hohe und wachsende Einkommen schützen den Menschen nicht mehr vor der Unsicherheit des Daseins. Eher ist sogar das Gegenteil richtig. Je besser man
25 verdient, umso härter empfindet man den Verlust des regelmäßigen Arbeitsentgeltes.
Wir können also feststellen, dass sich mit zunehmendem Wohlstand auch ein zunehmendes Sicherheitsbedürfnis geltend macht. (...) Deshalb gilt es, eine gesellschaftspoli-
30 tische Entscheidung zu fällen. Es entspricht unserer heutigen Auffassung von der Würde des Menschen und seiner Arbeit, wenn wir uns bemühen, ein Auseinanderfallen von Verdienenden und Nichterwerbstätigen zu beseitigen und für die Zukunft zu verhindern. Wir müssen dabei helfen,

35 dass sichergestellt wird, dass jeder Rentenbezieher am Aufstieg seines Standes oder seines Berufes teilnimmt, und zwar nach Maßgabe seiner individuellen Position im Sozialgefüge, die er sich und den Seinen während der Dauer seines Arbeitslebens erarbeitet hat.
40 Wenn wir uns vergegenwärtigen, dass die alten Menschen in der Zeit, als sie selbst noch im arbeitsfähigen Leben standen, das Ihrige zur Verbesserung der allgemeinen Lebensverhältnisse beigetragen haben und dass die gegenwärtig schaffende Bevölkerung zum Teil von ihren Vorleis-
45 tungen zehrt, dann ist es, glaube ich, selbstverständlich, dass auch sie im Ruhestand an den Früchten der gemeinsamen Anstrengungen der Generationen teilhaben. Diese Sicherstellung des einmal erworbenen Lebensstandards ist dann nicht ein Akt der Barmherzigkeit seitens der jeweils
50 Erwerbstätigen oder gar des Staates, sondern die Erfüllung einer geschuldeten Pflicht und der Ausdruck einer von den Umständen begründeten Solidarität zwischen den Generationen. (...)
Der Grundgedanke des neuen Rentenbemessungsverfah-
55 rens ist also der folgende: Wenn durch eine Erhöhung des Sozialprodukts die Gesamtmasse dessen, was unserem Volk zum Verzehr zur Verfügung steht, vergrößert wird, so sollen an dieser Erhöhung der Verbrauchsgütermenge auch die Rentner teilnehmen. (...) Die soeben geschilderten Fort-
60 schritte fallen naturgemäß nicht vom Himmel, sie wollen erarbeitet und bezahlt sein. Bezahlen kann sie stets nur die arbeitende Bevölkerung, unabhängig davon, über welche Konten man diese Gelder verrechnet. (...) Hierin liegt für die Versicherten auch die Sicherheit, dass der Rechtsan-
65 spruch auf Rente unangefochten bleibt. (...)

Zit. nach: Verhandlungen des Deutschen Bundestages 2. Wahlperiode 1953. Stenographische Berichte Bd. 31, Bonn 1956, S. 8335–8337.

**M2** Altersaufbau der Bevölkerung in Deutschland

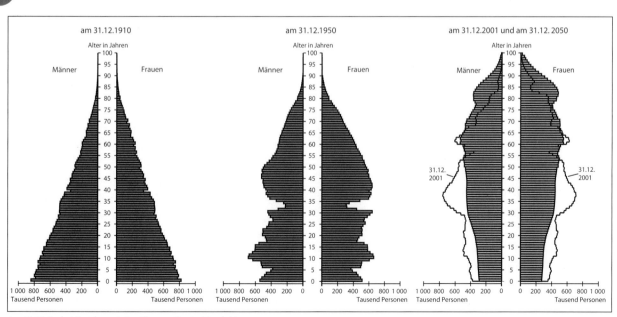

Aus: Statistisches Bundesamt: Bevölkerung Deutschlands bis 2050.
10. koordinierte Bevölkerungsvorausberechnung, Wiesbaden 2003, S. 30.

# »Rentner – eine parasitäre Schicht«?
## Die Polemik um Hüftgelenk-Operationen für 85-Jährige

### Stundenschwerpunkt

Im Mittelpunkt dieser Stunde soll die Frage der Verteilungsgerechtigkeit zwischen Jung und Alt stehen. Anlass ist die provokante Forderung des damaligen Vorsitzenden der Jungen Union, Philipp Mißfelder, aus dem Jahr 2003, älteren Menschen ärztliche Kassenleistungen teilweise zu streichen.

### Bearbeitungsvorschläge

• Arbeiten Sie aus **M1** die Kontroverse heraus, die Mißfelder mit seinem Vorstoß auslöste, sowie die verschiedenen Positionen, die in dieser Kontroverse eingenommen werden.

• Formulieren und diskutieren Sie unter Heranziehung von **M2** und Ihrer eigenen Erfahrungen mit Generationensolidarität einen eigenen Standpunkt zu dem Thema.

• Überlegen Sie, was Mißfelder veranlasst hat, mit dieser Position an die Öffentlichkeit zu gehen, und warum er damit ein so großes Echo fand.

### Weiterführende Aufgaben / Projektideen

• Die Schüler befragen Passanten, was sie vom Vorschlag Mißfelders halten, und werten die Antworten gestaffelt nach Altersgruppen aus.

• Sie recherchieren die Standpunkte der örtlichen Parteigruppierungen und Verbände zum Thema Verteilungsgerechtigkeit zwischen Jung und Alt.

### Haken und Ösen

Bei einem Projekt im Rahmen des Geschichtswettbewerbs ist ein biografischer oder regionaler Bezug erforderlich – beides lässt sich bei diesem Thema nicht einfach herstellen. Es handelt sich hier vor allem um einen Problemaufriss. Entsprechend sind die verwendeten Artikel als Gesprächsanlässe zu sehen.

Zu problematisieren ist im Zusammenhang mit **M2**, ob es sich hier um ein in der Bevölkerung bereits wahrgenommenes Problem oder um ein (noch) in den Medien ausgetragenes Pseudoproblem handelt. Die unterschiedlichen Ebenen – die »reale« Ebene (»Wer agiert wie?«), die politische Ebene (»Was bezweckt Mißfelder?«) sowie die Medienebene (»Warum greifen die Medien das Thema auf?«) – sollten unterschieden werden.

### Antworten und Hintergründe

Mit der Umkehrung der Alterspyramide als Folge der demografischen Entwicklung in Deutschland ist zu erwarten, dass Fragen der Verteilung von Ressourcen zunehmend kontrovers diskutiert werden. Der Vorsitzende der Jungen Union (JU), Philipp Mißfelder, hatte am 4. August 2003 in einem Interview mit der Westdeutschen Allgemeinen Zeitung gesagt, er halte nichts davon, wenn 85-Jährige noch künstliche Hüftgelenke auf Kosten der Solidargemeinschaft bekämen. Sein Tabubruch, öffentlich Fragen der medizinischen Versorgung für Ältere mit ökonomischen Belangen zu verknüpfen, erregte einen öffentlichen Aufschrei. Denn Verteilungsfragen im Gesundheitssektor sind ethische Fragen und rütteln stärker als z. B. Tarif-Auseinandersetzungen an den Grundfesten der Gesellschaft.

Mißfelder trat trotz entsprechender Forderungen nicht zurück, sondern blieb Bundesvorsitzender der JU und sitzt seit September 2005 als Abgeordneter der CDU im Deutschen Bundestag.

### Literatur

Hardach, Gerd: Der Generationenvertrag im 20. Jahrhundert. In: Reulecke, Jürgen (Hg.): Generationalität und Lebensgeschichte im 20. Jahrhundert, München 2003 (Oldenbourg), S. 73–94.

Motel-Klingebiel, Andreas: Alter und Generationenvertrag im Wandel des Sozialstaats. Alterssicherung und private Generationenbeziehungen in der zweiten Lebenshälfte, Berlin 2000 (Weißensee).

Die Kritik am Bundesvorsitzenden der Jungen Union, Philipp Mißfelder, verschärft sich. (...) Mißfelder hatte vorgeschlagen, 85-Jährigen Kassenleistungen wie künstliche Hüften und Zahnprothesen zu streichen.

»Wer willkürlich einzelne Gruppen aus der Solidargemeinschaft ausschließen will, der darf sich nicht wundern, wenn bald der Versicherungsschutz für Extremsportarten junger Menschen infrage gestellt wird«, sagte Eu-
5 gen Brysch, Geschäftsführender Vorstand der Deutschen Hospiz Stiftung, und forderte den Deutschlandtag der JU auf, sich von Mißfelders Thesen zu distanzieren und ihn als Vorsitzenden abzuwählen. Derweil gerät Mißfelder auch parteiintern unter Druck. »Die Führung der CDU hält die Einlassungen Mißfelders für gänzlich unangebracht, vor allem auch in ethischer Hin-

Foto: Pfannstiel.
Philipp Mißfelder.

20 sicht«, sagte CDU-Generalsekretär Laurenz Meyer. CSU-Chef Stoiber sagte: »Ich würde Herrn Mißfelder empfehlen, sich erst mal in die Grundzüge der katholischen Soziallehre einzuarbeiten. Dann wird er einen solchen Unsinn nicht mehr von sich geben.«
25 »Der Kampf der Generationen ist schon lange da«, meinte Trude Unruh. »Mißfelder hat gezeigt, dass er noch nicht politikreif ist«, sagte die (...) Vorsitzende der Senioren-Organisation Graue Panther und forderte seinen Rücktritt. »Das muss er allein aus Anstand tun.« Die Äußerungen des
30 Jung-Unionisten seien eine Schande für die Senioren-Politik der CDU. »Es ist beliebt und einfach, in politischen Debatten auf die Rentner einzuschlagen. Sie sind eben die Melkkühe der Nation.« Mißfelder solle sich fragen, wer die Schule gebaut habe, die ihn gebildet habe, wer die Steuern
35 für die Universität erbracht habe, an der er studiere. Nach Ansicht Unruhs gehören die Rentner zu den »Verlierern der Geschichte«. »Das System der Zwangsabgaben hat die seit Jahrzehnten Einzahlenden ausgebeutet und um ihre gerechten Löhne gebracht«, sagte die 78-Jährige der WELT.
40 Der Präsident des deutschen Kinderhilfswerks sieht indes in der von Mißfelder begonnenen Debatte positive Ansätze. »Die aktuelle Debatte um die Generationengerechtigkeit zeigt einmal mehr: Der Konflikt muss jetzt endlich auf den Tisch. Jahrelang haben wir auf Kosten unserer Jüngs-
45 ten gelebt«, sagte Thomas Krüger.
Mißfelder erhält unterdessen nicht vollständige Rückendeckung seitens junger Politiker: Die jüngste Abgeordnete des Bundestages, Anna Lührmann, kritisierte den JU-Chef. »Unter Generationengerechtigkeit verstehe ich etwas an-
50 deres. Das kann nicht bedeuten, alten Menschen nicht mehr ein künstliches Hüftgelenk zu finanzieren. Im Gegenteil: Die junge Generation muss dafür sorgen, dass sich die Gesellschaft solche medizinischen Errungenschaften auch in Zukunft noch leisten kann.« Lührmann plädierte

55 dafür, Bezieher von hohen Renten stärker als bisher bei der Finanzierung einzubeziehen. »Zum Beispiel ehemalige Beamte, die so gut gestellt sind, dass sie auf einen Teil ihrer Pension verzichten können.«
Aus der FDP kommt Unzufriedenheit über die Äußerungen
60 Mißfelders sowie über dessen Kritiker. »Mißfelders Argumente sind falsch«, sagte Mehmet Daimagüler vom Bundesvorstand der FDP. »Bei ihm klang es, als seien die Rentner eine parasitäre Schicht. Aber sie haben einen Wohlstand geschaffen, von dem unsere Generation profitiert«,
65 sagte der 35-Jährige. Viele Reaktionen auf Mißfelder seien ungerecht. »Unstrittig ist, dass die demografische Entwicklung uns eine Debatte über Generationengerechtigkeit aufzwingt.«
Derweil bemühte sich Mißfelder im Gespräch mit der
70 WELT, seine Position zu klären, um offenkundige Missverständnisse zu beseitigen. Er sagte: »Ich habe nicht gefordert, dass Rentner ab jetzt auf medizinische Leistungen verzichten sollen, sondern gerade meine jüngere Generation auf die Notwendigkeit von mehr Eigenverantwortung
75 hingewiesen.« Schon auf Grund seines(r) »christlichen Menschenbildes und Wertvorstellungen« lehne er »englische Verhältnisse« in Form einer Zwei-Klassen-Medizin ab. Der JU-Politiker fügte hinzu: »Ich wollte nicht die Gefühle älterer Menschen verletzen, sondern mich für die berech-
80 tigten Interessen meiner Generation einsetzen.«

A.G./jr/MLU WELT.de; 8.8.2003.

Mit dem Klischee »Viele Alte verprassen die Erbschaft ihrer Kinder und Enkel« können 94% der Bevölkerung überhaupt nichts anfangen und lehnen es auch schlichtweg ab. Jung und Alt sind hier weitgehend einig.
5 Eine deutliche Absage erfährt auch die Aussage »Die Alten leben auf Kosten der Jungen« – für 94% der Bundesbürger eine Behauptung ohne Basis.
»Die These von den Alten als Zukunftsdieben verweist die Bevölkerung deutlich dort hin, wo sie hingehört – in das
10 Reich der Märchen und Legenden«, so Professor Opaschowski [Professor für Erziehungswissenschaft in Hamburg und seit 1979 wissenschaftlicher Leiter des BAT-Freizeit-Forschungsinstituts]. Für dramatisierende Darstellungen sieht die Bevölkerung bisher keinen Anlass. Denn: Der Genera-
15 tionenpakt auf familiärer Basis funktioniert. Jung und Alt bescheinigen sich gegenseitig ein hohes Verantwortungsbewusstsein. (...) In großem Umfang fließen Ströme an Geld, Sachmitteln und persönlichen Hilfen von den Älteren zu den Jüngeren. Die Älteren leisten erhebliche Transfers
20 an ihre Kinder: Geld (28%), Sachmittel (20%) und persönliche Hilfen (20%).

Aus: Informationszentrum Sozialwissenschaften (Hg.): Alt und Jung in Deutschland – Sozialwissenschaftliche Generationenforschung, bearbeitet von Gisela Ross-Strajhar, Bonn 2005 (IZ Sozialwissenschaften), S. 10.

# Literatur zum Thema

## ausgewählt und kommentiert von Dr. Karl Christian Führer

Die im Folgenden vorgestellte Literatur bietet Hintergrundinformationen und weiteres Quellenmaterial zum Thema »Jung und Alt in der Geschichte«. Die Publikationen wurden zur besseren Orientierung nach Oberbegriffen sortiert. Die Auswahl der Titel stellt eine Mischung dar aus fachwissenschaftlichen Darstellungen, quellenreichen Ausstellungskatalogen und Publikationen, die sich explizit an Schulpraktiker richten. Sie erhebt keinen Anspruch auf Vollständigkeit. Bei älteren Werken oder Katalogen könnte der Bezug über den Buchhandel schwierig sein. Hier empfehlen wir eine Suche im Internet* und über Bibliotheken.

## Allgemeine Darstellungen

Beier, Rosmarie / Biedermann, Bettina (Hg.): Lebensstationen in Deutschland 1900 bis 1993. Katalog- und Aufsatzband zur Ausstellung des Deutschen Historischen Museums 26. März bis 15. Juni 1993 im Zeughaus Berlin.
Gießen 1993 (Anabas), 320 S.

Stationen und Zäsuren des Lebens in Deutschland unter verschiedenen politischen Systemen – dies steht im Mittelpunkt des Katalogs des Deutschen Historischen Museums. Es geht um alltagsgeschichtliche Zeugnisse, die sinnbildlich für Lebensabschnitte und -übergänge stehen und Ausdruck eines kollektiven Bewusstseins sind. In vier Kapiteln zu unterschiedlichen Epochen der deutschen Geschichte – der Jahrhundertwende um 1900, dem Nationalsozialismus, der DDR und der BRD – werden zunächst in einem umfangreichen Abschnitt Objekte beschrieben und teilweise abgebildet: Schautafeln zum Umgang mit Milchflasche und Sauger aus der Kaiserzeit, Fotos vom Abschlussball in der Tanzschule, ein Ess- und Spieltisch für Kleinkinder in der DDR und natürlich Fotos von Taufe, Hochzeit oder Beerdigung oder auch von Kindern mit Schultüte aus allen vier Zeiträumen. Diese Materialsammlung kann als Ideenanregung für eigene sozial- und lokalgeschichtliche Untersuchungen genutzt werden. Anschließend folgen wissenschaftliche Aufsätze, beispielsweise zur

Familie in Ost- und Westdeutschland, zum Single-Leben als moderner Lebensform oder zum Umgang mit der steigenden Lebenserwartung, die Hintergrundinformationen zu ausgewählten Themen liefern. Der Band ist eine hervorragende Quellensammlung, die umfangreiches Material zur Alltagsgeschichte in Deutschland unter verschiedenen Systembedingungen bietet.

Berg, Christa u. a. (Hg.): Handbuch der deutschen Bildungsgeschichte, Bd. 1: 15. bis 17. Jahrhundert – Bd. 6/II: Deutsche Demokratische Republik und neue Bundesländer.
München 1987–2005 (C. H. Beck).

In jedem Band dieser Gesamtdarstellung der Geschichte des deutschen Bildungswesens findet sich ein Abschnitt über »Familie – Kindheit – Jugend«, der die vorliegende Literatur zu diesen Themen für den jeweils untersuchten Zeitabschnitt zusammenfasst. Im Vordergrund stehen dabei in der Regel die Handlungsmöglichkeiten und Rechte von Kindern und Jugendlichen in den verschiedenen sozialen Schichten. Des Weiteren bietet jeder Band Artikel über die wichtigsten Bildungskonzepte der behandelten Epochen, über den Entwicklungsstand des Schul- und Universitätswesens sowie auch über die Nutzung von Massenmedien. Leistungsstärkere Gruppen der Sekundarstufe II können sich durch Auswertung einzelner Abschnitte der Bände ein differenziertes historisches Hintergrund- und Überblickswissen aneignen. Alle Artikel schließen mit Hinweisen auf weiterführende Literatur zum jeweils behandelten Thema.

---

* Für die Suche im Internet empfehlen wir den »Karlsruher Virtuellen Katalog KVK«, der eine Meta-Suche in zahlreichen Bibliotheks- und Buchhandelskatalogen ermöglicht, darunter auch im »Zentralen Verzeichnis antiquarischer Bücher« (ZVAB) oder bei Online-Anbietern.

**Münchener Stadtmuseum (Hg.): Vater, Mutter, Kind.
Bilder und Zeugnisse aus zwei Jahrhunderten.**
München 1987 (Süddeutscher Verlag), 440 S.

In fast 50 Aufsätzen, die zwischen fünf und 25 Seiten umfassen, werden unterschiedliche Aspekte von Familienleben in Deutschland seit 1800 differenziert erörtert und bebildert. Längsschnitte wie der Streifzug durch die Geschichte der Ehe oder des Kinderlebens finden sich hier genauso wie die Fokussierung auf besondere Themen, so das Leben jüdischer Kinder in Konzentrationslagern, oder kleinteilige Untersuchungen interessanter Details wie Kinderkleidung, Süßigkeiten oder Kinderunterhaltung. Ein besonderer Aspekt dieses Ausstellungskataloges des Stadtmuseums München sind einige lokalgeschichtliche Untersuchungen aus der Region, beispielsweise zur Situation junger Fabrikarbeiterinnen um 1910 oder der religiösen Erziehung in München. Die Aufsätze werden ergänzt durch weiterführende Literatur zum Thema und illustriert mit vielen Abbildungen: Bilder der Schwangerschaftsmode aus dem 18. Jahrhundert und aus den 1980er Jahren, Kinderspielzeug und Schautafeln über die Rabenmutter, Werbeplakate und Zeugnisse stellen die zahlreichen Quellen dar, die einen spannenden Eindruck vom Familienleben aus zwei Jahrhunderten vermitteln.

**Nipperdey, Thomas: Familie, Geschlechter, Generationen. In: Ders.: Deutsche Geschichte 1866–1918,
Bd. 1: Arbeitswelt und Bürgergeist, S. 43–124.**
München 1990 (C. H. Beck).

Nipperdey eröffnet seine Darstellung der deutschen Geschichte des späten 19. und frühen 20. Jahrhunderts mit einem Kapitel über »Familie, Geschlechter, Generationen«. In stark kondensierter Form und unter Einbeziehung zahlreicher sozialstatistischer Daten beschreibt er Familienstrukturen und Geschlechterrollen in den verschiedenen sozialen Gruppen sowie Einstellungen zu Sexualität und Jugend. Dabei betont Nipperdey im Abschnitt über Jugendliche den sozial exklusiven Charakter von Pubertätskrise und Nachpubertät im 19. Jahrhundert; für die große Masse der jungen Menschen spricht er eher von einer »Refamiliarisierung«, die sie aus Arbeitsverhältnissen herauslöste und in den Familienverband zurückführte. Das Kapitel bietet einen differenziert argumentierenden sozialgeschichtlichen Überblick.

**Weber-Kellermann, Ingeborg: Die deutsche Familie.
Versuch einer Sozialgeschichte.**
Frankfurt a. M. 1974 (Suhrkamp), 286 S.

In dieser Überblicksdarstellung skizziert die bekannte Volkskundlerin die Faktoren, die dazu beitrugen, dass aus der »großen Haushaltsfamilie« des Mittelalters und der Frühen Neuzeit die Kleinfamilie des 19. Jahrhunderts wurde. Dabei gilt ihr Interesse zentral der patriarchalen Stellung des Haus- und Familienvaters sowie den Rechten, die den anderen Familienangehörigen gegenüber dieser übermächtigen Figur zustanden. Für das 20. Jahrhundert konzentriert sich die Darstellung stark auf die NS-Zeit und auf die Wandlungen, die sich in den deutschen Familien aus der nationalsozialistischen Geschlechter- und Familienpolitik ergaben. Das Buch ist gut lesbar und als Einstieg in das Thema auch heute noch nützlich; eine Ergänzung durch neuere Literatur ist jedoch empfehlenswert. Zahlreiche Abbildungen erhöhen die Anschaulichkeit der Darstellung und lassen sich unter Umständen auch als Quellenmaterial im Unterricht einsetzen.

**Jung und Alt. Alt und Jung.**
Wochenschau für politische Erziehung, Sozial- und Gemeinschaftskunde, Themenheft, Nr. 2 (März/April 2006), Ausgabe Sek. I (Wochenschau), 86 S.

Das vorliegende Heft ist eine Ausgabe der Zeitschrift des Wochenschau-Verlags, die sechsmal im Jahr erscheint und zu unterschiedlichen Themen für den Unterricht aufbereitetes Material enthält. Die Ausgabe zum Thema »Jung und Alt« enthält aktuelle wie historische Text- und Bildquellen sowie Statistikmaterial für den Unterricht in der Sekundarstufe I. Im ersten Teil des Heftes werden Quellen angeboten, die zeigen, dass Alter eine soziale Konstruktion ist und mit unterschiedlichen Zuschreibungen belegt ist. Das Material im zweiten Teil behandelt Besonderheiten der Lebensphasen »Jugend« und »Alter«. Der dritte Teil enthält Quellen, anhand derer das Verhältnis der Generationen zwischen Solidarität und Konflikt zum Thema im Unterricht gemacht werden kann. Zu allen Materialien des Bandes werden Bearbeitungsvorschläge sowie Info-Kästen mit Worterklärungen angeboten.

## Familie

**Habermas, Rebekka: Frauen und Männer des Bürgertums. Eine Familiengeschichte (1750–1850).**
Göttingen 2000 (Vandenhoeck & Ruprecht), 456 S.

Bei dieser mikrohistorischen Untersuchung, die sich im Längsschnitt mit zwei Nürnberger Familien beschäftigt, handelt es sich um einen Beitrag zur Geschlechter- und Frauenforschung, d.h., die Autorin konzentriert sich auf die Analyse der getrennten gesellschaftlichen Räume, die Frauen und Männern nach den Konventionen der Zeit zugewiesen wurden. Zwei Abschnitte beschäftigen sich mit Elternschaft (»Gemeinschaft der Elternschaft. Ungleiche Zweisamkeit«, S. 365–371) und Kindererziehung (»Intellektuelle Erziehung der Kinder«, S. 381–394). Die Untersuchung stützt sich auf die ungewöhnlich umfangreiche schriftliche Überlieferung der beiden Familien und ist daher sehr anschaulich. Textauszüge könnten im Unterricht der Sekundarstufe II eingesetzt werden.

**Hagemann, Karen: Frauenalltag und Männerpolitik. Alltagsleben und gesellschaftliches Handeln von Arbeiterfrauen in der Weimarer Republik.**
Bonn 1990 (J. H. W. Dietz Nachf.), 878 S.

Ähnlich wie die oben angeführte Arbeit von Rebekka Habermas ist auch dieses Buch ein Beitrag zur Frauen- und Geschlechterforschung. Im Zuge ihrer Untersuchung, die in großen Teilen auf »Oral History«-Interviews mit Hamburger Rentnerinnen fußt, beschreibt die Autorin die Binnenstrukturen und das Alltagsleben von Arbeiterfamilien. Es wird eindringlich deutlich, wie stark materielle Nöte die Beziehungen innerhalb der proletarischen Familie prägten: So war die Stellung eines Familienmitglieds im Familienverbund entscheidend davon abhängig, wie stark er zum Lebensunterhalt beitrug. Für den emotionalen Zusammenhalt der Familie war vor allem die Mutter zuständig; der proletarische Vater war seinen Kindern typischerweise fremd, weil sie ihn nur als strafende Instanz erlebten. Dank zahlreicher Zitate aus den Interviews mit den Zeitzeuginnen wird das Alltagsleben der Arbeiterfamilien eindringlich beschrieben. Schüler der Sekundarstufe II, die sich im Rahmen des Geschichtswettbewerbs mit einem Thema aus den Jahren der Weimarer Republik beschäftigen, können hier wertvolle sozialgeschichtliche Informationen gewinnen. Die lokalgeschichtliche Darstellung kann für ganz Deutschland als repräsentativ gelten.

**Hubbard, William H.: Familiengeschichte. Materialien zur deutschen Familie seit dem Ende des 18. Jahrhunderts.**
München 1983 (C. H. Beck), 277 S.

In diesem Materialienband finden sich Dokumente zur Geschichte von Ehe und Familie als rechtliche Institutionen (vor allem Gesetzestexte), statistische Daten zu Familienstrukturen und deren Veränderung im Zeitraum von 1816 bis 1978 sowie schließlich eine Reihe von auszugsweise wiedergegebenen Quellentexten (Autobiografien etc.), die sowohl das bäuerliche als auch das proletarische und bürgerliche Familienleben charakterisieren. Schülern bietet der Band eine Möglichkeit zum Nachschlagen und zur raschen Recherche, wenn es um die rechtliche Dimension des Familienlebens und um sozialstatistische Fragen geht; die etwa 90 Seiten füllenden Quellentexte zur Geschichte des Familienlebens können im Geschichtsunterricht in vielfältigen thematischen Zusammenhängen eingesetzt werden.

## Kind sein

**Bergmann, Klaus (Hg.): Kindheit in der Geschichte. 19. und 20. Jahrhundert. Unterrichtsentwürfe, Quellen und Materialien.**
Düsseldorf 1985 (Schwann), 246 S.

Der Sammelband enthält sowohl wissenschaftliche Beiträge zur Kindheitsgeschichte (etwa zur geschlechtsspezifischen Erziehung von Mädchen vor 1914 oder zur Kadettenerziehung in Preußen im 18. und 19. Jahrhundert) als auch Vorschläge für schulische Unterrichtseinheiten zu diesem Thema. Im thematischen Rahmen des Geschichtswettbewerbs relevant sind dabei interdisziplinär angelegte Kurse zum Thema »Kindheiten um 1900«; eine andere Unterrichtseinheit thematisiert das Alltagsleben von Jugendlichen in der Vergangenheit (beides für Klassen der Sekundarstufe II).

**Kinderleben, Kinderelend. Arbeiterkinder in der »guten alten Zeit«. Bilddokumente und Texte zu einem unbequemen Thema. Begleitheft zur Ausstellung des Niederrheinischen Museums der Stadt Duisburg.**
Duisburg 1979 (Stadt Duisburg), 90 S.

Kinderarbeit in Fabriken und Werkstätten war im 19. Jahrhundert in Deutschland und auch in anderen Ländern weit verbreitet. Der Ausstellungsband demonstriert das anhand historischer Texte und Fotos sowie mit wissenschaftlichen Beiträgen. Dabei wird zentral die zeitgenössische Debatte über die Zulässigkeit von Kinderarbeit dargestellt, die ab 1839 in immer mehr deutschen Staaten zu gesetzlichen Regelungen zum Kinderschutz führte. Für Unterrichtseinheiten zu diesem Thema bietet der Band nützliches Material, insbesondere Fotos, die das Kinderleben in den unteren sozialen Schichten des 19. Jahrhunderts dokumentieren.

**Larass, Petra (Hg.): Kindsein kein Kinderspiel. Das Jahrhundert des Kindes (1900–1999). Ausstellung der Franckeschen Stiftungen zu Halle 9. Juli bis 26. November 2000.**
Halle 2000 (Franckesche Stiftungen), 492 S.

Dieser Begleitband zu einer Ausstellung der Franckeschen Stiftungen versammelt wissenschaftliche Beiträge zu verschiedenen Aspekten der Geschichte von Kindheit und Kindern im 20. Jahrhundert. Der historische Wandel von Handlungsmöglichkeiten und Rechten von Kindern wird sowohl allgemein in mehreren Überblicksartikeln als auch anhand besonderer Beispiele untersucht: So wird etwa die Veränderung von Kinderzimmern und Spielzeugen untersucht; auch der Kindergarten und die Schule erfahren als Orte des Kinderlebens besondere Berücksichtigung. Dabei ist ein Aufsatz speziell dem »Kindergarten der DDR« gewidmet. Der Band mit wissenschaftlichem Charakter bietet eine Fülle von Informationen zur Entwicklung des deutschen Erziehungswesens.

**Löhmer, Cornelia: Die Welt der Kinder im 15. Jahrhundert.**
Weinheim 1989 (Deutscher Studien Verlag), 272 S.

Wie viele andere neuere Arbeiten zum Thema, so setzt sich auch diese Untersuchung von Texten aus den 1970er Jahren ab (Ariès, deMause), die das Mittelalter als eine dunkle Phase der Kindheitsgeschichte darstellten. Löhmer belegt anhand zahlreicher Quellen, dass Kinder von den Erwachsenen im 15. Jahrhundert durchaus als eigenständige Wesen mit besonderen kindlichen Bedürfnissen wahrgenommen und behandelt wurden. Auch gibt es eine Fülle von Quellenbeispielen, die elterliche Zuneigung und liebevolles Umsorgen von Kindern dokumentieren. Allerdings existierte keine pädagogisierte spezielle Sphäre für Kinder: Junge Menschen waren schon deshalb ein ganz selbstverständlicher Bestandteil der Erwachsenenwelt, weil sie kaum je allein gelassen wurden und auch schon sehr früh zur Sicherung des Lebensunterhalts der Familie beitragen mussten. Auf diese Weise wuchsen sie schrittweise in die Aufgaben eines Erwachsenen hinein; zugleich aber konnten Elemente eines besonderen Umgangs der Erwachsenen mit den Heranwachsenden durchaus noch bis zum Alter von 20 Jahren und mehr beibehalten werden. Auch galten Kinder keineswegs per se als »Segen«. Vielmehr standen sie in einer höchst ambivalenten Position zwischen Erwünschtsein und Ablehnung, wobei die Ablehnung sich fast immer aus sozialer Not speiste.

## Jugend

**Jander, Martin: Jugend in der DDR. Alltag in der Diktatur.**
GESCHICHTE betrifft uns, Unterrichtsmaterialien, 1/2006 (Bergmoser + Höller), 32 S.

Dieses Heft erscheint in einer Reihe, die sechsmal im Jahr Lehrermaterial für den Geschichtsunterricht in den Jahrgangsstufen 9–13 anbietet. Es zeichnet sich durch seine Fülle an einsatzfertigen Unterrichtsmaterialien aus, die einen großen Anteil der Publikation ausmachen. Einleitend beschreibt der Autor auf einigen Seiten die Bearbeitung des Themas »Jugend in der DDR«, indem er Voraussetzungen der Schüler, Hintergründe zu den Materialien und Lernziele der Schüler formuliert. Die Quellen, z.B. Interviewauszüge, Karikaturen, Lexikonbeiträge, Dokumente und auch zwei Farbfolien, werden mit Leitfragen und Arbeitsaufträgen verbunden und auf den letzten Seiten in zehn stichwortartige Unterrichtsentwürfe eingearbeitet. Außerdem gibt es einen Klausurvorschlag und eine kommentierte Literaturliste, die zur Einführung, Vertiefung und für den Unterricht Publikationen und Internetadressen auflistet. Damit stellt das Heft einen serviceorientierten Zugang zum Thema Jugend in der DDR für den Unterricht dar.

**Schlegel, Birgit: Konfirmation im 20. Jahrhundert am Beispiel der südniedersächsischen Kirchengemeinde Katlenburg.**
Mannheim 1992 (Dr. Peter Wagener), 312 S.

Für Protestanten bezeichnete die im 16. Jahrhundert entstandene Konfirmation seit ihren Anfängen den Eintritt in die Kirchengemeinde und damit auch in den Kreis der Erwachsenen. In ihrer volkskundlichen Untersuchung beschäftigt sich Birgit Schlegel mit der Frage, wie sich die Formen dieses Festes und seine Bedeutung für die Konfirmanden und ihre Familien im 20. Jahrhundert verändert haben. Dabei vermerkt sie bei der Ausgestaltung der Konfirmation als Familienfeier nach 1950 eine soziale Angleichung. Daneben beschreibt sie einen Bedeutungsverlust des Festes, der ebenfalls vor allem in die zweite Jahrhunderthälfte zu datieren ist: Die Konfirmation wurde immer stärker zu einem aufwändigen Familienfest, verlor zugleich aber ihre Bedeutung als »Übergangsritus«, der das Ende der Kindheit markierte. Interessant sind auch die Ausführungen über die NS-Zeit, zeigt sich doch, dass es der NSDAP im protestantisch-ländlichen Milieu bemerkenswert rasch gelang, das von ihr erfundene Fest der »Lebenswende« als nichtreligiöse Konkurrenz zur Konfirmation zu etablieren. Als Beispiel für ein lokalgeschichtliches Projekt, das sowohl mit Zeitzeugen-Interviews arbeitet als auch Fotos als historische Quelle nutzt, kann der Band Schülern der Sekundarstufe II für den Geschichtswettbewerb methodische Anregungen geben.

**Speitkamp, Winfried: Jugend in der Neuzeit. Deutschland vom 16. bis zum 20. Jahrhundert.**
Göttingen 1998 (Vandenhoeck & Ruprecht), 322 S.

Speitkamp betrachtet Jugend – die Lebensphase, die nicht mehr der Kindheit und noch nicht dem Erwachsenendasein zugehört – als »gesellschaftliches Konstrukt« und zeigt im Überblick, welche sozialen, wirtschaftlichen, politischen und rechtlichen Entwicklungen im Laufe der Geschichte Leben und Selbstverständnis von Jugendlichen geformt haben. Die Darstellung

setzt mit der absolutistischen Ständegesellschaft des 16. Jahrhunderts ein und läuft in den 1950er Jahren aus. Als eigenständiger Lebensabschnitt wurde die Jugend in den Jahrzehnten zwischen 1770 und dem Ende der napoleonischen Herrschaft entdeckt (oder auch: erfunden). Zum sozialen Massenphänomen wurde Jugendlichkeit als Selbstdefinition und Lebensform aber erst im späten 19. und frühen 20. Jahrhundert. Speitkamp zeichnet diesen Entwicklungsprozess chronologisch nach, wobei jeder Abschnitt der Untersuchung sowohl über Formen jugendlichen Lebens als auch über öffentliche Jugendpolitik und die Grundstrukturen des Bildungswesens informiert. Für die Zeit seit Gründung des Kaiserreichs treten Charakterisierungen der wichtigsten Jugendorganisationen und -bewegungen hinzu; im Abschnitt über die NS-Herrschaft thematisiert Speitkamp auch Jugendprotest und jugendlichen Widerstand gegen die Diktatur. Der gut lesbare Band kann in Ausschnitten eventuell schon in älteren Gruppen der Sekundarstufe I als Unterrichtsmaterial eingesetzt werden; für die Sekundarstufe II ist er auf jeden Fall geeignet. Anmerkungen und ein umfangreiches Literaturverzeichnis verweisen auf weiterführende Literatur.

**Jungsein und Erwachsenwerden.**
Praxis Geschichte 1/1997, 11. Jg. (Westermann), 66 S.

Diese Ausgabe der Zeitschrift »Praxis Geschichte«, die sechsmal im Jahr erscheint, widmet sich der Übergangszeit zwischen Kindheit und dem Erwachsensein von der Neuzeit bis in die Gegenwart. Unter verschiedenen thematischen Schwerpunkten bietet das Heft für den Unterricht aufbereitetes, vielfältiges Quellenmaterial und Hintergrundinformationen für Lehrerinnen und Lehrer. Neben einem Basisartikel, der einen allgemeinen Überblick gibt über die Geschichte der Jugend, enthält die Ausgabe Themenartikel sowie Quellenmaterial zu den folgenden Bereichen: Jugend in der höfischen Welt im 17./18. Jahrhundert, die »neue Jugend« um 1800, ländliches Jugendleben im Wandel, Handwerksgesellen und Arbeiterjugend im 19. Jahrhundert, Wandervogel-Bewegung, Jugendorganisationen zwischen 1930 und 1950, »Halbstarke« in den 1950er Jahren, Jugendweihe in der DDR sowie zur Geschichte der Burg Ludwigstein als Treffpunkt der Jugendbewegung(en). Neben Hintergrundinformationen und Quellenmaterial liefert das Heft Besprechungen von einschlägiger Literatur und Spielfilmen zum Thema.

## Jugendkultur / -protest

Bührer, Werner: »Wandervogel« – »Edelweißpiraten« – »Halbstarke«. Generationenkonflikte
vom Kaiserreich bis in die 1950er Jahre. In: Benz,
Ute / Benz, Wolfgang (Hg.): Jugend in Deutschland.
Opposition, Krisen und Radikalismus zwischen
den Generationen, S. 53–71.
München 2003 (dtv), 240 S.

Der Text skizziert drei besonders populäre Beispiele
für jugendlichen (männlichen) Protest und fragt nach
den Gemeinsamkeiten zwischen den drei Subkulturen.
Dabei zeigt sich, dass die größte Gemeinsamkeit wohl
in der Reaktion der Erwachsenenwelt liegt, die den
durchweg sehr kleinen Kreis direkt beteiligter Jugendlicher jedes Mal wieder in stark übersteigerter Furcht
als ernsthafte soziale Bedrohung wahrnahm. Der Beitrag eignet sich als Überblick auch für Schülerinnen
und Schüler älterer Schulstufen, die sich mit Protest-
bewegungen von Jugendlichen beschäftigen möchten.
Insgesamt behandeln die Beiträge des Sammelbandes
Gewaltbereitschaft und Demokratiefeindlichkeit bei Jugendlichen unter dem Aspekt des Generationenverhält-
nisses. Im Mittelpunkt vieler Beiträge steht die Frage,
welche Konflikte beim Erwachsenwerden bzw. mit der
älteren Generation Gewalttaten bei Jugendlichen beför-
dern und wie die Gesellschaft darauf reagieren sollte.

Simon, Titus: Raufhändel und Randale. Sozialgeschichte aggressiver Jugendkulturen und pädago-
gischer Bemühungen vom 19. Jahrhundert bis zur
Gegenwart.
Weinheim 1996 (Juventa), 340 S.

Im Kern ist dies ein aktuell orientiertes Buch, das die
Möglichkeiten diskutiert, mit Methoden der Sozialarbeit
positiv auf aggressive Jugendgruppen wie z.B. Hooli-
gans, Skinheads oder Punks einzuwirken. Gestützt auf
die ihm vorliegende Literatur, bietet der Verfasser allerdings auch zahlreiche Rückblicke auf die Geschichte
männlich-aggressiver Jugend-Subkulturen. Vorgestellt
werden etwa die »Wilden Cliquen« der 1920er Jahre,
die »Edelweißpiraten« der NS-Zeit sowie die Rocker in
der Bundesrepublik der 1960er Jahre. Auch die Entwicklung der staatlichen und privaten Jugendpflege seit ihren Anfängen im Kaiserreich wird skizziert. Jugendge-
walt korrespondiert laut Simon mit gesellschaftlichen
Krisen und Verunsicherungen. Es ist mithin ein soziales
Signal, wird in der Welt der Erwachsenen jedoch meist

nicht so wahrgenommen, weil die Pathologisierung
der aggressiven Jugendlichen die bequemere Reaktion
darstellt. Die meist nur wenige Seiten umfassenden
Charakterisierungen der verschiedenen Jugend-Subkulturen können Klassen der Sekundarstufe II Hintergrundinformationen liefern; lediglich die in den Text
integrierten Literaturhinweise könnten bei der Verwen-
dung im Unterricht eine Hürde darstellen.

Archiv der Jugendkulturen e.V. (Hg.):
50 Jahre BRAVO.
Berlin 2005 (Archiv der Jugendkulturen), 264 S.

In diesem Buch wird die 50-jährige Geschichte der Ju-
gendzeitschrift »BRAVO« analysiert. Eingeleitet durch
die Frage »Subversiv oder reaktionär?« untersuchen Wis-
senschaftler und Journalisten in insgesamt 15 Aufsätzen Themen und Präsentationsformen der Zeitschrift,
z.B. die Rolle von Stars, das vermittelte Geschlechter-
verhältnis oder die Haltung des Mediums zum Umgang
mit Drogen. Zusammenfassend beleuchten einige Kapitel die Entwicklungen der Zeitschrift in verschiedenen
Jahrzehnten; dabei werden der Karl-May-Filmwelle,
den Beatles, den »1968ern« und dem Techno-Kult in
der »BRAVO« besondere Aufmerksamkeit geschenkt.
Schwerpunkte bei der Darstellung des Phänomens
»BRAVO« sind Fragen nach dem Verhältnis zum Zeitgeist sowie nach der Kommerzialisierung von Jugendkulturen und Sexualität. Der Band ist reich bebildert
und mit vielen Titelcovern und Reportagestrecken aus
der Geschichte der Zeitschrift illustriert. Er bietet für
Lehrer einen ergiebigen Fundus für Quellenmaterial
und Hintergrundinformationen zu Jugendkulturen sowie weiterführende Literatur und Quellenhinweise.

## Generationserfahrung und Sozialisation

Benninghaus, Christina / Kohtz, Kerstin (Hg.):
»Sag mir, wo die Mädchen sind ...« – Beiträge zur
Geschlechtergeschichte der Jugend.
Köln 1999 (Böhlau), 320 S.

Die Beiträge der Autorinnen und Autoren behandeln
Aspekte der Geschlechtergeschichte der Jugend vom
Ende des 19. Jahrhunderts bis in die 1960er Jahre.
Der besondere Fokus liegt auf der Situation der weib-
lichen Jugendlichen bzw. auf einer geschlechterverglei-
chenden Perspektive. Die zwölf Beiträge des Bandes

verteilen sich auf drei inhaltliche Schwerpunkte: die Konstruktion von Männlichkeit und Weiblichkeit im Jugendalter, Jungen und Mädchen in der Jugendfürsorge und Formen der Erinnerung an die Jugendzeit in Autobiografien. Zwei Beiträge untersuchen Vorbilder für männliche Jugendliche in den 1950er Jahren bzw. die Situation von Mädchen in der FDJ in den 1960ern. Weitere Themen sind: die Darstellung von weiblicher Sexualität bei jugendlichen Mädchen anhand von Gerichtsakten und Tagebüchern von Mädchen, die zur Zeit der Weimarer Republik wegen »sexueller Verwahrlosung« in Fürsorgeeinrichtungen eingewiesen wurden, sowie die Situation von Mädchen in einer Hamburger Erziehungsanstalt zur selben Zeit. Anhand von Autobiografien und Tagebüchern, die Frauen zwischen 1890 und 1914 veröffentlichten bzw. schrieben, analysiert ein Beitrag, welche Krisen für Mädchen beim Übergang von der Kindheit zum Erwachsensein entstanden und wie sie individuell beurteilt und überwunden wurden. Weitere Beiträge behandeln Themen aus Österreich, Dänemark, Frankreich und Großbritannien.

**Bude, Heinz: Das Altern einer Generation. Die Jahrgänge 1938 bis 1948.**
Frankfurt a. M. 1995 (Suhrkamp), 367 S.

Dieses Buch fragt – wie auch der nachfolgend aufgeführte Titel – nicht nach dem Verhältnis zwischen verschiedenen Generationen, sondern es beschreibt die Prägungen, die jeweils für eine bestimmte Alterskohorte typisch waren und sie zu einer spezifischen Generation zusammenschlossen, deren Wertvorstellungen und Normen sich deutlich von denen vorangegangener Geburtsjahrgänge unterschieden. Bei Bude geht es um den Versuch, eine Physiognomie der »1968er« als Generation der unangepassten Protestierer zu zeichnen und diese Physiognomie aus den Kindheitserfahrungen der Jahrgänge 1938 bis 1948 abzuleiten. Dies geschieht am Beispiel von sechs Personen, die Bude interviewt und biografisch beschreibt. Als ein Beispiel, wie lebensgeschichtliche Interviews interpretiert und präsentiert werden können, kann das Buch für die Projektarbeit in der Sekundarstufe II hilfreich sein.

**Hübner-Funk, Sybille: Loyalität und Verblendung. Hitlers Garanten der Zukunft als Träger der zweiten deutschen Demokratie.**
Potsdam 1998 (Verlag für Berlin-Brandenburg), 424 S.

Hier steht die Generation im Blickpunkt, die in den Jahren der NS-Herrschaft sozialisiert und erzogen wurde. Die Autorin untersucht autobiografische Selbstzeugnisse von Angehörigen dieser Generation und arbeitet dabei die »kollektiven Grundkomponenten« heraus, die Kindheit und Jugend unter der nationalsozialistischen Diktatur auszeichneten. Ein zweiter Schritt beschreibt die Bemühungen der Betroffenen, sich nach 1945 mit ihren Kindheitserfahrungen auseinander zu setzen und sie unter den ganz anderen politischen und sozialen Bedingungen der Nachkriegszeit für sich selbst konstruktiv zu wenden. Ernüchterung und Politisierung hält sie für die typischen Reaktionsweisen, dank derer die Angehörigen dieser Jahrgänge trotz ihrer NS-Sozialisation zu Trägern der westdeutschen Demokratie wurden. Schülern der Sekundarstufe II, die Projekte zum Generationenverhältnis in der Nachkriegszeit bearbeiten, kann der Band wertvolle Hilfen zur Deutung selbst durchgeführter lebensgeschichtlicher Interviews geben.

## Alt sein

**Borscheid, Peter: Geschichte des Alters. Vom Spätmittelalter zum 18. Jahrhundert.**
München 1989 (dtv), 562 S.

Borscheids zentrale These ist schon in den Überschriften der zwei Kapitel enthalten, aus denen sein Buch besteht: »Im Tal der Verachtung« und »Auf der Höhe des Ansehens«. Mit der ersten Überschrift charakterisiert der Autor die soziale Stellung alter Menschen zwischen Hochmittelalter und Früher Neuzeit. In diesen Zeiten, in denen nach modernen Begriffen nur sehr wenige Menschen wirklich alt wurden, galt Alter im Wesentlichen als Fluch und Unglück. Die Versorgung hinfälliger Menschen, die nicht mehr für sich selbst sorgen konnten, fiel sowohl innerhalb der Familien als auch in öffentlichen Einrichtungen wie dem Spital höchst bescheiden aus. Erst mit dem Dreißigjährigen Krieg wandelte sich nach Borscheid die Einstellung gegenüber alten Menschen. Mit dem Friedensschluss von 1648 datiert der Autor ein neues Zeitalter, das generell von zunehmender »Versittlichung« gekennzeichnet gewesen sei. Gerade im 18. Jahrhundert gab es deshalb zahlreiche Bemühungen, die Betreuung und Versorgung alter Menschen zu verbessern (etwa durch Vorformen der modernen Lebensversicherungen). Für die »lange Geschichte« des Alters in Deutschland ist der flüssig geschriebene Band nach wie vor grundlegend.

## Conrad, Christoph: Vom Greis zum Rentner. Der Strukturwandel des Alters in Deutschland zwischen 1830 und 1930.
Göttingen 1994 (Vandenhoeck & Ruprecht), 541 S.

Im Zentrum von Conrads Untersuchung steht die Frage, warum der moderne Wohlfahrtsstaat sich im Prozess seiner Entstehung besonders intensiv mit der Frage beschäftigte, wie alte Menschen zu versorgen seien. Demografie, Erwerbssystem und Sozialpolitik wirkten dabei zusammen. Alter wurde im 19. Jahrhundert immer stärker als gesellschaftliches Problem gesehen, weil die Zahl von Personen wuchs, die wegen Gebrechlichkeit nicht mehr selbst für ihren Lebensunterhalt sorgen konnten; zugleich wandelte sich die Arbeitswelt durch die Entstehung von Altersbarrieren, die es zuvor in dieser Form nicht gegeben hatte. In der Sozialpolitik entstand in Reaktion auf diese Entwicklungen schrittweise das neue Konzept des »Ruhestands«, nach dem Einkommen und Gesundheitsversorgung der Bürger im letzten Lebensdrittel im Wesentlichen vom Staat zu garantieren waren. Damit trat ein traditionelles Konzept des alten Menschen in den Hintergrund, das im Wesentlichen auf soziale Autonomie durch individuelles Eigentum gesetzt hatte. Die Entwicklung von Versorgungseinrichtungen für Alte beschreibt Conrad am Beispiel von Köln. Dieser Abschnitt könnte für leistungsstarke Schüler der Sekundarstufe II anregend und hilfreich sein, die ein Projekt zur Geschichte sozialer Versorgungseinrichtungen bearbeiten.

## Irmak, Kenan H.: Der Sieche. Alte Menschen und die stationäre Altenhilfe in Deutschland 1924–1961.
Essen 2002 (Klartext), 466 S.

Diese sehr anspruchsvolle wissenschaftliche Studie kann zumindest thematisch Anregungen für den Geschichtswettbewerb liefern: Der Autor untersucht die Geschichte der stationären Altenpflege in der NS-Zeit und belegt dabei, dass erste Ansätze zu einer besonderen Altenpädagogik in der Zeit nach 1933 entstanden. Zugleich aber beschreibt er eindringlich die Radikalisierung von Ausgrenzung und »Auslese«, die im Krieg dazu führte, dass viele alte und sieche Menschen in Pflegeanstalten durch Vernachlässigung starben. Eine planmäßige »Alteneuthanasie« hat es allerdings nicht gegeben, obwohl eine solche Mordpolitik in den zeitgenössischen Diskussionen über das »lebensunwerte Leben« durchaus angelegt war. Die Darstellung lässt sich als ein Frageraster für Projekte zur Geschichte lokaler Sozialeinrichtungen in der NS-Zeit nutzen.

# Geschichtswettbewerb
## des Bundespräsidenten
*Jugendliche forschen vor Ort*

**Impulse zur historischen Projektarbeit**

Seit 1973 rufen der Bundespräsident und die Körber-Stiftung alle zwei Jahre Kinder und Jugendliche zwischen acht und 21 Jahren zur historischen Spurensuche auf. Nach dem Prinzip des »forschenden Lernens« erkunden die Jugendlichen in einem sechsmonatigen Projekt Geschichte vor Ort. Der Geschichtswettbewerb ist Mitglied von EUSTORY.

**Der nächste Wettbewerb startet am 1. September 2006**

Im Magazin SPUREN SUCHEN erhalten Sie ab September alle Informationen zur nächsten Ausschreibung.

Interessierte Lehrer und Schüler lädt die Körber-Stiftung herzlich ein, sich in unseren Workshops praktische Anregungen zur historischen Projektarbeit, zu Zeitzeugengesprächen oder zu Recherchen mit Jugendlichen im Archiv zu holen.

Arbeitsmaterialien für die historische Projektarbeit finden Sie auf den Seiten des Geschichtswettbewerbs zum kostenlosen Download unter www.geschichtswettbewerb.de.

**Bestellungen und weitere Informationen**

Körber-Stiftung
Geschichtswettbewerb des Bundespräsidenten
Kehrwieder 12 | 20457 Hamburg
Telefon 040 · 80 81 92-145 | Telefax 040 · 80 81 92-302
E-Mail gw@koerber-stiftung.de
www.geschichtswettbewerb.de

# Eustory
**History Network for Young Europeans**

**Historische Spurensuche in Europa**

Die Körber-Stiftung unterstützt die Auseinandersetzung mit der eigenen Geschichte auf einer europäischen Ebene. Fragen an die Vergangenheit stellen, Gemeinsames und Trennendes diskutieren und somit einem gegenseitigen Verständnis näher kommen – dies sind die Grundideen von EUSTORY, dem europäischen Netzwerk unabhängiger Geschichtswettbewerbe für Schüler und Jugendliche, das von der Körber-Stiftung koordiniert wird. Zivilgesellschaftliche Organisationen aus Bulgarien, Dänemark, Deutschland, Estland, Italien, Lettland, Norwegen, Polen, Rumänien, Russland, der Schweiz, Serbien, der Slowakei, Slowenien, Tschechien, der Ukraine, Wales und Weißrussland haben sich bisher dem Netzwerk angeschlossen.

**Weitere Informationen**

Körber-Stiftung
EUSTORY
Kehrwieder 12 | 20457 Hamburg
Telefon 040 · 80 81 92-161 | Telefax 040 · 80 81 92-303
E-Mail eustory@koerber-stiftung.de
www.eustory.de

# Die Gegenwart der Vergangenheit

Ute Frevert (Hrsg.)

**Geschichte bewegt**
Über Spurensucher, Lokalpolitik und die Macht
der Vergangenheit

200 Seiten | Softcover | 13 x 20 cm
ISBN 13: 978-3-89684-064-6
ISBN 10: 3-89684-064-9
Euro 14,– (D)

Die Brisanz von Geschichte zeigt sich oft direkt vor der eigenen Haustür: wenn nach Jahrzehnten das verdrängte Zwangsarbeiterlager nebenan zum Thema wird, die verschwiegene Umweltlast im eigenen Ort für Schlagzeilen sorgt oder die heimliche Stasiüberwachung in der Nachbarschaft aufgedeckt wird.

»Geschichte bewegt« porträtiert Menschen, deren leidenschaftliches Engagement Steine ins Rollen gebracht hat – sei es auf der Ebene der Lokalpolitik, in ihren Familien oder auf ihrem weiteren Lebensweg.

Das Buch wirft am Beispiel von Projekten aus dem Geschichtswettbewerb des Bundespräsidenten einen neuen, facettenreichen Blick auf die Wirkung lokalhistorischer Forschung.

www.edition-koerber-stiftung.de

# Geschichte boomt!

Lothar Dittmer / Detlef Siegfried (Hrsg.)

**Spurensucher**
Ein Praxisbuch für historische Projektarbeit

Überarbeitete und erweiterte Neuauflage
384 Seiten mit zahlreichen s/w-Abbildungen
Softcover | 17 x 24 cm
ISBN 13: 978-3-89684-332-6
ISBN 10: 3-89684-332-X
Euro 16,– (D)

Vom Kinofilm über die TV-Dokumentation bis zur Erforschung der Lokal- und Familiengeschichte – das Interesse an Geschichte zeigt sich in vielen Formen. Auch in der Schule? Dass eigenständiges Forschen und persönliche Begegnungen mit Zeitzeugen Geschichte attraktiv und lebendig machen, zeigt das Handbuch »Spurensucher«. Es vermittelt alle Grundtechniken historischen Lernens und Arbeitens in übersichtlicher und praxisnaher Form. Es folgt dabei dem klassischen Aufbau eines historischen Projekts – von der Fragestellung über die Recherche und Deutung bis zur Präsentation des Erforschten. Der Band liegt nun in der zweiten, überarbeiteten und erweiterten Fassung vor. Er ist ein unverzichtbares Hand- und Arbeitsbuch für Lehrer, Schüler und Studierende – eine Ideenbörse für jede Art der lokalhistorischen Forschung.

*»Ein ausgezeichnetes Buch, das in die Hand jedes Kollegen gehört.«* Geschichte, Politik und ihre Didaktik

www.edition-koerber-stiftung.de